中国民间文化探索丛书

民间文化的多维视域

万建中◎著

北京师范大学出版集团
BEIJING NORMAL UNIVERSITY PUBLISHING GROUP
北京师范大学出版社

目　录

民俗史

禁忌民俗

饮食文化

神话叙事

民俗与生活

关于民俗生活魅力的随想

在现代中国社会，官方文化与民俗文化大概是沿着一条分界线展开的，一方是普通话，即官话；一方是地方方言，即土语。尽管普通话早已渗入民间文化之中，但方言流行的场域都是民俗文化空间。民俗文化对官方文化、倡导“主旋律”的文化产生了一股强大的冲击波，正是这两者之间的矛盾及合力促进了整个民俗文化的发展，正是在这二者的相互刺激和相互影响下，民俗文化的特质才真正得到深刻的表现。

民俗文化另一种话语表达——民俗生活，同样是在对峙和对话中获得发展的通道和学术认定。民俗生活是民众自己的生活，相对于政府主导的生活而言，其对立面是官方化了的生活形态。官方化了的生活形态与经济及政治利益乃至权力意志密切相关，是以官方的价值为中心建立起来的，往往处于中心位置，但易于刻板僵化，导致片面的严肃性和教条主义。尽管民俗生活受到政府主导生活的挤压，不断地被边缘化，但却充溢着旺盛的生命力。人们为什么要从事民俗生活，相对于平日琐碎的由官方设计的工作生活，人们为什么更关注和重视特殊时间段中的仪式活动，尤其是那些流传十分广泛的民俗活动。这似乎是一个简单的无须回答的问题，却又是一个充满哲学意味的值得思考的问题。下面主要借助巴赫金狂欢化诗学的话语，就民俗生活本身的魅力作些随想。

一、民俗的生活情感

民俗事象的意义主要不在于民俗生活本身，而在于民俗进入了人们的现实生活之中，让民俗事象具备意义和效能的唯一方式是让人们实施和理解民俗，而实施和理解的唯一方式便是诉诸特定情境中的民俗群体。民俗事象存在于特定群体，在实施民俗的过程中，人们的目标、情感和态度一致，相互协调、配合和理解。民俗事象成为自我和他人之间沟通、交流和融合的桥梁，是所有实施者共同分享的精神依托。民俗事象的时间和空间构筑了人们共有的深刻的心灵领地和生活世界。民俗事象的参与者们依循年复一年的民俗传统，演绎着对生活的执著、喜悦和希望。民俗事象意义的生成取决于其本身和参与者们的双重作用。

民俗是一种意义明确的行为与言谈，是一种传承性的社会交往行为，是一种多向度的群体性的理解、意义释放和情感宣泄的活动。所有的人都不会无故将自己排斥于这种活动之外。在中秋节，一个人即便不吃月饼，他同样会享受到中秋节的美好气氛以及他与别人之间的相互思念与情感。如果有人说“我不举行婚礼”，或者说“我今年不过春节”，这会令绝大部分人感到不可思议，难以理解。在一般人看来，没有任何理由可以排斥这些民俗仪式；或者说，这类仪式活动根本就不能从我们生活中消失。拒绝这类仪式活动，无异于拒绝幸福和快乐。如果有人说“我结婚没有举行婚礼”，那几乎所有的人都会为他感到深深的遗憾。没有任何一种活动像民俗活动那样，人们可以将自己的情感、态度和价值观毫无顾忌地一并展示出来，既不会伤害自己，也不会伤害别人。当然，也可能发生伤害感情的“民俗事件”，但这绝对不是民俗事象本身的原因，而大多数是由于民俗实施者的人伦关系遭遇破坏。

“民俗”称谓如同民情、民心、民声、民主、民怨、民生等以“民”作为偏正的词语一样，体现了“民”的主体性与广泛性。民俗又将民情、民心、民声、民主、民怨、民生注入自身本体之中，使人们的生活饱含温情与欲望。民俗事象较之任何文化意识形态和生活形态都更强烈地表现出普遍的人文精神。在所有人文社会科学的学科之中，唯有“民俗学”和“民间文学”将“民”的主体地位突显出来，说明这一学科不仅在进行演绎、归纳、推理、分析、综合等学术性操作，而且需要感性的、情感的和实际的人文关怀。

民俗事象使人们的行为趋于一致，目标和情感朝着同一方向迈进，但每个人并不会在民俗对话、交际中消融自己内在的独立性，亦即个性；相反，作为参与者，每个人都有属于自己的情感活动、情感指向和情感寄托。在中秋节期间，人们不只是共同享用月饼，每个人都有自己独特的情感表达和祝福意向。举行葬礼期间，每个哀悼者都在与逝者进行单独对话和心灵沟通。人们一定要利用这送别的最后机会，将往日一直想说又难以启齿的话向逝者倾诉，以求得到逝者的理解或宽恕。在现实生活中，只有民俗仪式场合既确立了人的自由、独立、主体性，又建立了人的平等的对话机制。而且，这是极其温馨的对话机制。在举行建房上梁仪式中，父母一再叮嘱自己的小孩不要乱说话，尤其不能说不吉利的话，唯恐破坏喜庆和美好的仪式气氛。民俗生活实在是乌托邦的世界境界。在民俗语境中，人们共欢、共赏、共话，达到人类人文精神的最高理想。

二、民俗的生活优势

人们之所以愿意全身心投入民俗生活，主要在于民俗事象是美好的，能够让人们相互尽情宣泄幸福情感和愿望。除此之外，大概还有这样四个方面的因素：第一，在一个地域或社区，民俗知识和信息为人们所共享。任何一个人都不会忧虑自己不懂得过年，不懂得如何经历当地的风俗习惯，而且这些民俗知识不会触及大家的隐私和伤痛之处。除了学者和以民俗知识为谋生手段者之外，当地人一般也不会为了某种目的而刻意霸占更多的民俗知识。即便一些年长者拥有的民俗知识更丰富，他们也愿意贡献出来让大家共同分享。

第二，民俗事象构建了平等对话的平台。按巴赫金的理论，民俗属于“杂语”，有别于“权威话语”和“独白话语”。民俗的“杂语”指的是不同语言、文化和阶层的人们围绕同一民俗事象的彼此交融，每个人在民俗活动中都有自己的位置而不至于被忽视。在这种亲情和友情至上的民俗语境中，排除了任何单一的“真理语言”和“官方语言”的霸权约束。即便年长者拥有某种民俗语言的权威，那也是基于亲情和辈分之上，而非外在的强权力量所致。

民俗场合是一个“杂语喧哗”的社会，人们的价值和地位是完全平等的，没有人因争夺话语权而去诋毁别人，而只是在维护和强化亲情及友情做着分内的事情。这似乎暂时远离了由国家行政运作主导的等级社会，动用行政强权在民俗语境中绝对会遭到鄙夷。在民俗实施过程中，暂时悬置一切妨碍生命力、创造力的等级差异；没有官方意识形态的霸权（即便有，那也是配角），没有独白话语对他人和他人思想的扼杀；强权、社会职位几乎被亲情和友情所笼罩，失去了平日里压倒一切的优势。因此，民俗社会不是唯我论的独断社会，人们在共享传统的美好与幸福。在整个社会运行体系中，尤其是节日民俗更能显示出平等交融的生活意义。民众在节日及其他民间仪式场合的尽情狂欢，反衬出官方场合的矜持、枯燥。

象征人类学家维克多·特纳将这种节日庆典的仪式定义为“地位逆转的仪式”。“那些同属一个群体或类别，在社会结构中固定地处于低下地位的人就会积极地联合在一起，对那些地位处在他们之上的人进行仪式性的领导。”出现一种“地位反串”的象征场面：社会底层的人们或者贫穷者在庆典中，穿上社会地位显赫的人的服装或者佩戴其标识，并通常由他们支配庆典活动的程序；而平时有财有势的人们在庆典中往往只充当旁观者或者从属者；有时，还成为被戏弄和讽刺的对象。[①] 通过这种庆典活动“颠倒性”的演示，人与人在亲亲之爱的自然社会结构之中相互沟通、融合，社会矛盾得以缓和，社会秩序得以巩固。

人们沉溺于民俗的氛围之中，但并没有失去自我。恰恰相反，人们在民俗参与、融合的过程中，更加明确了自己的角色和地位。在任何一种民间仪式活动中，每个人都扮演着自己独特的角色，角色的位置总是一目了然而又恰如其分。平日里被势利和行政权威颠倒了的人伦和辈分，通过年复一年的民俗活动，得到及时的纠正。晚辈即便大权在握，也要给卑微的长辈拜年；举行民俗仪式时，平日里高高在上的晚辈也要对长辈毕恭毕敬；在宴席上，职位再高的晚辈也要将德高望重的长辈迎到上座。民俗传统的神圣慑服了掌权者们的高傲，使之心甘情愿地因循传统的论资排辈。在血亲关系的纽带中，角色和地位并不是争取到的，而是与生俱来的。人们在亲亲之爱的民俗情境中，都能找到自己应有的角色和位置。

第三，民俗将人的基本需求提升至意识形态的层面，使之同时蕴含丰富的文化魅力，使之表达出精神的欲求与狂欢。除了民俗主体之间的兼容性、包容性之外，民俗本身呈现的特质也是开放式的。围绕一些民俗事象，流传有相关的故事和传说，有道具、有景观、有背景、有套路，表现出多声部的生活状态。民俗事象又不是孤立的，事象之间、事象与其他生活形态之间存在着有机的联系，呈现为合理的民俗秩序和圆满的生活节奏。有些民俗活动是平时难以见到的，属于特殊时空中的特殊的行为表现，这就说明了人们生活的多样性、情感的多层次性和功能的复

① ［美］维克多·特纳：《仪式过程：结构与反结构》，黄剑波、柳博赟译，169～170页，北京，中国人民大学出版社，2006。

杂性，可以满足人们特殊的又是必需的心理欲求。这正是多元化的理想的人的生存过程和生存环境。民俗事象将区域内所有家庭、所有人融入其中，形成了一种统一而又有差异的行为系统和情感境界。

第四，民俗生活是自然形态的文化表现。它是具体的、实在的，而不是概念的、抽象的和思辨的。譬如，农民并没有生产“工具”的概念，只有锄头、犁、斧头等称谓；没有“饮食”的概念，只有具体的喝水与吃饭；他们的语汇中也没有“信仰”的概念，有的只是一次具体的祭拜仪式。他们唱的情歌中没有“爱情”这个词，他们讲述的带有教化功能的民间故事中也不会出现“道德”“伦理”等概念；他们的语汇知识直接对应和指称具体事物，他们的思维方式是直观的，是最接近于生存本质的。民俗是当地人最基本的生存方式，包含具体的事件、时间、地点和人物。他们同样没有“民俗”的概念，有的只是一个个具体的民俗事象。“事象”是民俗学学科特有的专用概念。“事象”指某一次具体的完整的民俗形态。“事”指事件、事情，是一个过程，有一定的时间长度；“象”指现象，可观可感的表现形式，具有一个具体的空间维度。民俗事象绝不是抽象的，而是有具体的时间、地点和参与者，是日常生活。既然我们承认民俗是民众生活，那么，生活又是无穷大的，它超越了民俗学，也走在民俗学的前面，民俗学理论永远落后于民俗生活。生活就是一切，而民俗学不是，民俗学理论也不是。

三、民俗的生活感性

民俗事象体现为人最基本的感官享受，饮食、梳妆打扮、歌舞、游艺，哪怕是行走和休息，这些都是人身体审美的基本形式。民俗表演完全摈弃了媒介和其他外在的艺术手段，只是依附于人的身体，诉诸口头与肢体语言。“身体总是媒体的原始范例——以构成人类生活最基础的中介方式。事实上，在大多数的古代文化和非西方文化里，身体也是哲学探讨的基本领地，被当成一种批评的、自我塑造的生活实践、一种生活艺术来构想。”[①]民俗表演表现为感官的艺术享受，是“身体美学”在生活形态中的最基本体现。这种身体的表演技能一般也是在生活的自然状态中不知不觉获得的。其实，为了喜悦、幸福、健康和美好的生活，民众一直在经历表演文本的口腔和身体的训练。“这种喜悦的直接性，通过生气勃勃或有规律的躯体活动得以体现，其形式可以是游行、舞蹈，或者乐队高奏乐曲。”[②]

任何一种民俗事象的展示都表现在衣食住行和口头语言等诸多方面，充溢着生活本身的无穷魅力。这些方面都是人人所具有的日常行为和基本需求。民俗是“感性的生存”，属于民众本能的活动，不论是物质的活动还是精神的活动，都是民众生存最需要的也是最基本的活动，而不是“思和想”的活动。在民俗生活世界中，或者说，完全沉醉于民俗生活中的人，并不把生活主题化，或当作问题来研究，这是一种对生活的自然态度。即是说，人们并不对这个世界的存在发生怀疑、提出问题，并不把它当作一个课题来研究，民俗世界中的人并不考察和专门关注民俗世界。这是非主题化的世界，因为“主题的东西就是人们集中关注的东西”[③]。

民俗作为一种文化形态，是在人的生存本能及生活本身中的文化。民俗文化是生命的文化，是没有从生活中挣脱出来的文化，所以又称之为民俗生活。生命需要歌唱，需要听和说，需要哭和喊，需要各种民俗仪式活动，这就是民俗产生的原动力。民俗事象把一切崇高的、精神性的、理想的和抽象的生活意象下移至不可分割的物质和肉体的层次，即人世、日常与身体的层次。在世俗和日常中表现出精神信仰和广阔、深

---

① ［美］理查德·舒斯特曼：《生活即审美：审美经验和生活艺术》，彭锋等译，185页，北京，北京大学出版社，2007。

② ［美］维克多·特纳编：《庆典》，方永德等译，4页，上海，上海文艺出版社，1993。

③ ［德］胡塞尔：《欧洲科学危机和超验现象学》，张庆熊译，37页，上海，上海译文出版社，1988。

刻的思想境界。尤其在中国，“并不像西方那样，已经有了工业基础以支持世俗的而非精神的乌托邦，世俗的乌托邦在中国仍然是以乌托邦的形式存在着，成为世俗生活的意义所在”①。在现代社会学领域，由常识和日常生活构成的世界，被认为是最高的实在，表现为三种活动形式：第一，以个体的肉体生命延续为宗旨的日常生活资料的获取和消费活动，即日常消费活动；第二，以日常语言为媒介、以血缘关系和天然情感为基础的日常交往活动；第三，与日常消费和交往活动相伴随的、以重复性为特征的、非创造性的日常观念活动。② 在口头对话、礼尚往来的日常交往活动中，人们获得了自在、随意和自由。民俗生活的自在性、自发性恰恰反映了人的本质需求。“但现在，这种自由也面临着被剥夺的危险，或者说正在被剥夺：异化的非日常生活正在把日常生活也带入‘异化’境地，如此使人不仅在工作中感到紧张、压抑，而且家庭也不再是轻松之地，也不再有轻松之时：人们在上班时间拼命工作挣钱，在下班休息时间拼命享受，精心策划，以便在下一个工作日或工作期来临之前使自己有更多的体验……在‘无力’消除非日常生活的异化性的情况下，他们（按，指现代哲学家们）便要求回归日常生活世界，回到那个自在的、缄默的、非反思的世界，保持其独立性，将其作为一个奠基性世界，将其作为人们生活的指向和价值意义之源。”③

的确，民俗世界不是创造性的世界，不能给人带来原创性的快感，在民俗世界标榜发明、创造是徒劳的。官方世界一直在追求创新，故而毛泽东时代有毛泽东思想，邓小平时代有邓小平理论，江泽民提出了“三个代表”，胡锦涛创立了“科学发展观”。而在民俗世界，标新立异没有市场。人们在依循传统的民俗程式中，获得多种感官享受和精神的

---

① 陈刚：《大众文化与当代乌托邦》，54页，北京，作家出版社，1996。

② 衣俊卿：《现代化与日常生活批判》，14～20页，哈尔滨，黑龙江教育出版社，1994。

③ 李文阁：《回归现实生活世界——哲学视野的根本置换》，230～231页，北京，中国社会科学出版社，2002。

慰藉，这与强制主导下的生活与工作状态的压抑、焦虑形成极大反差。民俗事象让人们从紧张、枯燥的生活环境中脱离出来，为人们的心神提供了极度放松的机会。民俗本身没有功利、无目的性和强制性，人们以轻松和徐缓的节奏经历着民俗，除了特殊情况，没有人为了民俗事象而感到无可奈何、迫不得已。

四、民俗的生活宣泄

“狂欢”是巴赫金思想当中最有影响的概念之一，尽管不是来自对民俗生活的直接分析，也没有运用“狂欢”范式直接分析民俗生活，却导源于对民间文化的深刻认识。这一词语被巴赫金发展成为一种反抗霸权力量、建立大同世界的文化策略，并因此而在诸多的人文社会学科中产生了广泛而深远的影响。巴赫金概括出了狂欢式世界感受的四个范畴：人们之间随便而又亲昵的接触、插科打诨、俯就和粗鄙。[1] 在现实生活中，大概唯有民俗生活具备了这四个范畴特征。他同时指出，狂欢式世界感受的四个特征，“都不是关于平等与自由的抽象观念”，相反，是具体感性的思想，是以生活形式加以体验了的，表现为游艺仪式的关于平等与自由的思想。民俗生活符合巴赫金狂欢化的所有特质。在形式上，民俗是没有边界的，即便是局外人，也可以参与当地的民俗活动，而且所有参与者都是平等的、自由的。这是导致民俗能够传播和发展的根本性原因之一，也促使民俗永远处于创生之中。

诚然，民俗生活的狂欢属性也有不够理性的一面，有着放纵人自然情绪和情欲的倾向。英国文化人类学家弗雷泽在分析罗马农神节时就曾指出：“许多民族曾经每年都有一个放肆的时期，这时法律和道德的一贯约束都抛开了，全民都纵情地寻欢作乐，黑暗的情欲得到发泄，这些，在较为稳定、清醒的日常生活中，是绝对不许可的。人类天性中被压制

---

① ［苏联］巴赫金：《巴赫金全集》，5卷，白春仁、顾亚铃译，176～179页，石家庄，河北教育出版社，1998。

的力量这样突然爆发，常常堕落为肉欲罪恶的狂欢纵欲。"① 在特定时间和特定地域，这种自然情欲的恣意放纵有其合理性，除非人为宗教的狂热和集权组织的操控，"在较为稳定、清醒的日常生活中"，是绝对不会发生的。民俗作为一个民族最基本的文化和生活传统，绝不会成为社会"破坏性"力量。相反，由于民俗赋予人们宽容与自由的行为，使之成为社会稳定不可或缺的重要因素。钟敬文先生在比较中西方狂欢活动时说："两者都把社会现实里的一些事象颠倒了过来看，表现出了对某种固定的秩序、制度合规范的大胆冲击和反抗。它的突出意义，是在一种公众欢迎的表演中，暂时缓解了日常生活中的阶级和阶层之间的社会对抗，取消了男女两性之间的正统防范，等等，这些都是中、外狂欢活动中的带有实质性的精神文化内容。"②

民俗生活是非官方的，非教会的，活动的支配权来自民众本身，是按照欢笑与满足的原则组织起来的，是生活本身意愿表达的最佳方式。民俗事象给人以一种"狂欢节的世界感受"。在民俗仪式活动中，人们忘却了死亡的恐惧，即便有病，也不情愿住院，人人都希望自己全身心融入其中，因为民俗是让人们面向未来的。在节日期间，人们相互祝福，祈求未来的美好，所以巴赫金说"死亡、再生、交替更新的关系始终是节日感受的主导因素"，"面向未完成的未来"。"而官方节日，实际上，只是向后看，并以这个过去使现有制度神圣化"。③ 官方的节日，是要人们庆祝它的长久、成就之辉煌，万世永恒，无一例外地面向过去，即便是要面向未来，那也只是幌子。

我们说官方场合是严肃的、不苟言笑的、认真的，民俗场合是诙谐的、轻松的、宽容的。但有些民俗事象的实施也同样是严肃的，人们完

---

① ［英］弗雷泽：《金枝》，徐育新等译，829页，北京，中国民间文艺出版社，1987。

② 钟敬文：《文学狂欢化思想与狂欢》，载《光明日报》，1999-01-28。

③ ［苏联］巴赫金：《弗朗索瓦·拉伯雷的创作与中世纪和文艺复兴时期的民间文化》，14～15页，莫斯科，文艺出版社，1990。

成民俗仪式活动同样一丝不苟，不是花里胡哨故意为之的民俗表演，不是为完成民俗任务而勉强自己的行为，不是假定性的虚假的模仿。民俗行为并非发生在过去，而是在当前，是即时生发和强化出诸多社会功能和情感关系的行为表现。民俗实施绝非官方场合中常见的例行公事，人人都不会从中超脱出来。一旦有人偏离了民俗生活的轨道，周边的人都会善意地将其拽回民俗生活的轨道，使其融入其中。中秋节期间，时常有人被询问：你吃月饼了吗？吃月饼的场合有人不吃月饼，马上就会被劝食。但民俗参与不是盲目的、无奈的或逼迫的，参与者都有清晰的主体意识和参与欲求。

一触及“狂欢”，人们可能联想到无序、混乱、没有节制等。的确，它冲破了正常的社会秩序，表现为非常的精神与身体的释放。但由于民俗生活拒绝暴力，狂欢场合并不会酿成冲突。当社会分层出现之后，民俗便进入社会的底层，和民众融为一体。基本上抛弃了严厉惩罚的暴力手段，同时，民众也就放弃了对破坏民俗的人施以惩罚的权利。否则，民俗就会给特定的群体中人带来互相仇视。正是由于民俗摈弃了严厉惩罚的权利，拒绝使用暴力，才使民俗规范和上层阶级颁布的法律、政令等有了明显的差异。人们依循民俗一般并非迫于民俗的暴力威慑，或由这种暴力威慑产生的恐惧，而是民俗给人一种社会安定感和相互亲近感，给人们的生活带来秩序和意义，在很大程度上满足了人们对传统的依恋。这就是民俗的力量，是社会底层的力量，但不是惩罚的力量，或者说不是诉诸惩罚和威胁而产生的力量。在现代社会，违背民俗常规和蔑视民俗的力量，一般不会受到严厉的惩罚。人们依循民俗一般并非迫于民俗的威慑，或由这种威慑产生的恐惧，而是民俗给人一种社会安定感和相互亲近感，给人们的生活带来秩序和意义，在很大程度上满足了人们对传统的依恋。这就是民俗的力量，是社会底层的力量，但不是惩罚的力量，或者说诉诸惩罚和威胁而产生的力量。

（原载《山东社会科学》2010 年第 7 期）

民俗文化与和谐社会

建设社会主义和谐社会已经成为全中国人民的共识，全国人民正在积极行动起来，投入到和谐社会建设之中。和谐社会已成为一个专用名词，在互联网上的点击率极高。如何建设和谐社会，是当下最热门的话题之一。本文拟从民俗学的角度，讨论民俗文化与和谐社会的关系。

一、民俗生活就是和谐生活

民俗作为一种文化意识形态，从人类社会生活中产生，并没有从人类社会生活中挣脱出来，而是与现实生活糅合一体，成为具有传统意义的社会生活方式，群体生活习惯的一个组成部分。衣食住行、婚丧嫁娶、岁时节日等民俗现象，甚至成为民众生活的主要内容。在中国，传统的节俗，五光十色，令人目不暇接。以施行广泛的大型节俗如春节、元宵、端午、中秋为例，在现实生活中，就是特定时空中的生活习惯惯制，属于社会生活的一部分。欢度春节的一套民俗程式：送灶神、大扫尘、购年货、做新衣、守岁、贴春联、挂门神、接财神、放鞭炮、拜年等，剔除俗信，展示在我们眼前的就是涮锅碗、搞卫生、多玩耍、购物、饱口福，一句话，干干净净，高高兴兴，尽情地享受生活的乐趣。一般的文化意识形态与民众的生活总是保持一段距离，是对生活的叙述、归纳、总结和提升，而民俗则与社会生活水乳交融，混同一体。民俗从一个方面看，是一种文化意识形态；从另一个方面看，又是社会生活的一部分。因此，我们可以说，民俗是文化与生活的结合体。

民俗生活属性的另一种表述，可以说是人们的生活处处要遵循民俗的轨范。民俗要求人们的行为趋于一致，趋于统一，让我们的社会生活变得有规律，有秩序。甚至可以这样说，民俗生活就是和谐生活，安全的生活。

在节日期间，在婚丧嫁娶的仪式中，甚至日常的衣食住行，人们的生活实际都是模式化的，是不断重复和相互重复的，每年如此。这就使得我们对自己和他人的生活都有一种预见性。每年一到农历腊月二十三，人们的生活节奏自然就进入过年的生活轨道，八月十五临近的时候，人们便争相购买月饼……在中国，任何一个宴席，不管是什么目的，都只会有一种形式，就是大家团团围坐，共享一席。筵席要用圆桌，这就从形式上造成了一种团结、礼貌、共趣的气氛。美味佳肴放在一桌人的中心，它既是一桌人欣赏、品尝的对象，又是一桌人感情交流的媒介物。人们相互敬酒，相互让菜、劝菜，在美好的事物面前，体现了人们之间相互尊重、礼让的美德。虽然从卫生的角度看，这种饮食方式有明显的不足之外，但它符合我们民族“大团圆”的普遍心态，便于集体的情感交流，因而至今难以改革。这种“聚餐”及“宴饮”的社会功效，在年节期间得到更为明显的表现。古人云：“饮食所以合欢也。”除夕、春节、元宵要吃“团圆”饭，端午节吃粽子，冬至吃汤圆，其他繁多小节，如观音节、灶王节等，也要蒸糕、改膳，用吃来纪念先人，用吃来感谢神灵，用吃来调和人际关系，用吃来敦睦亲友、邻里，并且进而推行教化。中国人是要通过同桌共食来表现和睦、团圆的气氛，抒发祈愿平安、幸福的心情，这就是为什么中国的大小节日都要以聚餐、会饮为主要内容的原因。

相对而言，西方的自助餐比较卫生，却打破了围坐欢饮的和谐格局，将个人的独立、自主提到首位，这与中国传统的大家庭、大一统的文化模式和祈求团圆的美好愿望是背道而驰的。因此，自助餐这种饮食方式至今难于在中国推广开来。这个事例说明，社会对民俗的选择，往往是以能否给人们的生活带来和谐为准则的。民俗文化之所以给社会带来和谐，就在于民俗文化本身是和谐的。不和谐的民俗即便是产生了，在时代的演进中也自然会被淘汰。

民俗是一种动态的文化模式，是处于不断“运动”之中的客观社会存在。这种“动势”是民俗本性的一部分，它在民俗形成时就被组建进去了。此外，任何一个冠之为民俗的事象，都不是一蹴而就的，它本身也是一种动态的积累产物。民俗包蕴着一定人群的某种共同的意愿，这种共识，是由个别的认同逐步达到群体共同的认可，是同感运动深化的结果。[①] 民俗之所以是和谐社会的一种重要力量，内在的原因就在于民俗凝聚和宣泄了民众共同的美好愿望。

人们的生活方式在同一传统的轨道上进行，这就是和谐的社会。在实施同一民俗行为的过程中，人和人、家庭和家庭之间的关系会更亲密，共同的民俗生活愿望迅速地拉近了人们之间的距离。

二、民俗具有凝聚力和向心力

作为文化和生活的结合体，决定了民俗文化在建构和谐社会的过程

---

① 陈勤建：《中国民俗》，52页，北京，中国民间文艺出版社，1989。

中能够起到无可替代的作用。由于民俗具有鲜明的生活属性，民俗在整个人类文化意识的框架中便处于基础的地位，成为整个文化意识形态的基石和支柱，它为各类学科提供了原始的雏形，为原生态的文化意识。近30多年来，世界各国掀起了文化热。一个民族的“文化”都是由两类组成的：一类为上层的、知识阶层的文化，也可以说是处于统治地位的文化；一类为社会底层的、平民的、大众的文化。后一类文化更具稳定性，是经过漫长的历史积淀下来的，和民众的心理、思维及性格特征有密切的关系。周作人曾将一个民族的文化架构比喻为一个三角形，在顶端的占统治地位的文化要影响下层的文化，需要一个很长的时间；上层文化是建立在下层文化基础上，如果没有处于社会底层的下层文化，上层文化就失去了支撑。下层的民众文化由民间的风土人情、风俗习惯、思维方式和传统道德观念等组成，不是可以随意改变的，也不是哪个人能够改变的，它具有相对的独立性和自在性。

因此，相对其他文化意识形态而言，民俗文化是一个民族固有的文化，是一个民族最稳定的一种文化，支配着一个民族的文化走向和发展的态势，这就是为什么许多古老的民俗能够自在地流传下来。既然民俗是民族文化中最稳定的成分，那么，它也是社会结构中最稳定的成分，也是构建和谐社会最稳定的因素，本身给人一种平定感和安全感。

中国有56个民族，是多元一体的国家，因此，在中国构建和谐社会，首先是各民族之间的和睦相处。在这方面，除了要有好的民族政策以外，传统的民俗和民俗观念一直坚固着民族之间的牢固关系。譬如，中国的很多民族都崇尚龙，龙即是古代各部落相互兼并统一的产物，是一种“因部落的兼并而产生的混合图腾”。这种综合兼并，是以龙（蛇）图腾为主体的民族，合并汇融其他兽类图腾：角兽类、鳞甲类、蛇蝎类、凤鸟类图腾氏族而成的新的强大的族徽标志。这种虚拟的综合图腾物的形成，既来自社会兼并的现实，来自异兽、异类图腾兼并的社会现实，又是借助于心灵的激发，群体心理意识的同感和认可。首先是对龙的基形、基干有一种共识，其次是以此为中心的兼顾八方的一统心理，这些心意发生碰撞，一种似此非此、昂首曲背、奔腾云涛的虚拟物——龙终于破雾而出，成为中华民族的习俗象征物。龙的神圣、威严、伟大，在各民族中都或多或少留有说不清、道不明的影响，直到今天也如此。浪迹天涯的海外华侨，更是喜欢把自己看成是龙的传人、龙的子孙。追根究底，这还是数千年来龙民俗心理定势潜移默化传承、影响的结果。①中国各民族之所以能和谐相处，共同发展，与龙崇拜这类最稳定因素所起的作用是分不开的。

由于民俗处于人类文化意识的最底层，这就决定了它是一个民族最牢固的文化，是传统文化的主要内容，是一个民族的“根”。我们每个人都属于某一族群，对族群成员而言，原生性的纽带和情感是与生俱来的、根深蒂固的。最能够激发这种根基性亲属情感和先祖意识的，莫过于对民族祖先的崇拜和关于族群起源的传说。这种崇拜仪式和口头传说，让族内人在对祖先共同的依恋中构成了强烈的集体意识。族群认同是以族源认同为基础的，是以对相同族源的认定为前提的。族源是维系族群成员相互认同的“天赋的联结”。“祖先崇拜被解释为一种政治制度，通过向宗族成员灌输有关意识而获得社会整合与团结的效果。”② 譬如，我国西南的瑶族、畲族、苗族等民族一直强调共同的继嗣和与始祖盘瓠的血缘关系，这种关系源远流长，不断得到宣扬，促进了各民族的和睦共处。有了共同的祖先、历史和文化渊源，便容易形成凝聚力强的群体。

民俗作为社会生活现象，是由某一共同认可的心愿凝聚而成的，诸如祖先和神灵崇拜、祈吉纳福和辟邪的心理、善恶观念等。群体心愿的一致，形成了民俗特有的凝聚力，这凝聚力使民俗具有向心功能。中华民族之所以不同于其他民族，在很大程度上是由于我们拥有传统的独特

---

① 陈勤建：《中国民俗》，97～98页，北京，中国民间文艺出版社，1989。

② ［韩］金光亿：《文化与政治》，见周星、王铭铭主编：《社会文化人类学讲演集》，375页，天津，天津人民出版社，1996。

的民俗。民俗流传越深广，群体凝聚组合力就越强，民俗向心力也越大。我们平时所说的乡情、乡音、乡土观念，实际上就是同乡共俗人们之间习俗向心功能凝聚的产物。

中国人时时刻刻记挂着“家”和“根”。尽管提倡青年人要四海为家，但在海外数十年的华人，末了还拄着拐杖回祖国寻根问宗。这种叶落归根的观念、人文精神，使中华民族那么的富有凝聚力和向心力，让中国的民俗那么的富有人情味。有人认为中华民族不是一个严格意义上的宗教民族，“上帝”并不是中国人的精神支柱和纽带。中华民族之所以具有顽强的生命力，是一个牢不可破的整体，民族和民族之间、地区和地区之间能够长期友好相处，民俗所起的作用是极其巨大的。

三、民俗能够平和地消解矛盾

我们可以将社会控制管理系统分为两种类型：一种是以法律和政令为代表的“硬件”；一种是以民俗文化为代表的“软件”。当社会分层出现之后，民俗便进入社会的底层，和民众融为一体。基本上抛弃了严厉惩罚的手段，同时，民众也就放弃了对破坏民俗的人施以惩罚的权利。否则，民俗就会给特定的群体中人带来互相仇视。正是由于民俗摈弃了严厉惩罚的权利，才使民俗规范与上层阶级颁布的法律、政令等有了明显的差异。人们依循民俗一般并非迫于民俗的威慑，或由这种威慑产生的恐惧，而是民俗给人一种社会安定感和相互亲近感，给人们的生活带来秩序和意义，在很大程度上满足了人们对传统的依恋。这就是民俗的力量，是社会底层的力量，但不是惩罚的力量，或者说不是诉诸惩罚和威胁而产生的力量。

民俗就是告诉我们应该做什么，不应该做什么，应该怎么做，是一种带有规范力量的文化。举一例子，现代生活水平提高了，食品工业已很发达，月饼随时可做，可售、可吃。但是，平时人们很少吃月饼，不到农历八月市场上很难见到有月饼，即使有，也鲜有人问津。时临八月中秋，人们便蜂拥至商店，争购月饼。只有在中秋的月色下，人们才能充分享受到月饼的美味和过节的乐趣。中秋一过，月饼柜台又冷冷清清，大批月饼不得不以“过时商品”降价处理。这种情况在全国，近十几年，年年如此。在民俗的维度之中，人们的生活在不断重复，延续成模式化的生活，这使得人们对未来的日子有了预见和期待，生活变得更有规律和意义，社会趋于安定和祥和。

民俗的确是一种自在的运动系统，“是一种外在方面没有保障的规则，行为者自愿地事实上遵守它，不管是干脆出于‘毫无思考’也好，或者出于‘方便’也好，或者出于什么原因，而且他可以期待这个范围内的其他成员由于这些原因也很可能会遵守它。因此，习俗在这个意义上并不是什么‘适用的’：谁也没有‘要求’他要一定遵守它。”①

尽管民俗不像法律、政令那样具有强制性，但其力量不可小觑。一些传统民俗在今天社会中还在释放能量，或者说，现代人的生活依然依据传统民俗，主要是受到民俗规范力量的惯性冲击。人们随时都在互相监视民俗的实施情况，每一个人的民俗行为都是处在别人的监视之下。中秋节期间的欢聚场合，如果有人不吃月饼，他就会反复被询问和被劝食。任何一个人，只要他违背了当地的风俗习惯，大家都会将他拽回民俗的轨道上。列维-斯特劳斯说：“我们的行动和思想都依照习惯，稍稍偏离风俗，就会遇到非常大的阻难，其原因更多在于惯性，而不是出于要维持某种明确效用的有意识考虑或者需要。”② 就人本身而言，比如说，中性人或说阴阳人、同性恋者、心理变态者、外星人、克隆人等皆属于分类体系中的另类，他们是人，可又不是完全“正常”的人，是介于正常与非正常之间的“怪人”。尽管这些“怪人”不具有“神”性，

---

① ［德］马克斯·韦伯：《社会学基本概念》，见韩水法编：《韦伯文集》，136页，北京，中国广播电视出版社，2000。

② ［法］列维-斯特劳斯：《历史学和人类学——〈结构人类学〉一书序言》，载《哲学译丛》，1979（6）。

由于受宣传和传说的影响，他们也被赋予某种邪异的力量，在许多人的心里产生恐惧之感。故而他们便成为禁忌的对象。

这些禁忌民俗的对象有一共同点，就是都背离了传统的关于“人”的标准和看法。对“怪人”的禁忌，是要努力维护人的正常性。这些禁忌之人似乎与法律、道德无涉，也就是说，法律和道德并不排斥和诋毁他们的存在，而禁忌的存在，却使人们和他们保持距离，唯恐自己与他们为伍。尽管我们提倡同情与关爱，但禁忌民俗则迫使他们竭力隐瞒自己的身份，在客观上限制了他们生存的空间。禁忌的力量似乎在维护人类的所谓“纯洁”。

民俗在悄悄维系着社会的和谐，可以说是建构和谐社会的“集体无意识”的力量。在当今建设和谐社会的过程中，有意识地弘扬民族民俗文化，可以更有效地平和地消除经济发展中所产生的一些不和谐的因素；充分利用这种最稳定的文化形态，可以避免产生新的震荡和不安定。

（原载《新视野》2005 年第 5 期）

民俗规范功能的历史与现实

谁都承认民俗对所有人的言行和思想具有控制力量，是一种规范和规范的依据。列维-斯特劳斯说："我们的行动和思想都依照习惯，稍稍偏离风俗，就会遇到非常大的阻难，其原因更多在于惯性，而不是出于要维持某种明确效用的有意识考虑或者需要。"民俗规范力量的持久延续，也许从中可以得到启迪。一些传统民俗在今天社会中还有力量，或者说，现代人有时不得不随俗，主要是受到民俗规范力量的惯性冲击。正如站在公共汽车里，遇到紧急刹车，不得不随之趔趄一下，但并不一定赞成这样的行动一样。传统民俗的规范力量对社会较多的人来说，更多是无清晰意识效应的惯性，一种"集体无意识"的力量。

然而，人们考察这种规范力量往往局限于当下的视野，而无视历史的变化。事实上，民俗规范力量的呈现的确有时代的差异。人们时常也会讨论这样的问题：现在社会的民俗规范功能与远古社会相比，是不是越来越减弱了，答案是难于确定的。如果随着社会的进步，民俗的整体功能在不断衰弱的话，那么，终有一天，民俗的规范功能将丧失殆尽，民俗也就失去了存在的必要性，而这肯定是不符合民俗发展的历史进程。尽管在人类进入了文明社会之后，由于生产力的提高和人们认识世界、改造世界能力的增强，禁忌民俗已不再具有原先的在人类发展史上所起的作用，一些远古的禁忌在人们生活中渐渐地消逝了，但是形形色色的禁忌仍然渗入人们生活的方方面面，甚至产生的契机更为五花八门。

人们之所以会对民俗失去往日的信心，主要是由当前民俗生存的景况造成的。以下是五个具体的原因，对它们的探寻，其实也是在梳理和把握民俗规范功能的历史与现实。

一、权力机构渗入民俗领域

谁也不会否认，民俗的一部分规范功能在现代社会不可避免地发生了剥离，转化为国家话语权力系统。例如，法律和政令显然是继承了禁忌的结构模式，只不过将口承形式置换为书面形式。远古时期对大自然的禁忌、对性的禁忌、对图腾的禁忌等，曾经对社会的稳定和发展发挥了重大作用，在现今社会早已转化为相关的法律、政令。可以说，法律、政令以及种种的乡规民约都是禁忌在文明社会的变异存在。原始社会，没有国家，没有政令，没有法律，也没有家庭和行业，社会秩序的维系不靠强制的行政命令和强力的国家机器轰鸣，靠的就是习俗的“调整”这种软性的自控系统。青少年的社会化过程也主要诉诸民俗的浇铸。家庭、学校、各种行业乃至监狱出现后，这些组织和机构以建立社会规范和规范社会为己任，尽力使社会规范功能得到发挥和扩张。社会规范由于得到这些规范机构的推行和强化，便变得强硬起来，米歇尔·福柯说：慈善团体、道德改良协会、工人住宅区、学校、工厂等机构“是用于减轻痛苦，治疗创伤和给予慰藉的，因此表面上与监狱迥然有异，但它们同监狱一样，却往往行使着一种致力于规范化的权力”。① 而且这些机关正在千方百计地包揽规范的权力。

同时，过去许多一直处于自然发展状态的民俗礼仪，也逐渐为一些权力机构所管辖，民俗的规范功能由民间进入到国家行政机关。生儿育女和埋葬逝者本来都是由老百姓自己处理的事情，并且已有一套完整的礼仪程序，现在都由管理计划生育和殡葬的部门所管理，传统的从生到死的民俗礼仪活动都成为政府机构加强管理的目标。

不过，社会生活的全面和复杂又使所有的机构难于胜任所有的规范义务，民间的生活空间必然要由民俗来充实和控制。也就是说，民众生活以及传统习惯不可能完全进入“机构”，机构不可能规范人们生活的全部。机构的四周是更为广阔的生活空间，生活空间里的准则、模式及意义主要来自于传统民俗，取决于传统民俗。当然，民俗则沦落为循循善诱的社会管理及控制系统中的软件。

二、民俗表演空间的萎缩

相对于现代社会，远古社会的生产、生活以及人们的思想具有更明显的同一性，时空的界限更趋一致，生活节奏和方式简单而又单一，相应的，民俗表演和民俗力量的释放主要集中在神庙、祭祀场、竞技场等公共场所。人们常常在这些公共场所表演、祭祀、聚集、歌舞、庆贺等，举行场面宏大的公共仪式，所有的人都是仪式的参加者。此时，所有的能量在瞬间聚集、释放，人们在刹那间融为一体。这种高度的集体性使得民俗的规范功能得到极大的发挥，似乎威力也更为强大。相对于古代社会的公共性而言，我们近代形成的规范社会主要不是展示性的，而是感染性和监视性的。人们因某种契机，遭遇到某种民俗事象，并为之感

---

① [法] 米歇尔·福柯：《规训与惩罚》，刘北成、杨远婴译，353 页，北京，生活·读书·新知三联书店，1999。

染，有意无意接受了它；同时，民俗作为一种传统，它本身就是生活的意义、情感、准则和参照，所有的人都会自觉不自觉地维护传统，并且通过互相传播民俗知识和互相监视促进民俗的延续。民俗与一般静态的文化模式如文献文化不一样，它是动态的文化模式。这种动态，也不像电影画面一类艺术的机械光电流动，它是一种自然的流动，如同风一样，或者说像“流感”式的，无阻碍地流传感染。民俗的这种“动势”是民俗本性的一部分，它在民俗形成时就被组建进去了。此外，任何一个冠之为民俗的事象，都不是一蹴而就的，它本身也是一种动态的积累产物。民俗包蕴着一定人群的某种共同的意愿，这种共识，是由个别的认同逐步达到群体共同的认可，是同感运动深化的结果。[①] 另外，人们又在互相监视民俗的实施情况，每一个人的民俗行为都是处在别人的监视之下。中秋节期间的欢聚场合，如果有人不吃月饼，他就会反复被询问和被劝食。任何一个人，只要他违背了当地的风俗习惯，大家都会将他拽回民俗的轨道上。

民俗作为一种传统，主要是依靠感染和监视得以延续的。而感染和监视并不能使民俗的力量得到集中释放。现代社会的民俗正逐渐失去原先具有的展示性和表演性，变得越来越简单而零碎，越来越向日常生活本身靠拢。有些已回归为生活本身，成为生活的有机组成部分。展示性的仪式过程已经被权力机构所掌握，群众性的仪式场合变成了政治集会和各种宣传活动。政治话语、商业话语、外交话语等在集会仪式上被反复宣讲，并通过各种传媒瞬间输入千家万户，正如米歇尔·福柯所言，远古时期的规范社会的特征是“大批的人群能够观看到少数对象”，但是，现代社会的机制恰恰颠倒过来，“少数人甚至一个人能够在瞬间看到一大群人”。[②] 所谓的民俗的“民”正急速地被分化和被肢解，传统的民

① 陈勤建：《中国民俗》，52页，北京，中国民间文艺出版社，1989。

② ［法］米歇尔·福柯：《规训与惩罚》，刘北成、杨远婴译，243页，北京，生活·读书·新知三联书店，1999。

间群体所剩无几，群体与群体的壁垒已经坍塌，群体中人随时可能变成“流民”。散落在各地的人们每天睁着眼，看电视里面一大群人的集会。这些大大小小的集会大多在建有主席台的封闭式的特定空间里进行。

民间集体仪式则大多在露天举行，显示出官方集会所无的开放性特征。即便如此，民间仪式时间和空间的维度正在发生转换，甚至在急剧萎缩，萎缩的原因有时是统治阶层的有意破坏，如禁止燃放鞭炮、一些祭祀活动被扣上迷信的罪名等。“有着强烈狂欢精神的庙会和娱神活动，具有一种潜在的颠覆性和破坏性，在社会状况相对稳定的时候，它们只不过是人们宣泄自己情感的方式，对传统规范的蔑视和嘲弄被限制在一个法律允许的范围内。”① 这是明清之际，法律规定相对放宽的情况。经受“文化大革命”的冲击和所谓现代文明的洗礼之后，原先盛行于民间的带有潜在颠覆性和破坏性的集体民俗活动本身，被权力话语系统无情地颠覆和破坏。与此同时，民间娱神的狂欢名正言顺地转换为国家政治狂欢。民众的狂欢精神早已被国家权力所强取和利用，而且，为了挤压民间固有的狂欢时空，国家权力机构往往会对狂欢时空进行重大调整，诸如“五一”劳动节和“十一”国庆节放长假，每每遇到带有政治意味的重大胜利，就组织民众集会和上街游行等。一部分民俗的力量便被权力机构掠夺过去，而民间话语又难以渗入权力话语系统，民俗的规范力量自然也就显得微弱了许多。

三、国家权力重写民俗知识

国家权力正在对民众的知识结构进行改造。“每个人都处在一定的民俗圈中，言行都受到民俗的约束，青少年的社会化过程在一定程度上就是对民俗习惯的顺应”，这些类似的说法表明民俗学工作者对民俗的偏爱和重视，其实，这并不完全符合事实。每个人的确拥有一种民俗知识形

① 赵世瑜：《狂欢与日常——明清以来的庙会与民间社会》，134页，北京，生活·读书·新知三联书店，2002。

式，但这种民俗知识形式还是权力锻造的对象，它受制于权力的规范，或者说权力正在改造和重释民俗知识。如果说人是由知识生产出来的，那么，知识则是被权力生产出来的。春节联欢晚会成为人们的依恋，这是“过年怎么越来越没有意思了”的主要表征。新闻媒体对春节联欢晚会的反复渲染，实际上是在冲击和排斥年节的文化传统。一家人坐在电视机前看节目，远不如一家人围着火盆诉说家常有意义。春节联欢晚会不仅对过年的形式进行了改造，而且歪曲了过年的内容。青少年的春节知识不是完全来自过年的体验，而在很大程度上是受制于晚会的宣传。

对民俗事象活动过程的干预和介入，是相关权力机构的权力。传统所构筑的可以吸纳广大民众参与的活动空间，历代统治者都会别有用心地加以利用。然而，这并非完全出于民俗发展本身的需要，民俗发展的“动势”本身就有自我调整的本能。

马克斯·韦伯把社会行动区分为四种类型：第一，目标合理的行动，即能够达到目标，取得成效的行动；第二，价值合理的行动，即按照自己信奉的价值所进行的行动，不管有无成效；第三，激情的行动，即由于现实的感情冲动和感情状态而引起的行动；第四，传统的行动，即按照习惯而进行的活动。① 在传统社会中，后两种行动占主导地位。而在工业社会中，前两种行动占主导地位，而且只有这两种行动才属于合理的行动。相反，“严格的传统举止——正如纯粹的反应性模仿一样——完全处于边缘状态，而且往往是超然于可以称之为‘有意义的’取向的行为之外。因为它往往是一种对于习以为常的刺激的迟钝的、在约定俗成的态度方向上进行的反应。”② 民俗行为自然属于传统的处于边缘状态的行为，肯定要被合理的行为所左右。而且，“目标”和“价值”皆由权

① ［德］马克斯·韦伯：《社会学基本概念》，见韩水法编：《韦伯文集》，130页，北京，中国广播电视出版社，2000。

② ［德］马克斯·韦伯：《社会学基本概念》，见韩水法编：《韦伯文集》，130页，北京，中国广播电视出版社，2000。

力系统所定性和把握，传统的民俗行为为了变成合理的行为，争取生存的空间，有时便不得不迎合这些“目标”和“价值”，甚至有意纳入到“大传统”的范畴之中。有一些民俗已然失去了自我，如对青少年的教养习俗，在内容和形式上已为权力系统所控制。在现代社会，有些民俗不可能获得自由发展的空间，它们除了背负沉重的历史包袱，还要承受政治、经济、文化的重压。正在逐渐失去自我和自由的这些民俗，其规范力量自然难于充分展示出来。但从总体上，我们仍然可以说，民俗在社会中一旦形成，就成了一个自控又自动的独立系统，并以相对的稳定性，陈陈相因，延续承袭。民俗像风一样，自然产生、自然流传和自然消亡。当然，这实际上也是民俗学者构拟的民俗生存的理想形态。

四、民俗拒绝严厉的惩罚

在现代社会，违背民俗常规和蔑视民俗的力量，一般不会受到严厉的惩罚。民俗对社会民众的影响，一般不具有命令式的强行指派，它也要求一统，但这一统，是潜移默化、循循诱导式的。不遵奉的，有时会受到宗法式的制裁，但它所代表的仅仅是一个宗族或大家庭的意愿，更多的还是民俗惯制的力量，即它是传统的。然而在远古社会，情况迥然不同。人类学家杰盖塔·霍克斯在《地球上的人类》一书中写道：“唯有这一个物种，把未免过于残忍的清规戒律强加于自己的每一名成员身上。且不论这种集体意志从何而来，它反正强施这些限制。而人也就将此限制视作神祇的旨意而接受。”① 这种种限制，就广泛存在于世界各国原始社会两性生活的禁忌中。在原始社会的民族中，虽然没有文明人的道德观念，但对乱伦的恐惧和对破坏者的严厉惩罚，令人惊奇。

尽管现代人无法想象，但有一点可以肯定，对违背性禁忌或其他重要规矩的人的惩罚，是在公开的集体场合进行的。这种公开展示的惩罚

① 转引自［美］约瑟夫·布雷多克：《婚床：世界婚俗》，王秋海等译，8～9页，北京，生活·读书·新知三联书店，1986。

方式后来为封建帝王所继承。这是一种权力的展示，是帝王权力的展示。“它是两面性的：从犯罪的角度而言，它是昭示罪行及应受的惩罚；从帝王的角度而言，它是重建一时受到伤害的君权，是强调权力及其对罪犯固有的优势。”① 公开惩罚并不是重建正义，而是重振权力。在公开处决的酷刑中，权力在运作、显现、炫耀。然而，当社会分层出现之后，民俗便和民众融为一体。基本上抛弃了严厉惩罚的手段，同时，民众也就放弃了对破坏民俗的人施以惩罚的权利。否则，民俗就会给特定的群体中人带来互相仇视。正是由于民俗摈弃了严厉惩罚的权利，才使民俗规范和上层阶级颁布的法律、政令等有了明显的差异。也使民俗成为一种社会的稳定力，并以特有的整合功能，使社会某些系统平和地消除振荡和干扰，以一种公认的稳定形式和基本一致的适应方式。人们依循民俗一般并非迫于民俗的威慑，或由这种威慑产生的恐惧，而是民俗给人一种社会安定感和相互亲近感，给人们的生活带来秩序和意义，在很大程度上满足了人们对传统的依恋。这就是民俗的力量，是社会底层的力量，但不是惩罚的力量，或者说诉诸惩罚和威胁而产生的力量。

从这一点来说，民俗的确是一种自在的运动系统，“是一种外在方面没有保障的规则，行为者自愿地事实上遵守它，不管是干脆出于‘毫无思考’也好，或者出于‘方便’也好，或者出于什么原因，而且他可以期待这个范围内的其他成员由于这些原因也很可能会遵守它。因此，习俗在这个意义上并不是什么‘适用的’：谁也没有‘要求’他要一定遵守它。”② 民俗的施行和传播似乎不需要权力系统，当然，权力系统利用民俗又另当别论。民俗得以施行和传播的原因正如其意义一样，更多地进入到潜在的层面。人们遵守民俗也有更为直接的原因，大概如韦伯所说，“谁要是不以它为行为的取向，他的行为就‘不相适应’，也就是

① 汪民安：《福柯的界限》，188页，北京，中国社会科学出版社，2002。

② ［德］马克斯·韦伯：《社会学基本概念》，见韩水法编：《韦伯文集》，136页，北京，中国广播电视出版社，2000。

说，只要他周围多数人的行为预计这个习俗的存在并照此采取自己的态度，他必须忍受或大或小的不快和不利”。[①] 由于民俗事象的形成、传播乃至消亡的过程都远离了权力、强制、惩罚、酷刑和威慑，导致其规范力量的展示是舒缓的、平和的、潜移默化的甚至是潜藏的。

五、传统民俗观念被遗弃

一些传统的对民俗事象的生存起着支撑作用的民间观念正趋于淡漠，相应的，这些失去民间观念支撑的民俗的规范力量便大大减弱。例如，禁忌是一切社会规范中最古老的社会规范。越是处在人类社会的早期，禁忌的威力越强，对社会的作用越大。随着历史的发展，人类生产力水平的提高，这种观念会逐渐消失，也即是说，禁忌民俗自身的流布能力是有限的。以语言禁忌习俗为例，人类崇信自己的“言语中有魔力的影响，因此对待言语必须小心谨慎”[②]。“同时，未开化的民族对于语言和事物不能明确分开”[③]，以为语言即是它所表达的人和物本身。中国民间对语言的魔力历来深信不疑，求佛拜佛时的祷告，施巫术时的咒语和祝辞，入教入社时的誓言以及日常生活中的大量詈语等，都是人们以为说了，即会变成现实，说了某人不吉利的话，某人亦即遭殃。于是产生了语言的恐惧症，唯恐不吉利的词语临降到自己头上，为了避免乱说话，杜绝无谓的伤害，便出现了语言避讳。旧时，对“死”等凶字的言讳不仅盛行民间，上层社会更是谈“死”色变。《宋书·明帝纪》记载，六朝时的宋明帝，非常讲究凶讳，“言语文书有祸、败、凶、恶及疑似之言，应回避者数千百品”，有犯必加罪戮。当时的著名文士江谧，在他所

① ［德］马克斯·韦伯：《社会学基本概念》，见韩水法编：《韦伯文集》，137页，北京，中国广播电视出版社，2000。

② ［英］泰勒：《原始文化》，蔡江浓编译，17页，杭州，浙江人民出版社，1988。

③ ［英］詹·乔·弗雷泽：《金枝》，徐育新等译，362页，北京，中国民间文艺出版社，1987。

写的祭词中，用了“白门”一词（白门，宋都城金陵的某地名），宋明帝认为这个白字与丧事有关而很不吉利，于是大骂江谧说：“白汝家门！”意即“让你们家死人！”吓得江谧连忙叩头认罪。宋明帝见他认罪态度较好，才予以从宽处理。现今，再有类似事件发生，则会令众人笑掉大牙。

在过去，一些民间信仰观念甚至可以限定当权者滥用权力。韦伯在《中国的宗教：儒教与道教》一书中提供了一个典型的事例，他说：“受冤屈者的哭号会引来鬼神的报复。这在受害者是由于自杀、悲怨和绝望而死时，尤其如此。最晚起于汉代，这种坚定的信仰是从官僚体制和诉之于天的权利的理想化投射中萌芽的。我们也已看到伴随着真正的（或自称的）被冤屈者的大众的呼号，对于官吏的约束有多大的力量。对于鬼神之报复的认同信仰，迫使每一个官吏在面对可能造成自杀危险的群众狂乱的情况时，不得不让步……对于鬼神及其功能的信仰，是中国平民大众唯一一份极具效力的大宪章。”[①] 现今社会，鬼神信仰观念更多成为人们虚幻的慰藉，鬼神信仰习俗的规范功能早已失去了普遍的认同，冤屈者的哭号再也引不起人们对鬼神报复的恐惧。

随着民间观念的淡化，相关的习俗会逐渐失去其存在的理由；同样的，新的民间观念的形成，也会促使新的习俗的产生。只不过一些原有的带有普遍性的民间观念的淡化，加快了相关民俗衰微的进程，这些习俗规范正急剧地失去其应有的效能，这种现象会使人们对整个民俗传统失去信心。因为在当今社会，要再构传统意义上的民俗观念是不可能的。而对民俗内涵和外延的重新认定还需等待相当长的时间。

但关键的一点应该坚信：民俗不绝，民俗的规范功能永存。

［原载《广西民族学院学报》（哲学社会科学版）2003年第5期］

---

① ［德］马克思·韦伯：《中国的宗教：儒教与道教》，简惠美译，262页，台北，台湾远流出版事业股份有限公司，1996。

民间文化权益的模糊性与保护策略

民间文化相对于上层文化而言，所涉及的范围更为广泛，且具有极大的差异性和不确定性，其权益问题相当复杂。如何确定民间文化权益，权益的归属和性质，如何保护民间文化权益，权益保护实施的步骤，民间文化权益保护法规的制定等，都是非常棘手、难以解决的问题。之所以如此，是由民间文化的特性所决定。民间文化需要保护，制定《民间文化保护法》迫在眉睫。

一、民间文化不是一般意义上的文化

2004 年 4 月 8 日《文化部、财政部关于实施中国民族民间文化保护工程的通知》附件《中国民族民间文化保护工程实施方案》中，对“民间文化”的含义是这样解说的：“我国是一个历史悠久的文明古国，56 个民族在长期的历史发展进程中，不仅创造了大量的有形文化遗产，也创造了丰富的无形文化遗产，包括各种神话、史诗、音乐、舞蹈、戏曲、曲艺、皮影、剪纸、雕刻、刺绣、印染等艺术和技艺及各种礼仪、节日、体育活动等。中华民族血脉之所以绵延至今从未间断，与民族民间文化的承续传载息息相关。”① 凡是民间生活中的一切事物，诸如村制、族制、婚姻、丧葬、产育、社交、节日、信仰、祭仪、居住、饮食、服饰、农耕、技艺以及民间艺术、民间谚语等，都属于民间文化的具体内容。

民间文化不同于上层精英文化。精英文化往往是某个人的创造，其权益是比较明确的，或者说精英文化的权益可以落实在某个人或集体身上，并且可以得到证实；而民间文化的权益则是模糊的，难以认定的。之所以如此，是由民间文化以下三个方面的特质导致的。

第一，民间文化不是一般意义上的文化，不仅仅指民间文化记录的作品，民间文化记录的作品是采风的成果，是对民间文化部分的记录。现有的民间文化作品都没有也不可能涵盖民间文化的全部。“说唱的文本始终仅仅存在于说唱演出的时间中。作为声音使空气发生振动而出现的文本随着声音的沉寂而销声匿迹。然而我们所收集记录下来的文字文本却一直在桌子上纹丝不动，其存在与时间无关。我们没有留意到那些由于对文本作收集记录而丢失的东西，而一直认为通过文字化的工作即可使文本变为分析的对象。”② 真正的民间文化存在于生活当中，其中的许多部分很难被“采风”，并用文字、音像描述出来。

第二，真正的民间文化存活于现实生活当中。记录下来的书面、影像及声音文本不可能是民间文化的最初样式，因为此前这一作品已流传了很长时间；也不可能是最后的样式，因为此作品还会继续流传下去。

---

① 中国民族民间文化保护工程国家中心编：《中国民族民间文化保护工程普查工作手册》，184 页，文化艺术出版社，2005。

② ［日］井口淳子：《中国北方农村的口传文化——说唱的书、文本、表演》，林琦译，10～11 页，厦门，厦门大学出版社，2003。

记录文本从来就没有一个“最后的定稿”或文本“原型”。文本和演说情境是不可分离的。脱离了演说情境，文本就可能会被误读。文本是由演说者和听众或观众共同建构起来的，文本要通过语境才能被充分理解。民间文化的创作和传播过程，实际上就是在特定场域中发生的言语和情感的交流行为。严格说，只有进入这一演说场域，才能真正接受和享用被演说的民间文化。

以上两点表明，民间文化采录者的署名，仅仅是对所记录文本，包括影像、录音及文字等作品拥有版权，我国现行的版权保护法规明确指出：“民间文学艺术和其他民间传统作品的整体、版权归整理者所有，但他人仍可对同一作品进行整理并获得版权。”而这些作品并不是真正的民间文化。更确切地说，这些作品充其量仅仅是民间文化的再写和复制，任何再写和复制都是带有主观色彩和立场的，而不是民间文化本身。对民间文化本身而言，采录者没有任何权益。

第三，精英文化文本是一个单数，而任何民间文化的文本都是复数，民间文化文本是无数文本中的一个文本。当一个民间文化“文本”成为相对独立的演述形式时，它四周已是一片无形的文本海洋。每一个文本都从流传的语境中提取已被聆听过、演述过的段落、片段和词语，所以，对民间文化而言，从来没有什么“原初的”文本，每个文本中的一切成分都是已经演述过的，都是由其他文本的碎片组成的。民间文化的文本之间不断转移、渗透、自相矛盾甚至颠覆。文本的这种“复数”的特点取消了一切中心和同一，有的只是各种相互关联的文本在流转、扩散、变换和增值。

就这一点而言，民间文化文本处于不断被复制的状态，本身就不具有所有权、归属权和版权等权益特质。民间文化是广大民众群体所有的财富，是群体创作的，它既不署某个创造者的名字，也不为某个作家所私有，民众既是创造者、修改者，又是传播者、演唱者和听众。不管展示的地位、形式或价值如何，也不管我们如何处理，民间文化的呈现完全属于集体程序，是在没有创造者名字的环境中展开的。

在民间文化文本的真正的口传阶段，每次呈现都是有差异的。民间文化的展开和实施，其实都是“这一次”的，民间文化具有不可重复性，每次展开和实施都有特定的情景，每次表演也都不相同。另外，民间文化的文本除了在不断变异、不断产生异文之外，还有，即便是同一个版本，只要处于活态当中，处于自然的生活状态中，就会得到不断的扩充。譬如，《摩诃婆罗多》或《格萨尔王传》在传播的过程中，像滚雪球一样扩展着自身。所以，某一民间文化文本不可能是一个版本，而是无数个版本；也没有最权威的和最终的版本。民间文化文本的无限性决定了其版权和所有权的虚无性，因为民间文化的版本本身是不确定的。再者，除了民俗物和古董以外，确立生活状态的民间文化的权益没有意义，因为相当多的民间文化是稍纵即逝的，只有当其呈现时才能捕捉得到。

二、民间文化主客体难以确定

民间文化属于民众自己的知识，是民众自己叙述的知识，是民众对于自己的思想、观念和感情的展演。按理，只有民间文化表演者、呈现者、实施者以及经历者即当地人才拥有民间文化的版权和所有权，但这种权益对他们没有什么益处，因为他们不能限制别人对他们的录音、描写和摄像，否则，他们表演和展示民间文化就无从进行。民众在表演和传播民间文化时，是在经历一种独特的生活，一般不会意识到自己在从事文化活动。民众的文化活动，基本上是一种无意识，或下意识的。这即是说，民众在制造文化产品时，并不把它当成文化创造来对待，民间创作活动，常常是伴随着物质生产或生活一道进行的。如果民众在从事民间文化活动时具有权益意识，那么，民间文化也就变质了。民间文化在相当程度上就是民间生活，民间生活本身是开放的，不会拒绝局外人的参与观察和采录。当然，有时民间文化的表演者可以收取采录者一些费用，但这只能被当成一种劳务费，与民间文化的权益没有关系。

民间文化世界不是创造性的世界，不能给人带来原创性的快感，在民间文化世界标榜发明、创造是徒劳的。同样，强求民间文化的权益也是徒劳的，如果说存在权益的话，那也是当地人充分享用民间文化的权益，而不是将当地民间文化据为己有的权益。

正是由于民间文化具有这些本质特性，导致民间文化权利的主体和客体往往难以确定。民间文化这一概念本身就指称了其所有权是民间，即民众。“民间”包含二义：一是生活于底层社会空间的“民众”；二是“民众的生活领域及精神世界”。民间不是由文人建构的虚拟空间，而是一个永远存在的社会实体。由民间滋生的民间文化是一种完全独立的文学。民间文化的“民间”，是一个独立于上层社会的底层社会，过去主要指农村宗法社会，民间是现实的乡村民间。在这一民间，完全可以自己生产“文学”，并且以独有的方式在民间进行传播。民间文化的“民间”始终是自在和自为的，不是由知识分子构拟出来的。

民众是一个集合概念，不能对应某一个人甚至有一个界限明确的集体。因为民间文化是活态的，处于不断流动之中，从一个地方传播到另一个地方，其拥有者在不断的转换和扩展。一般而言，民间文化不属于个别人和特定的群体，不存在署名及版权的问题。如果将某一民间文化品种归某一地区所有，出于地方利益的需要，就很可能引起纷争。譬如，2006 年 5 月 25 日，梁祝传说被公布为第一批国家级非物质文化遗产，山东省济宁市作为梁祝传说的遗存地被公布，同时被公布的还有浙江省的宁波、杭州、上虞，江苏省的宜兴，河南省的汝南县。在被公布的梁祝传说遗存地中，各地都宣称自己为梁祝传说的发源地。梁祝传说到底发源于何地的问题，历来众说纷纭，曾一度成为人们争论和关注的焦点问题。在具体的操作层面，民间文化的权益主体是缺位的。民间文学艺术的作者身份大多数是无法识别的，民间文学艺术表现形式具有群体性，它们是同一社会群体的集体创作，可以将民间文化表现形式视为集体创作作品。保护的主体为社会群体。原始版权的行使，只能作为民族文化遗产由国家享有。另外，版权保护的作品有一定的保护期限，民间文学艺术作品是通过某个社会群体长时期的不断模仿、创造，而非个人的产物，这种作品的创作过程往往是一个很漫长的时期。民间文化源远流长，版权保护期限无法为其提供足够长的保护期。

三、现有法规不适合民间文化

既然民间文化是属于民众的，而民众生存于社会的底层，不拥有政治话语权，那么，他们所传承和享用的文化自然也始终处于劣势地位，往往陷入需要“保护”的境地。“由于民间和官方在社会存在结构中具有天然的利益对抗关系和文化紧张氛围，主要由官方利益诱引和学术体制收购的职业化学者便很容易以居高临下的姿态来审视和描述民间存在状态，由此导致民间总是与边缘性、分散性、原始性、滞后性甚至反文化秩序性联系在一起。几千年来知识分子的重要使命之一就是帮助政府、教会和其他形形色色的利益集团来治理民间、改造民间、教化民间，甚至某些永远走不出民间的民间知识分子也还表演其‘堂·吉诃德式’或者‘孔乙己式’的人生悲剧和角色荒诞。”① 真正能够保护民间文化的是当地民众，一旦当地民众有了比较明确的民间文化权益意识之后，他们就能自觉地抵御外来势力对当地民间文化的破坏，竭尽全力维护属于他们自己的民间文化。

民间文化可以演化为政绩工程，也可以用于经济开发的资源，因此，民间文化很可能被过度利用。过度利用的结果，是民间文化遭到人为破坏，直接的受害者是当地民众，他们祖祖辈辈的文化遗留的自然传承将被中止。有人主张确立民间文化的知识产权，以此来保护当地民众的切身利益，殊不知一旦把民间文化产权化，民间文化就失去了其应有的本

① 王列生：《论民间仪式的文艺承载》，载《深圳大学学报》（人文社会科学版），2006（6）。

真性。版权保护只能应用于上层的精英文化，对民间文化则不合适。

也有不少学者“……都在呼唤着法律对非物质文化遗产的保护。在中国的法制建设中，应该有非物质文化遗产的一席之地，没有法律的保护是‘无法无天’的保护，依靠法律的保护才是‘合理合法’的保护”①。我国民间文化法律保护具体制度大多适用知识产权法的规定，且主要以其中的《著作权法》为依据，《著作权法》第六条规定：“民间文学艺术作品的著作权保护办法由国务院另行规定。”之所以另行规定，实际上就是不好规定。由于传统文化和民族文化本身经过长时间的积累和演绎，其内容往往涉及广泛且难以认定归属者，因此，国务院目前尚未出台相应的具体保护办法。

要保护民间文化的知识产权，第一个需要解决的便是谁是权利的主体或权利的归属问题。对民间文化享有知识产权的主体究竟有哪些权利？譬如，按版权法的一般理论，版权包括两方面的内容：精神权利与经济权利。精神权利有发表权、署名权、修改权与保护作品完整权。经济权利有复制权、演绎权与传播权三大类。民间文化具有群体性、传统性、变异性、地域性等方面的特点，它不同于一般知识产权所保护的创造性智力成果，因而其知识产权的具体内容也会有所不同。

知识产权法是保护以个人主体为主、法人和其他组织主体为辅的财产性知识权利，民间文化的主体不是个人，更不可能属于某个法人或者其他组织，知识产权中的主体概念和民族民间文化的主体并不相同。民间的文化世界不是私人和个人世界，不是独白世界和私密空间，它的现实基础结构在于它是被我们分享或共享的，是人与人相互交流的文化存在，是集体的世界，社会的世界。用一种保护个人的制度来保护集体，显然是不恰当的。知识产权制度保护的客体是财产性知识权利，财产性特征是知识产权的根本特征之一，而民间文化的拥有者们一般并没有财

① 白庚胜：《非物质文化遗产法律保护论》，载《中国民族》，2006（5）。

产性知识权利的意识。民间文化的生产和流传都是在生活情境中完成的，每次表演和传播活动都是一次独特的生活经历，民众不会意识到自己在从事文化活动。进而，他们也不可能有知识产权的要求。而这种与生活融为一体的民间文化形态属于非财产性质，不适合单纯保护财产性权利的法律制度。

有学者认为："由于受经济状况、自然环境、居住地域政策水平、文化程度等条件的限制，要推举一个由若干民族成员组成的机构负责行使本民族作品的著作权，也是非常困难的，最好的解决办法是国家规定由县以上文化主管部门代表民间文学艺术作品所属民族行使著作权，并负责分级管理工作。"① 由政府代替当地民众行使著作权，显然不能达到维护当地民众民间文化知识产权的目的。不仅如此，当地政府很可能会滥用民间文化的知识产权。

2006 年，壮族舞剧《妈勒访天边》因涉嫌未经许可使用黄某曾于 1958 年根据壮族民间故事发表的《妈勒带子访太阳》一文，而被诉至法院。这个案件涉及在民间文化记录成果的基础上进行再创作而成的作品是否构成侵权的问题，实际上是有关民间文学衍生作品的著作权纠纷案。舞剧《妈勒访天边》是根据民间传说作品《妈勒带子访太阳》改编而成的，二者相互之间有一定的传承关系，但并没有证据说明构成侵权。考虑到《妈勒带子访太阳》一案的审判具有典型性，最高人民法院将其作为知识产权保护的宣传案例，列入了 2008 年中国知识产权司法保护十大案例之一。由于民间文化本身覆盖的内容包罗万象，其客体、内容和对象又总是处于不断地发展和进化的过程中，因此在这种复杂多样、变化多端的实践需求面前，立法总是不可避免地滞后，法律调整总是不可避免地存在断裂与空白，而司法审判特有的能动性能够克服和弥补立法的局限与法律的不足，在保护民间文化方面发挥重要作用。

---

① 张广生：《试论民间文学艺术作品的著作权保护》，载《学术论坛》，1992(3)。

民间文化权益的保护有其特殊性，如果过分强调，可能不利于民间文化的传播和利用，甚至也会导致民间文化丧失原本的生活状态。为了继承和发扬本国民族文化，鼓励发掘、整理这些民间作品，有些国家从法律上作出了相应的规定。例如，南斯拉夫版权法第六条规定："为了整理或改编文学、艺术和科学作品，可以自由地使用民间文学艺术作品"；第九条第三款规定："利用民间文学艺术作品创作文学、艺术或科学作品的人，是此类文学、艺术和科学作品的作者。"多数国家，特别是美国、英国、法国、日本等发达国家，都没有保护民间文学艺术作品的法律规定。

四、出台《民间文化保护法》

在全球化语境中，追求利益最大化的市场开发和带有傲慢与偏见个性特征的西方后现代殖民文化的双重挤压，导致发展中国家包括中国在内的民间文化陷于式微与消泯的困境。香港社会学家胡国亨认为："将不同地区的文化趋向统一化，等同于将其他文化淹没，等同人类文明生存的弹性降低。"①季羡林先生也认为："一个统一的、单一的全球文化，是人类文化发展的歧途，是人类发展的悲剧。"② 另外，随着我国经济的发展，越来越多的传统民间文化作品自觉或不自觉地进入到文化市场里来，某些传统文化在产业化的过程中得到了社会大众的认可，显示了它们的生命力，带来了商业利润。民间文化的商业化也必将造成民间文化的破坏。由于缺乏强有力的保护，我国民族传统文化面临着前所未有的严峻形势，经过好莱坞改造的《花木兰》让中国人有一种被讽刺、污蔑的感觉。许多传统技能和民间艺术后继无人，面临失传的危险。一些独特的语言文字和习俗在消亡。民族民间传统文化的研究人员短缺，出现

---

① 转引自贾乐芳：《知识经济与文化多样性》，载《哲学视野》，2004（1）。

② 季羡林：《东西文化议论集》，358页，北京，经济日报出版社，1997。

断层。滥用民族传统民间文化，资源流失的现象十分严重。①

那么，赋予民间文化权益，并对这一权益进行保护，能够解决这些问题吗？因为民族民间文化属于群体或社会，不属于任何特定的个体，无人可声称拥有这些作品。国家就成为代表这些社会单位的政治和法律实体，在保护民族民间文化上承担着不可推卸的责任。面对民间文化被任意使用、破坏乃至失传的危机，民间文化亟待法律的保护。法律作为一种强有力的调控手段，能够有效地保护民间文化，使民间文化能够按照一种有序的规则被合理利用，禁止为攫取商业利润而无偿地使用民间文化。但这种法律不是所谓的“知识产权法”，不论是从法理、文化、经济还是政治的角度考量，民间文化遗产直接知识产权化的立法模式的确存在着根本矛盾以及无法调和的冲突，并且，它所产生的弊害将远远超过其所带来的短期利益。所以，应该设立的是民间文化保护法，即对破坏民间文化的个人和集体进行处罚的法律条文。

一些学者和部门大力倡导建立民间文化权益保护法规，大部分动机是出于地方经济利益的需要，而不是为了保护民间文化本身。如果是这样，现有相关法规就能起到保护民间知识产权的作用。一些单位和个人已经利用现有法规正当维护了民间文化权益。譬如，对一些民间工艺知识产权的保护。各种工艺品的图案设计等，可以从形状、图案、色彩进行判定，获得外观设计专利。民间工艺产品可以根据具体内容选择著作权和专利权进行双重保护。另外，传统手工艺产品不具有现行知识产权法的个人“独创性”，而具有集体产权的特征，也就是说，具有集体“独创性”，而不具有个人“独创性”。而在传统技艺基础上，个人独立创作的手工艺产品则具有个人“独创性”，可以受到现行法律的保护。还有，我国《商标法实施细则》第六条规定：“依照《商标法》第三条规定，经商标局核准注册的集体商标、证明商标，受法律保护。集体商

① 吴金宗、张晓辉主编：《中国民族法学》，363页，北京，法律出版社，2004。

标、证明商标的注册和管理办法，由国家工商行政管理局会同国务院有关部门另行规定。”又根据我国《集体商标、证明商标注册和管理办法》，TRIPS 协议第 22.1 条对地理标志作了这样的定义：地理标志是“标示某商品来源于某成员地域内，或来源于该地域内的某地区或某地方，该商品的特定质量、信誉或其他特性主要与该地理来源相关联”。民间工艺产品可以根据《集体商标、证明商标注册和管理办法》，依法申请集体商标或者证明商标进行保护。

对民间文化本身的保护，应尽快制定《民间文化保护法》，用法律手段来保障民族民间文化的生存、发展和安全。同时借鉴和吸纳专家学者的科研成果，逐步建立健全科学、高效的保护工作体系。此法将成为与《文物保护法》相呼应的保护文化遗产的基本法，同时，将更加明确政府保护民间文化的责任，公民享有民族民间文化的权利及保护民族民间文化的义务。同时还将对保护经费的来源和分配体制、民族民间文化的整理机制、抢救机制、使用许可机制、开发利用机制等作出具体规定。对由于玩忽职守、保护不力致使国家和集体所有的民间传统文化珍贵资料、实物和非物质文化遗产受到损坏、被窃和遗失的，视其情节轻重给予行政处分，构成犯罪的，依法追究刑事责任。

如果民间文化不受版权保护，发展中国家加入国际版权公约之后，一方面，发展中国家要花很大一笔钱来购买发达国家的作品（特别是科技作品）的版权；而另一方面，发达国家可以无偿获得发展中国家经历多少代人创造的民间文化艺术珍宝，甚至借此获取巨大的经济利益，显然是非常不公平的。为此，一些国际组织正积极寻求在国际上对民间文学艺术作品进行版权保护的途径和方法。为了防止中国民间文化财产被国外窃取和掠夺，应该尽快制定针对国外尤其是西方国家的民间文化权益保护法。

（原载罗杨主编：《中国民间文化权益保护》，北京，中国文史出版社，2012）

民俗学理论

民俗学的学术指向与前沿问题

在民族主义思潮影响下兴起的民俗学,其发展一直偏离了民俗学学科应有的轨道。民俗成为与时髦理论对接的积木,可以随意使用,民俗被泛化为没有出处的可以反复剪裁的资料。很少有人潜心去熟悉和理解某一个地方的民俗,在民俗学的话语系统中,民俗似乎只与所谓的学者有关,对民众可以视而不见。

一、民俗学学科是什么

民俗学作为一门独立的学科,有其研究范围和学科界定。但这种界定似乎比较模糊,因为经常有一些考生提出民俗学学科的研究生毕业后能从事什么职业的问题。还有,民俗学与相邻的社会学、人类学的关系也似乎也不甚明晰。我们都知道,民俗学作为一门独立的二级学科,它的一级学科是社会学。社会学下面有4个二级学科,即人口学、人类学、社会学和民俗学。相对而言，人口学与民俗学相距甚远，民俗学与人类学和社会学关系比较密切。认识民俗学的学科指向，首先应该明确相邻学科之间不同的学术着重点和学术目标。我们可以以社会贫富差距现象来说明民俗学学科的独特性。贫富差距是社会一种有效的激励机制，是促进社会发展的动力源之一，但当一个社会的各阶层贫富悬殊过大时，会带来一些复杂的社会问题，严重时可能会威胁到社会结构的稳定。贫富悬殊到底会产生哪些社会问题，如何判断贫富悬殊的尺度，并把贫富差距控制在一个安全和正动力的范围呢？一个社会在现阶段的贫富实际状况如何？这些都是社会学所要面对的问题。人类学所要针对的则是贫富差距在不同历史时期的不同表现，寻求贫富差距演变的历史规律和其产生、变化的各种原因；贫富差距对人们生活所产生的影响，贫富观念是如何形成的等。民俗学则是考察一个地域贫富两大群体在生活方式、习惯和观念方面的不同，以及两个群体的内部知识，贫富差距在衣食住行和心理等方面的不同表现，富人群体如何引导生活方式等。民俗学不能解决贫富差距的问题，民俗学所关心的是贫富群体所表现出的不同的生活习惯。譬如，在一个地区，同样是婚礼，贫富人家的婚礼仪式可能存在一些细节方面的差异。面对同样的婚礼传统，贫富人家可能有不同的处理和应对方式。民俗学的目的在于理解民众生活，说明民众如何这样生活。其学术指向是体验、感悟、理解和认识。所以钟敬文先生说：“民众有自己的审美情怀，民俗学是一门有情感的学科。”

二、民俗是什么

既然这样，民俗学学科的合理性和存在的价值就会受到质疑。民俗学的产生和学术指向是出于认识民众知识的需要，而这一目标似乎一直就没有实现，民众并不需要民俗学，民俗学似乎没有给民众的生活提供实质性的帮助；政府也不需要民俗学，政府决策程序里面没有民俗学学者的地位。社会学可以帮助解决具体社会问题，甚至提出解决方案，民俗学能够解决什么？为什么面对一些急剧衰落的传统民俗文化，民俗学学者束手无策？

有人说，民俗是文化传统，这对又不对。民俗不是一般意义上的文化传统。“四书五经”、唐诗、宋词是文化传统中的精华，可对绝大多数民众而言，完全可以将这些文化传统中的精华扔进垃圾桶里。民俗是生存必需的文化传统。德国著名哲学家赫尔德在《民歌》一书中说：“我们的本质的很大一部分和最大一部分是感性的生存”，“如果每个人的灵魂最初在某种程度上就是民众的灵魂，那么它只是看和听，而不是思和想”。哲学是“思和想”，而不是“看和听”；哲学剔除了感性，而在赫尔德看来，“感性的生存”才是人的本质。民俗恰恰是“感性的生存”，属于民众本能的活动，不论是物质的活动还是精神的活动，都是民众生存最需要的也是最基本的活动，而不是思和想的活动。

民俗是没有脱离生活的一种文化，既是文化的，也是生活的，具有文化与生活的双重属性。民俗作为一种文化形态，是在人的生存本能及生活本身中的文化。每一个生物都为它的存在而感到幸福，因为它的存在就是它的目的。这种深刻的、简单的、不可替代的存在感就是幸福。民俗文化是生命的文化，是没有从生活中挣脱出来的文化，所以又称之为民俗生活。民俗生活是文化的起点，属于人类必需的文化形态。民俗生活充溢着身体和精神的快感，能够给参与者带来身体和精神的欢愉。作家在发挥自己创作才能的过程中获得快感和欢愉，而民间文学是出自生命本能的抒发，其快感不在于创造，而在于本能的需要。生命需要歌唱，需要听和说，需要哭和喊，需要各种民俗仪式活动，这就是民俗产生的原动力。

民俗和民间文学的发生和传承就是生活本身，其意义和作用也在于生活本身。民俗的生活世界不是私人和个人世界，不是独白世界和私密空间，它的现实基础结构在于它是被我们分享或共享的，是人与人相互交流的文化存在，是集体的世界，社会的世界。因此，同时，民俗也是共同的主观基本的需要，“俗”的本义是“欲”，是一个区域内共同愿望的宣泄和追求。

另外，民俗是自然形态的文化表现。它是具体的、实在的，而不是概念的、抽象的和思辨的。譬如，农民并没有生产“工具”的概念，只有锄头、犁、斧头等称谓；没有“饮食”的概念，只有具体的喝水与吃饭；他们的语汇中也没有“信仰”的概念，有的只是一次具体的祭拜仪式。他们唱的情歌中没有“爱情”这个词，他们讲述的带有教化功能的民间故事中也不会出现“道德”“伦理”等概念；他们的语汇知识直接对应和指称具体事物，他们的思维方式是直观的，是最接近于生存的。语言是最危险的财富。因为语言总是要去“说”什么，我们总是从所说的什么中领会“说”本身。因此语言的危险实际上就是“存在者对存在的危险”。也就是说，存在虽然通过语言给出，也会被语言遮蔽。我们知道“信仰”这一概念，但不知道具体的真正的信仰是什么。现代人生活在一个广播、电视、报刊主宰的统一话语世界中。在这种语言的暴政中，我们没有了“思”，也远离了“存在”。同样，在民俗学理论的笼罩之下，我们僵化了自己的思维。对于民俗学领域而言，保持着“思”的唯一语言领域就是民俗生活本身。

三、民俗学的学术指向是什么

因此，这样定位民俗学的学术指向，是不是降低了民俗学的理论水平和学科价值呢？民俗学与其他学科不同之处就在于：民俗学的学术实践是“听和看”，而不是“思和想”。尽量抛弃娱乐、信仰、饮食、神灵、民众等抽象的民俗概念，而进入当地人的语言系统（那是一个与我们所谓的学术话语完全不同的语言系统），理解当地人的知识体系和情感态度，把握当地人的民俗生活逻辑，在学术写作中使用当地人的具象语言，这就是真正的有意义的民俗学。这一学术取向，体现了民俗学学者具有其他学科学者所没有的“民间立场”。如果大家这样努力，就能建立中国民俗学派。

民俗是人的本原经验现象，而我们对它的描述，则是出于学术的需要，或者说受到学科理论和视角的局限。什么局限？就是运用学科方法对观察到的民间生活世界加以判断和评论，也就是说，以往的民俗学研究所要确立的是考察对象的性质世界，即对象“是……”，而当下民俗学的前沿目标是将性质世界的民俗学转化为意义世界或生活世界的民俗学，即理解民俗的“在”。在一个特定区域，为什么民俗存在，为什么民俗是这样存在？“因为在实践的意义上，民俗和民间文学就是人生活于其中的观念世界、意义世界，就是人的生活本身。”民俗学田野作业不是去构建一个民俗世界，而是发现和理解民俗世界。因此，对民俗或民间文学的研究是理解民俗或民间文学，而我们以往却更热衷于高高在上地强调民俗或民间文学“是……”。

既然我们承认民俗是民众生活，那么，生活又是无穷大的，它超越了民俗学，也走在民俗学的前面，民俗学理论永远落后于民俗生活。生活就是一切，而民俗学不是，民俗学理论也不是。民俗学学者并不能解决什么是民俗的问题，也不需要去解决这个问题；就像在课堂上授课的教师，并不需要知道什么是“教师”一样；就像医生，并不需要知道什么是医学。然而，“什么是民俗”的确又是民俗学学科永恒的课题，其研究贯穿整个民俗学史。其研究的目的是对民俗学学科的坚守。民俗的“民”作为一个想象的共同体，对其边界的确立并不是问题的实质。实质是要给正统、官方、精英和上层树立一个对立面，在与正统、官方、精英、上层和中心的对立中确定民俗学学科的位置。这种讨论，对研究具体的实在的民俗没有任何意义。

四、如何实现民俗学学术指向

民俗不是文献，不是书面呈现。真正的民俗学学者不是在校园里造就的，而是在一个村落，在田野。我有一个梦想，就是在一个完全陌生的、不言不通的村落居住5年，和当地人一起吃住，过着和当地人一样的生活。民俗学学科主要的学术手段是田野作业，“田野作业”不是一般的田野调查，称之为“作业”，而不是“调查”，意味着它不是发放问卷和访谈的过程，不是一个只是搜集资料的过程，而是一个综合性的研究过程。在5年的时间里，从语言到生活方式都能和当地人融为一体。能够整体而全面理解当地的民俗文化，运用当地方言进行交流，将当地方言转化为学术话语，充分表达当地人的地方知识和学问。这样，我就是一个真正的民俗学学者。现在有人问我研究的领域是什么，我不知如何回答，因为我真不知自己是研究什么的。研究范围似乎涉及诸多方面，又似乎都浅尝辄止。如果我经历了5年的村落生活，我就可以理直气壮地回答：某某村落是我的研究基地，我研究某某村落的民俗文化。我就拥有了取之不尽的学术资本，拥有学术话语权。因为在国内，还没有哪位民俗学学者在一个地方做过这样长时间的田野作业。

在中国现代民俗学史上，曾经出现过三个理论流派：以顾颉刚为首的“历史学派”，以江绍原为代表的“宗教民俗学派”，以钟敬文为首的“民间文学派”。这三个流派都没有标榜田野作业，他们的研究对象和研究路径都是基于书面文本，解释和梳理文献材料是这三个流派共同的研究方式。这种研究方式深受历史学和文学的影响，有着明显的历史局限性，不能代表民俗学的发展方向。

那么，为什么民俗学学者对书面文本的研究会受到质疑，而历史学学者和文学研究者所使用的都是文献资料，并且被认为是天经地义的。有这样三个方面的原因：第一，文学创作的过程和历史事件都是过去时，已一去不复返了，不能被复原，而民俗则是当下的事象，是不断重复的过程，是可以“亲在”的存在；第二，文献与作品是历史事件和文学创作的全部遗留，而民俗文献所记录只是民俗活动的部分内容，而不可能是全部；第三，民俗志是“我”的民俗志，即记录者笔下的民俗志，而历史文献和文学创作则被视为是客观的对象。民俗和民俗志有着根本的区别，民俗总是某个民俗学者的民俗。对民俗的理解只能通过对具体时空中民俗学者来理解，没有脱离民俗学者的纯客观的永恒的民俗。民俗学学科真正的研究对象是现实民俗生活，只有在现实的民俗生活中才能滋生出学科的兴奋点。民俗学的前沿问题不是理论方法问题，而是努力深入田野的问题，是民俗生活本身的问题。民俗学的前沿问题是要求民俗学学者在“听”和“看”的情境中考察民俗生活，这对研究者提出了更高的知识、能力和时间方面的要求，最主要的是应熟悉当地的方言和文化传统，也就是用主位的立场理解和叙述一个地方的民俗文化。主位研究强调在研究中，要求调查者去习得被调查者所具有的地方性知识和世界观，即研究者不受自身文化的束缚，置于被研究者的立场上，去了解、理解和研究问题。否则，观察者在一个陌生的文化模式中，只能看到若干不相关联的因素，而看不到一个整体。它强调能用当地人的观点去努力理解当地人的文化。我们呼唤这种生活状态的民俗研究成果的诞生，他们可能要全面颠覆现有的民俗学的理论方法和观点。因为对当地人而言，现有的民俗学的理论方法和观点可能是“陌生人”的“臆想”。

上面所阐释的民俗学学科的前沿问题，是属于学科体系内部的前沿问题，带有根本的性质。在当下，还出现了许多具体的前沿问题，譬如，我在前面只是提出了实现民俗学学术指向的方案和思路，还有如何落实和具体操作的问题，也就是说如何书写民俗志。目前，保护非物质文化遗产成为一个响亮的口号，到底应该如何保护，民俗学学者至今还没有提供一个比较成功的个案。对于当下社会与非物质文化遗产之间关系的理解是一种政治现象。为什么非物质文化遗产问题早就存在，只是到了现在才引起广泛注意？为什么有些非物质文化遗产列入了保护名录，而有些濒临灭绝的非物质文化遗产反而在自生自灭？宣称某些非物质文化遗产需要保护的究竟是什么人？他们又是如何使其宣称合法化的？可见，非物质文化遗产绝对不是一个纯粹的文化问题，更是一个政治问题。在大众传媒风行的今天，技术对民俗及民俗研究都会产生深刻影响，诸如手机、互联网、录音、录像等，这就需要思考技术与民俗、民俗研究的关系。

（原载《神州民俗》2011 年第 10 期）

我国民俗学教育与研究的现状及思考

——以高校为主要考察对象

中国现代民俗学的兴起始于高校校园，具体说是以刘半农、周作人、沈尹默、钱玄同发起的北京大学歌谣征集运动为标识的，人们对此已达成共识。当时任教北京大学的刘半农、沈尹默提倡写新诗，倡导从民歌民谣中发掘文化艺术的理想因素。这场开风气的歌谣学运动是在五四新文化运动蓬勃发展过程中产生的，旗帜鲜明地提出学术研究主张，吸引了众多学人的目光。胡适、顾颉刚、董作宾、朱自清、钟敬文等学者都积极投身其中，出版歌谣周刊96期，搜集的歌谣有13000余首，产生了很大的社会影响。还出版了不少开创性甚至是经典性的学术成果，如顾颉刚的孟姜女故事研究，董作宾的歌谣研究，在中国民间文学学术史上写下了光辉的一页。

我国民俗学教育与研究已走过了近100年

的历程，相对高校其他人文社会科学的教育而言，历史应该是比较悠久的。可从全国民俗学学科的整体情况看，至今民俗学仍被视为一门很年轻的学科，发展似乎是刚刚起步，大学民俗学教育体系仍未建立起来，绝大多数课程没有公开出版的教材。而稍微有点历史的文科诸多学科，课程、教材和教师队伍都已进行了多轮更新。这是一种特殊的现象，值得我们作些思考。

一、回眸近 20 多年中国民俗学的发展

新时期的中国民俗学应该是从 1979 年开始的，以七教授提出的《关于建立民俗学会及有关研究机构的倡议书》为标志。30 多年来，中国民俗学研究有两个最明显的特点，第一个特点是延续了早期民俗学研究的主流方向，即执著的人类学情结。

人类学研究的许多内容，实际上与民俗学是重合的，国外的人类学家有些同样也是民俗学家。民俗实际上不只是一种文化现象，它是一种民众的行为、民众的观念、民众的组织形式、民众对生活的看法、民众的知识，民俗学与人类学交叉重叠的地方就在这里。对此，钟敬文先生有明确的表述："人类学（这里主要指文化人类学）、民族学等姊妹学科，它们所处理的文化对象，主要是人类集体所创造、享用和传承的。它与民间文艺学、民俗学所处理的对象大部分是共同的或密切相联的。因此，在资料的收集、整理和理论的探索、阐发等方面，都有互相汇通和互相借鉴、启发等作用。作为一种应用科学，彼此在学理上往往也是相通的。"①人类学与民俗学之所以有一种亲缘关系，两门学科研究对象有交叉，这个交叉的本身就规定了两个学科间的关系是不可分割的。人类学调查和探讨人们的行为表现、人们的生活观念和生活状态，其研究

① 钟敬文：《关于当前民俗学工作的三点意见——致中国民俗学会第四届学术讨论会的信》，见《钟敬文文集·民俗学卷》，468 页，合肥，安徽教育出版社，2002。

方法都可以为民俗学所运用，实际上，民俗学的研究是受到了人类学的影响。我们现在之所以把人类学和民俗学联系起来，来探讨它们的亲缘关系，就是从中国现在的研究现状看，有很多人的研究是跨学科的，而且，现在的人类学研究成果很多为民俗学所采用。人类学原来运用的方法、研究对象，有些恰恰是民俗学所忽视掉的，现在借用了人类学的方法，正好可以弥补民俗学研究中原有的不足与空缺。

许多研究方法，两个学科都是共用的，比如说结构主义人类学方法、象征人类学方法以及解释人类学方法等。按照某些美国人类学者的分类，民俗学是人类学的一个学科分支，或者也可以说彼此是姊妹学科。人类学和民俗学从其研究对象来说有一种交叉的关系。人类学尤其是文化人类学是研究人的活动的，人的存在环境，人的行为方式，人类所创造和享用的一切物质财富和精神文化，民俗学实际上也是如此。过去似乎有一种误解，认为民俗学研究的是一种文化现象，或者说是民间文化现象，实际上所研究的这种现象本身也是以人为主体的，是特定众的一种群体生活方式、行为习惯、生活状态。在研究对象上，人类学和民俗学有很多相通之处，包括研究方法，一个很重要的研究方法——田野作业，这一研究方法是相通的。文化人类学强调理解，理解当地人对自己生活现象的看法，民俗学的立足点也在这一点上，这也是相通的。所以钟敬文先生指导的一些博士论文，研究的是村落社会组织建构、村落族群的社会关系，现在出版的一些关于某一区域人们生活状况的调查与研究的专著，也是民俗学者写的。研究某一村落的文化现象，村落史的研究，村落各类组织的研究，实际上都是民俗学家来做的，他们运用的也主要是人类学的方法。

我们不能把民俗学的研究方法只是停止在揭示文化遗留物的层面，当然这也是一种研究。现在我们民俗学研究领域也不只是局限在一些边远的、落后的山区，它也在研究城市社区，研究社区人们的生活创造和文化创造。研究这些民俗，若不借用人类学的方法是很难进行的。在文化人类学故事学领域，参与研究的学者众多，他们依循人类学研究的路子，直接从民众中搜集第一手材料，强调正在流传的故事材料的重要意义，并将文献材料和“田野”材料进行比较处理，经过分类分析，揭示故事的历史根源、文化意蕴、社会功能和结构范式。

第二个特点是以丰硕的成果和多样的研究方法，展示了民俗学和民间文学学科的实绩。

在文献民俗志采录方面，1984 年，文化部、国家民委、中国民协组织了民间文学三套集成(《中国民间歌谣集成》《中国民间故事集成》《中国谚语集成》）的编撰工作。这是我国有史以来最大规模的民间口头故事文字化、书面化的运动，被称为建设中国民间文化的“万里长城”，是有史以来在全国范围内对中国民间文化宝藏进行的最大规模的搜集采录工作，为此制定了“科学性、全面性、代表性”的三性原则。截至 1990 年，共搜集歌谣 320 万首，民间故事 183 万篇，谚语 784 万条，总字数达 40 亿，这件功在千秋的伟业既保存了民间文化，又为日后的民间文学研究奠定了基础。

20 世纪 80 年代末，中国民俗学获得突飞猛进的发展，进入到一个新的历史时期。当时，文化界、思想界的气氛异常活跃，国外新理论、新方法被大量引入并得到适时借鉴；持续多年的“文化热”达到了一种顶峰状态，钟敬文先生也提出了具有划时代意义的“民俗文化学”理论观点；诸多民俗志工作的广泛展开，既为研究者提供了更丰富的新资料，也提出了一些新的研究课题。这种良好的大的学术氛围和形势，必然影响到民俗学的研究，促使民俗学的研究要打破单一的、封闭式的和狭窄的局面，追求理论和方法上的多元化、开放性。

这一时期，伴随着思想解放的大潮，民俗学和民间文学理论研究空前活跃，成果显著。仅以民间文学理论著作为例，在 20 世纪八九十年代，有钟敬文的《民间文学概论》、乌丙安的《民间文学概论》、张紫晨的《民间文艺学原理》、段宝林的《中国民间文学概要》、叶春生的《简明民间文艺学教程》、朱宜初的《民族民间文学散论》、李惠芳的《中国民间文学》、刘守华和巫瑞书主编的《民间文学导论》等十余种；关于民间文学体裁建设方面，有袁珂的《神话论文集》、潜明兹的《神话学的历程》、刘城淮的《中国上古神话》、刘守华的《故事学纲要》《中国民间童话概说》、天鹰的《中国民间故事初探》、程蔷的《中国民间传说》、贺学君的《中国四大传说》、吴超的《中国民歌》、潜明兹的《史诗探幽》、张紫晨的《中国民间小戏》等几十种著作。这些著作，在高校民俗学教育方面起了很大作用，促进了高校民俗学教育。此外，还有许多围绕民间文学中的某个专题进行研究、对民族或地区的民间文学进行整体研究、对民间文学进行跨学科研究、作家与民间文学关系、民族及民间文学史的著作上百部。这一时期国外的关于民间文学的理论如神话学派、流传学派、历史地理学派、心理分析、原型批评、结构主义、故事形态学等都被介绍进来，并运用到中国民间文学研究中，研究方法呈现多样化，研究领域进一步拓宽。以民间故事研究为例，有运用故事类型索引和历史地理学派探寻故事在不同历史时期和不同民族、不同地域间的流传变异的，也有运用人类学、心理分析、原型批评理论阐释故事母题的文化意蕴和民族文化心理，还有运用叙述学和形态学理论对故事的叙述方式和内在结构进行研究的，再有将文献、口头文本和考古结合运用“三重论证法”进行故事研究的。另外学人不再单纯从文本进行故事研究，开始关注故事的生存情境，对故事讲述家和故事村进行研究。民间文学研究出现了前所未有的大好局面。

二、学科点最少的二级学科之一

整个20世纪80年代是中国民俗学（包括民间文学）恢复和大发展的时期，高校民俗学教育也取得了喜人的成绩。钟敬文先生对此比较满意，他在1989年总结道：“十年来，在许多大学的文科院、系里，相继开设了民俗学方面的讲座。那里所讲授的，多数是一般民俗学（‘民俗学概论’),但也有的是特殊民俗学（如‘敦煌民俗学’、‘文艺民俗学’或‘民俗学史’等)。这种课目的开设，不但对大量的青年学生传布了民俗学的知识和培养了他们这方面的兴趣，同时也促进和加强了这门学科的理论研究和资料搜集、整理工作。这是民俗学发展的重要条件。”① 现在回过头来看，当时许多高校在注重民俗学课程的开设和师资队伍组建的同时，没有规划民俗学学科点的建立，更没有发展硕士点甚至博士点的长远打算。那时，除了北京师范大学以外，其他高校的民俗学（包括民间文学）几乎都不是独立的学科，均靠挂于其他学科点。

北京师范大学的中国民间文学专业是1988年原国家教委批准的高校重点学科。由于学科在建设过程中实际上拓展为包含中国民间文学在内的民俗学，而且已被现行研究生培养专业目录所确认，因而本学科点的名称亦应改作民俗学（含中国民间文学)。1997年6月，国务院学位委员会和国家教育委员会联合颁布了新的《授予博士、硕士学位和培养研究生的学科、专业目录》。中国民间文学专业正式更名为民俗学，并成为一个独立的二级学科，和社会学、人类学、人口学并列，同属于一级学科社会学。从此，民俗学学科在我国高校有了名正言顺的地位。

著名民俗学家、民间文艺学家钟敬文教授是我国民俗学学科的带头人，他一直任教于北京师范大学中文系。早在1949年，他率先将民间文学带入新中国大学课堂，1953年起招收这一专业方向的研究生，1955年创立全国第一个民间文学教研室。改革开放以后，本学科进入了更快发展的新阶段，1981年被定为第一批博士点，人才培养和科研成果对全国高校同行进一步起到积极的影响和示范作用，至1996年成为“211工程”重点建设的学科。为发展和运用民俗学，加强对我国民众生活与传承文化的科学研究，1993年建立了中国民间文化研究所。2000年研究所联合其他学科成立“民俗典籍文字研究中心”，并成为教育部人文社会

① 钟敬文：《钟敬文文集·民俗学卷》，93页，合肥，安徽教育出版社，2002。

科学研究基地。所编写的《民俗学概论》《中国民俗史》《民间文学概论》等是全国高校普遍采用的教材，1996年以来出版了“中国民间文化探索丛书”等30余种专著或论文集，《中国民俗史》等重要著作也已出版。这些是学科发展中具有标志性意义的成果。

由于钟敬文先生立足于北京师范大学，在他的带领下，该校的民俗学专业长期以来处于全国的领先地位，2003年以前，是国内高校民俗学专业唯一的博士点和博士后流动站。这种一枝独秀的局面使得北京师范大学培养民俗学博士的任务过于沉重，生产出来的博士数量毕竟有限。除去留校和在中国社会科学院工作的民俗学专业博士，剩下的已寥寥无几，难于满足其他高校建设民俗学学科点的需求。如今，也只有北京师范大学、中央民族大学、中山大学、山东大学、华东师范大学和华中师范大学等少数高校能够培养民俗学（包括民间文学）博士，能够招收民俗学硕士的高校同样为数不多，屈指可数。由于积重难返，高学历的民俗学人才匮乏，具备增设民俗学学科点条件的高校几乎阙如。许多高校民俗学硕士学科点的教师，不是“科班”出身，他们原本是从事其他学科研究与教学的，由于热爱民俗学才转行的。全国大部分省份没有民俗学学科点，这种情况同与民俗学关系密切的社会学和人类学相比，形成鲜明的对照；就所有文科的二级学科而言，这种情况也可能是绝无仅有的。

目前，国内一些著名的高校，如复旦大学、南京大学、厦门大学、南开大学等，不仅没有民俗学学科点，而且也没有开设民俗学方面的课程。有的高校民俗学学科点受到其他学科的无情排斥，被边缘化，陷入苦苦挣扎的逆境中。其中原因，除了客观因素以外，主要在于学术界仍对民俗学学科认识的偏见。在当下社会，“权力政治通过历史的文本化使主流意识形态成为‘经典’，进而排除了非主流的、民间的、边缘的历史与声音，那些被文字等现代传播媒介书写、刻录的历史也就充当了强化权力统治的意识形态工具。即使是民间口头文学的历史书写，也被整合到主流意识形态范围内，因为民间文学的抵抗性质、狂欢特征，众多民间口耳相传的口头文学作品，便再一次尘封在历史的背后。”① 在这种景况下，高校一些领导和学者更是对民俗学或多或少有片面的看法，认为民俗是“不登大雅之堂”的、“粗俗”的、“浅陋”的、“下里巴人”的、没有社会功能的玩意儿。这是没有真正意识到民俗的审美价值、认识世界的价值和生活价值的结果。

在高校，没有民俗学学科点，没有这一学科的师资，不能开设民俗学课程，民俗学教育就无从谈起。

三、民俗学专业课程体系孤立而单一

Folklore 的原文是“民众的智慧、民众的知识”，到了 19 世纪 70 年代，这个术语被西欧学者广泛使用，并确定为“民俗学”的含义（即“关于民众智慧的科学”的意思）。在当时，它的概念显然是广义的，凡是民间生活中的一切事物，像村制、族制、婚姻、丧葬、产育、社交、节日、信仰、祭仪、居住、饮食、服饰、农耕、技艺以及民间文艺、民间谚语等，都属于民俗学研究的具体内容。在民俗学的发展过程中，随之又出现了 Folklore 的狭义的概念，即专指民间文学创作。五四时期，中国学者将这个名词解释成“民俗学”，同时又具体地译为“民间文学”，即专指“民俗学”当中的口头艺术部分。“因此，folklore 也可被视做民间文学的同义语，人们在讨论民间文学时，不一定要严格地使用 folk literature（民间文学）或 popular literature（大众或流行文学）等短语特指。”②

在教学内容和方法方面，民俗学教育比较单一，没有显现民俗学学科特色。一方面，一般的民俗生活知识被当做学术加以传授，学术话语

---

① 刘晓春：《当下民谣的意识形态》，载《新东方》，2002（4）。

② 祁连休、程蔷主编：《中华民间文学史·导言》，8 页，石家庄，河北教育出版社，1999。

的味道不甚浓郁。学术成果多为“事象”的解释，不足以支撑起民俗学课程的理论体系，直接导致民俗学课程理论的建构比较零碎，缺少可供思考和阐述的足够空间，正如乌丙安先生在《民俗学原理》一书的“后记”中所言：“在国际国内民俗学被人为地摆放在边缘或从属位置的漫长岁月中，民俗学的研究成果常常被打入另册，划分到‘其他’或‘杂家’之列。这除了学术传统中遗留下来的某些歧视性的习惯势力影响外，民俗学自身发展的许多局限和不足也把民俗学置于弱势学科地位而难以有强劲的开拓。”①

另一方面，在大学课堂里，即便是讲民俗事象，也脱离了当地的文化传统，是在民俗事象之间兜圈子。民俗学教育也只能在教室里进行，学校一般不会拨给田野调查的专门经费。民俗是属于特定区域的，是各地不同的方言导致了民俗发音世界的差异，同时，也使民俗完全融入当地的社会生活和文化之中。民俗最突出的地域性表征就是方言，换句话说，方言让民俗涂上了鲜明的地域色彩，是“地方性知识”（local knowledge）最突出的表征。提及民俗学专业教师，即民俗工作者，其实是很可郁闷的一群。他们研究的民俗，是一个展示的过程，一个已完成的事实。对这样一个过程，一个反复的事实，当地人习以为常，再熟悉不过，能够充分享受展示。但是，对于民俗学研究者来说，努力地田野作业，也只能了解此种过程之一二，获取一些相关民俗知识；能够用当地的方言在课堂里唱几句，便可招徕学生们的喝彩。离开当地之后，研究者们即利用同样是搜集起来的理论、方法和观点，对自以为是田野作业的成果进行分析和阐释。这一研究过程与当地的表演过程，可能已风马牛不相及矣。好在这种研究一般不是政府行为，不会影响当地人继续展示。

四、高校民俗学教育的需求和困境

高校民俗学教育一般局限于该专业内部，仅仅是学术层面的教育，

① 乌丙安：《民俗学原理》，330页，沈阳，辽宁教育出版社，2001。

并没有在整个校园普及开来。该学科的教师大多不具备宣扬民俗知识的使命，同时大多数高校也不具备这方面的环境和条件。

钟敬文先生毕生致力于民俗学知识的宣传和普及工作，晚年在北京师范大学，还多次给全校学生作了民俗学方面的讲座。他特别提出了在高校积极举办民俗学讲座的倡议："为了扩大宣传范围和培养这方面的活动人才，有条件的大学（地方的与中央的）以及其他有关的学术机构，应该设法开设这方面的专题学术讲座。在这种讲座中，演讲者可以把关于这方面比较系统的知识扼要地传达给广大听众，而演讲者本人为讲好课，在准备时必然要加深学习和思考，从而也提高了自己这方面的学术水平。当然，这种讲座的效果主要是在广大的听讲者方面。"① 他特别重视发挥民俗文化的教育功能，可以这样说，他毕生从事的不仅是民俗学专业教育与研究，更是民俗文化的大众教育。他说："民间文学，在今天我们的眼里看来，不过是一种艺术作品。但是，在人类的初期或现在的野蛮人和文化国里的下层民众（后者例如我国的大部分农民），它差不多是他们立身处世一切行为所取则的经典！一则神话，可以坚固全团体的协同心；一首歌谣，能唤起大部分人的美感；一句谚语，能阻止许多成员的犯罪行为。在文化未开或半开的民众当中，民间文学所尽的社会教育的功能，说来是使人惊异的。"② 在迈向现代化的过程中，民俗文化同样是我们需要充分利用的教育资源。

应该来说，民俗学教育是能够推广起来的，因为每个学生都来自不同的地方，或风俗圈，拥有自己的民俗知识。相对其他学科的普及教育，民俗学具有得天独厚的优势。的确，有的高校在开展民俗文化活动方面，取得了一定成效，如北京师范大学的"民俗学社"。然而，从更大的范围而言，大学生热衷于科技竞赛、各种表演活动，对民俗知识并没有互

---

① 钟敬文：《钟敬文文集·民俗学卷》，269页，合肥，安徽教育出版社，2002。

② 钟敬文：《民间文学和民众教育》，载《民众教育》季刊，1933年2卷1号。

相交流的欲望，对民俗话题并不很感兴趣。这同我国高校一贯重视政治思想教育是不相符的。如果将民俗学的田野作业纳入大学生社会实践活动之中，肯定可以产生良好的教育效果，丰富大学生们的民间生活知识。

其实，大学校园需要民俗学教育，因为民俗本身是人类群体对某一现象共同认可的心愿凝聚而成的。群体心愿的一致，形成了民俗特有的凝聚力，这凝聚力使民俗具有向心功能。民俗流传深广，群体凝聚组合力强，民俗向心力也大。我们平时所说的乡情、乡土、乡恋等，实际上就是同乡共俗人们之间习俗向心功能凝聚的产物。试想，一个人不了解自己家乡的民俗传统，如何生发对家乡的感情，一个不爱自己家乡的人，又如何爱自己的祖国。

从更高的层次说，民俗可以营造高校人文气氛，帮助大学生反观城市的生活形态。民俗作为人类文化意识中最底层的文化，作为一个民族的文化传统，对塑造大学生的人文性格具有无可替代的作用。“人类文明的发展，尤其是到了自由市场经济出现的时候，其带来的后果威胁了人类的幸福生活，解构了共同发展的社区。从这个视角出发，我们由衷地会对那些质朴无‘文’的传统文化表示赞赏；它们引导人的经济动机和贪欲走向崇高，不允许自由市场经济的出现。这样一来，在经济学家心目中那些非理性的传统事物（今天只有在不发达国家才能看到）恰恰成为研究人的合宜理论，成为我们时代疾患的诊断，成为走向未来的召唤。”① 但是尽管如此，民俗这一传统文化在大学教育中却未能发挥应有的作用，实际状况不尽如人意，民俗学教育在大学校园几乎没有空间。大学校园仍被视为传播和接受精英思想的场所，大师们被顶礼膜拜，而民众和民间文化则被嗤之以鼻。北京师范大学的教育学科在全国处于领先地位，承担着培养优秀教师的重任，但民俗学在教育学科里并没有位置。

---

① ［美］艾伦·布鲁姆：《走向封闭的美国精神》，缪青等译，388～389页，北京，中国社会科学出版社，1994。

在近十年高校学科建设中，经济学、工商管理科学以及其他应用性学科得到飞速发展，而传统人文学科则日趋萎缩，有些也只好另谋出路，增加一些应用性专业，诸如旅游、文秘、编辑、社区行政管理等“有用”的专业。训练与传授生产、操作、经营技能成为一些高校教育追求的终极目标，全然不顾学生的人性和精神状态是否健康。这大概也是许多高校一直没有把民俗学学科建设纳入议事日程的主要原因。有学者在为人类学呼吁：“尽快改变完全缺少终极关怀的学科设置实用化、流俗化的弊端，及时把人类学补充到当今的中国高等教育体制中来，同时大力扶植和发展人文教育和人文学科。理由其实非常简单，人文这个词的词根在西文中也就是人性的意思！”① 人类学和民俗学同属于社会学下面的二级学科，民俗学在高校学科建设中的境遇肯定还不如人类学，这是民俗学的悲哀，更是高等教育的不足。

（原载《江西社会科学》2005 年第 5 期）

① 叶舒宪等：《人类学关键词》，74 页，桂林，广西师范大学出版社，2004。

民俗学研究的一种叙事方式

——读《婚姻仪礼变迁与社会网络重建》

《婚姻仪礼变迁与社会网络重建》是吉国秀在博士学位论文的基础上修改而成的，很荣耀地进入到中国社会科学博士论文文库，由中国社会科学出版社于2005年出版。这部著作产生了良好的学术反响，2007年获得中国民间文艺山花奖学术著作一等奖。

这本著作展现了民俗学研究的一种叙事方式，一种多学科交叉、多重声音并置、宏观历史背景与地方性知识相结合的叙事方式。那么，叙事又是如何展开的呢？我们将按照问题的顺序来铺陈。这本专著中主要回答了两个问题：第一是地方性民众如何看待婚姻仪礼变迁？第二是对前一个问题的理论追问，即地方性婚姻仪礼的变迁说明了什么？接下来的后续性研究，则是针对该部专著进行的理论反思。

一、婚姻仪礼变迁有什么意义

《婚姻仪礼变迁与社会网络重建》一改传统民俗学研究“只见文化不见人”的路径依赖，强调民众在地方性知识变迁中的行动及其角色扮演，将处于集体失语状态的民众声音拉到问题的中心，从而使民众从问题背景中凸现出来，一跃成为地方性知识的主体和拥有者，成为民俗之“民”。[①] 换言之，吉国秀在地方性和创造性的关联中为民众寻找到了话语空间——是民众为婚姻仪礼的变迁赋予了意义，充分体现了民俗学对民众及其日常生活的学科关怀，实践了民俗学自下而上的学术理想。

作者首先对该问题的相关研究文献作了详尽的梳理，然后选取辽宁省东部山区清原镇为个案，提出 20 世纪 80 年代以后当地婚礼参与人的增多以及介绍人角色的变化，是否说明婚姻仪礼功能的变迁？在当地婚姻仪礼变迁的过程中，是什么发生了变迁，传承的又是什么？这些变迁和传承对于民众而言又意味着什么？是否具有组建民间社会的意义？

为了回答以上问题，作者细致描述了自 20 世纪 40 年代以来清原镇婚姻仪礼的变迁。这里的婚姻仪礼概念得到延展，在内容上包括择偶、订婚与婚礼，即兼容作为仪式的婚礼以及作为社会关系的婚姻，使其成为一系列前后相续的民众行动。将那些曾经是不同学科关注焦点的内容整合到该项研究中，能够为作者提供一个更为广阔的理论视野，显示出作者对多学科知识的汲取能力和驾驭能力。

作者试图通过清原镇婚礼参与人的变化来说明婚姻仪礼功能的释放过程，于是我们可以看到社会关系逐渐渗透于婚礼中的图景。20 世纪四五十年代，婚礼参与人主要是亲属和乡邻。到了 20 世纪 60 年代，一种全新的制度化关系——同事开始介入到当地婚礼中。在“文化大革命”期间举行婚礼的部分案例中，同事甚至替代了乡邻和亲属，成为婚礼的

---

① 高丙中：《民俗文化与民俗生活》，10～41 页，北京，中国社会科学出版社，1994。

主要参与人。20 世纪 70 年代则看到一种有着多重卷入关系——朋友——的出现，也就是朋友、乡邻与同事多重缠绕。20 世纪 80 年代婚礼参与人数激增，展现了当地民众可以动用的所有关系资源，其中包括同学关系，它与同事关系一道体现了制度化力量对社会关系的重新分配和调整。由婚礼形成的社会网络新格局，一直主导着清原镇的婚礼参与模式，此后婚礼参与人的构成都是对 20 世纪 80 年代婚礼参与模式的确认与再现，不同的是以同事与同学关系身份参加婚礼的人数大规模增加，娘家在正式婚礼之前同样举办一次婚礼宴请娘家参与人，以及单位领导的加入。多重社会关系尤其是制度化关系的大规模卷入，使得20 世纪80 年代以后婚礼参与人的关系结构出现了巨大变化。这也就意味着，婚礼功能已经从原有的姻亲关系组建拓展为社会网络的重建，其中包括姻亲关系的重组与更新。亲属关系和社会网络只有通过特殊情境才能够创造和显现出来，否则就隐匿在当地民众的观念和日常生活中。在缺乏公共情境的清原镇，婚礼恰好为亲属关系和社会网络的展演创造了社会空间。在地方社会中，民众最终会将社会变迁的体验转化为周围社会关系的变迁。于是，建立并维护社会网络就成为民众适应社会变迁的一种文化资源与社会资源。当社会变迁波及当地时，民众依照惯例从社会网络中寻找力量与凭借作为回应。通过为婚礼赋予社会网络重建的意义，婚礼的能指引发出新的能指：

> 民众可以找寻到昔日的稳定感与归属感，并且积极拓展生存下去的机会空间。因此，重建社会网络是民间社会的一种生活策略与生存智慧。凭借这种策略与智慧，民众能够在变迁的社会中体会到不变的内核，这样可以将多变的生活化约为可以预测的生活，并赋予民众一种控制命运的感觉。在这个意义上，民众凭借社会网络的

重建，回应了急遽变迁的社会。①

也就是说，在社会变迁过程中民众利用、筛选并重新组合了传统的婚姻仪礼，拓展了作为资源储备的社会网络，共同转移和释放了在社会变迁中承受的压力和冲击。在应对社会变迁的同时，民众重建了社会网络，进而重置了民间社会。

二、民俗是如何传承的

作者从清原镇婚姻仪礼功能的变迁又往前推进一步，将该问题与民俗学的传承问题相联系，即民众知识如何能够超越时空而延续？于是，问题就出现了新的面向。在当地婚姻仪礼变迁中有两个清晰的主题，姻亲关系与社会网络。前者是传统婚姻仪礼一直表述的核心意义，后者则是20世纪80年代以来当地民众重新灌注的那个意义，作者引进了一组概念工具："守恒的意义"与"追加的意义"，用以确立和强化意义的层次结构。作者进一步说明，"守恒意义"是指民俗事象的原初意义，它具有一种弹性结构的特征，这种特征允许它传承、转换原初意义，也可以追加其他意义。而"追加意义"是指在"原初意义"基础上民俗事象被重新解释、添加的那个意义。那么，为什么要区分民俗事象的意义层次呢？"守恒意义"与"追加意义"的提出有何意义？

意义层次的区分说明民俗事象的传承不是作为一个整体再现，而是包含着民众的甄别与选择。只有具有这种意义结构，民俗事象才能够被民众重新解释和说明，它才能够跨越时空的界限而存在。因此，20世纪80年代以来清原镇婚姻仪礼的变迁，并不能孤立地理解为当地民众的被动接受和应答，也不能简单地理解为国家权力退出后传统婚姻仪礼的反弹，而是当地民众对传统仪式的重构。从这个角度来理解当地婚姻仪礼

① 吉国秀：《婚姻仪礼变迁与社会网络重建：以辽宁省东部山区清原镇为个案》，253页，北京，中国社会科学出版社，2005。

的变迁，我们就会发现组建姻亲关系属于守恒意义层次，本身含有构建亲属网络的模糊结构，这种结构的模糊性适合于发展出社会网络。正是在此基础上，民众将构建社会网络的意义添加于其中，从而利用原有结构赋予新事物以合理性。例如，20世纪80年代以后婚礼中新出现的“接盆仪式”与“送车仪式”，就是民众利用传统婚礼框架重新发明的仪式。通过民众的解释，这些新插入的仪式获得了不受质疑的性质与意义，摇身一变成为“历年来沿袭下来的风俗”，“一直延续到现在的传统”，成为被解释的民俗。这些事象凭借民众的选择与解释，通过重复与再现获得生活的意义。民众也通过对民俗事象的利用、解释与发明，将社会变迁纳入到原有经验系统中，完成陌生事物的熟悉化过程，从而建立地方社会的秩序。

“守恒意义”与“追加意义”还说明，民俗不是一成不变的过去的传统，而是一个连接过去、现在与未来的连续体。只有在“守恒意义”的基础上为民众赋予了“追加意义”，民俗才能够历经时空变迁而传承。民俗意义层次的区分，为民俗事象的回归提供了阐释的可能性。它说明了新意义是如何卷入到旧事象中取得合法化身份，传统又如何借助于意义的生产得以承继和复兴。“守恒意义”与“追加意义”概念的提出，为民俗学关于传承问题的研究提供了一个全新的视角，丰富、深化了民俗学的知识体系。

三、对话即文本

接下来吉国秀又将该部著作作为一个文本，探讨它是如何被生产出来的？为了方便说明文本的生产过程，作者又区分了文献、田野与自我三条脉络。[①] 这里的文献是指前人的研究成果，田野是指民众的行为与话语，而自我则是指作者。吉国秀明确提出，对话生成文本。换言之，

---

① 吉国秀：《文献、田野与自我：关于民俗学研究的方法论反思》，载《民俗研究》，2005（3）。

文本就是在田野与文献两条线索之间持续不断的对话。

《婚姻仪礼变迁与社会网络重建》是一项关于地方性知识的田野工作的成果，田野资料亦即民众的行为与话语就构成该部著作的主线和基础。实际上还存在一条并行的线索，那就是前人的研究成果。在田野与文献不断展开对话的基础上，自我在两条并行的线索中做以权衡，经过加工、整合，重新生成文本。

在文本的生成过程中，相对而言，从文献到文本的转化较为顺畅，因为两条线索拥有类似或者相同的逻辑前提和学术概念，也正是由于该种原因，文献已经预设了研究者的观点和态度，自我很容易陷入预设的理论陷阱难以自拔；而从田野到文本的转化较为黏滞，再加上田野过于琐碎，因此从经验到理论提升需要艰难的跨越。如果将文献与田野作为并置和对话的关系进行文本处理，就会发现：它可以避免用学术概念套用民众的行为与话语，以理论框住实践；同时又可以强化问题意识，与文献建立联系，从而避免田野的琐碎。这种对话关系使得自我浮出于单一线索的背景，成为文本对话的一个必要组成部分，因为文献与田野的对话关系始终需要自我的存在。当文献与田野对话顺利进行时，自我就可以隐去作为背景；而当文献与田野对话出现矛盾时，也就是前人研究与田野实践无法衔接时，自我开始出现，表明其倾向性，重新修复、重现其对话关系。

对话即文本揭示了文本的生产过程。文献与田野的并置与对话，是将研究者与民众放在平等的学术位置上，文本就变成了研究者与民众共同书写出来的文本，于是突出民间知识的创造性和合理性的理论主张就得以实践和强化。

四、民俗学知识是怎样生产的

如果将对话即文本视为对《婚姻仪礼变迁与社会网络重建》的反

思，那么有关民俗学知识生产的讨论则是对文本生产反思的反思。[1]

田野工作的出现和介入，彻底改变了民俗学知识生产的途径。作者以田野工作为标准，将民俗学知识生产的进程分为三个阶段：前田野工作阶段、田野工作阶段与后田野工作阶段。在前田野工作阶段，由文献到意义阐释就成为传统知识生产的路径，这里的文献是稳定的，具有确定性。而在田野工作阶段以及后田野工作阶段，单一知识的生产路径面临巨大的挑战和风险，因为此时的文献包含两部分：一部分是前人的研究成果；另一部分则是由自我与民众对话生成的文献，它具有不确定性，充满着各种可能。后田野工作主要用来指对田野工作的方法论意义，田野工作中诸种关系的生成如何影响知识生产等各种问题的反思。如同马克斯·韦伯用于研究世界理性化的概念工具——理想型一样[2]，这里三阶段的划分也是一种将核心特征夸张化的理想型。在具体的学术实践中，三阶段并不存在确定的边界，甚至有可能是并行，相互包含的。作为一种衡量的标准工具，三阶段可以比较知识生产途径在不同时期呈现出的状态。

作者主要将目光集中于后两个阶段中知识生产的途径，即民俗学的知识是如何被生产出来的？在反思民俗学的视野中，民俗学的知识并不是早已存在那里，等待自我去发现和揭示出来的知识，而是自我和民众共同建构、生产出来的知识。因此，自我对于知识的定义和选择，在知识的生成过程中就扮演了一个极为重要的角色。上一个问题中文献、田野与自我的思考框架，仍然适合于该问题的讨论，即自我在文献与田野中的权衡与倾向，将直接或间接影响到民俗学知识的生产过程和结果。

为了便于分析知识的生产过程，吉国秀借用了创新经济学家对知识的分类，即隐含的知识（不可言传，具有高度专有性）与编码的知识

---

① 吉国秀：《知识的转换：从民众的知识到民俗学者的知识》，载《民间文化论坛》，2006（3）。

② ［美］乔治·瑞泽尔：《当代社会学理论及其古典根源》，杨淑娇译，27页，北京，北京大学出版社，2005。

（易于传递和存储，具有公共物品属性），并将前者理解为民众的知识，将后者理解为民俗学者的知识。而民俗学知识的生产过程就是民俗学者将隐含知识转化为编码知识的编码化过程。民俗学者的知识经过对话与交流，亦即知识的外部化过程，成为民俗学知识共同体的一部分。为了揭示从民众知识到民俗学者知识转换过程中的编码化规则，亦即民俗学知识生产过程中的规则，作者仍以清原镇为对象，试图阐释清原镇民众的知识如何转化为《婚姻仪礼变迁与社会网络重建》过程中的规律。

传统研究将民间社会视为一个缺乏变动的社会，而生活于其中的民众则是均质的，其角色并无差别。按照这种逻辑，通过一个案例就可以查知民众知识的整体。可是，地方社会中的民众是一个集合概念，个体的知识怎样才能代表民众的知识呢？清原镇社会结构上的差异是显而易见的，例如民族与来源地的差异等。更为重要的是，民众在日常生活中仍然实践这些分类，并分享着十分对立的局外人观点。这些差异直接影响到当地民众对同一民俗事象或行为实践的认知与解释。支撑传统经验研究的基础——民众知识的一致性逻辑，就会在多种解释间选择那个自我认为是“真正意义”上的知识。但是地方性的现实经验却告诉我们，有争议的知识也许是民众知识的常态，争论哪种解释为真没有意义。将同一主题的不同解释并置，可能是一种较为合理的知识转换途径。因此，民众的知识具有异质性，不是一个有着明确边界的实体。

清原镇的个案还说明，民众的知识不是一座孤岛，不受外界的影响，而有着自身内在的演化体系。它往往与更大的宏观社会背景相联系，与此同时，民众知识也是通过民俗学者的知识和转换出来的。因此，民众的知识也具有地方性，但它又不是一种自说自话的封闭体系。当地民众的知识往往与传统相联系，是一种具有历史向度的知识，但传统本身不是一种约束。例如，在 20 世纪 80 年代以后婚礼的复兴中，清原镇民众借助于传统婚姻仪礼的知识框架重新发明了部分仪式，重建了地方社会，回应了社会变迁。地方民众正是利用传统知识将日常生活的经验系统化，将新知识转化为可以理解的知识，从而建立地方社会的结构与秩序，成为民众应对现代国家与社会的一个策略性组成部分。在这个意义上，民众的知识具有历史性，不是一成不变的过去的传统。以上规则支撑着民俗学知识的生产，同时也变更、刷新着民俗学的传统知识。作者强调：

> 随着学术界对田野关系反思的深入，知识转化规则也处于不断维持、修正、扩展与完善的过程中。也就说，知识转换规则是一个开放的系统，其构成本身也处于反思的凝视中，需要去探索、去解释、去说明。①

五、民俗学研究的另一种可能性

从婚姻仪礼的变迁到民俗的意义层次，从民俗学文本的生成再到民俗学知识的反思，《婚姻仪礼变迁与社会网络重建》及其后续性思考，本身就说明了知识的动态性特征：知识是一种结果，更是一个过程。这种知识的转换，不仅仅是文本意义上知识的生产，同时也是对传统民俗学知识的转换，即从知识的存在论到知识建构论的转换。这种转换对于丰富反思民俗学的知识积累具有重要的理论意义。

《婚姻仪礼变迁与社会网络重建》及其延续性思考，是对民俗学研究方式的一种探索，即将民俗等同于过去和非常态的局内兼局外的学科刻板印象悬置，关注于常态的日常生活，试图从民俗学整体的研究取向来看待民众生活中的婚姻仪礼变迁。同时，作者还将一系列问题的探讨与民俗学学科的独特性相联系，认为不能够用研究方法或研究对象来界定一门学科，并提出用完善的概念体系来支撑眼光向下的视角②，显示出一位年轻学者对民俗学学科未来与发展的担忧和关注，为民俗学的学

---

① 吉国秀.：《知识的转换：从民众的知识到民俗学者的知识》，载《民间文化论坛》，2006（3）。

② 吉国秀：《婚姻仪礼变迁与社会网络重建：以辽宁省东部山区清原镇为个案》，274页，北京，中国社会科学出版社，2005。

科建设增添了一分力量。正如刘魁立所评价的那样，这部著作“突破了既往婚礼研究中封闭自助的模式，把仪式与社会结构、仪式的演化同社会变迁联系起来……走出了自己的学术道路，展现了独到的研究创意和学理追求”。

尽管作者宣称没有借助于地方性知识进行通则性概括的企图，但是实际上她还是在结论部分做了民俗学传承以及民俗意义层次的理论提升，一些后续性的研究更是如此。作者一再将理论的适用性限于个案，并希望通过个案的增长和辐射，借助于田野所得个案的类型性逐渐接近于通则，显然这只是暂时平衡了个案研究与通则研究的矛盾，却不能够最终解决个案研究的通则性追求。这一方法论上的问题，不只存在于民俗学，其实在人类学与社会学中也同样存在。为了解决该问题，布洛维提出并实践了扩展个案法，为个案研究指出了一条可能图景。扩展个案法自田野扩展开来，从个案转移到宏观权力，从独特中抽取微观，从微观走向宏观，用个案观照、修正理论，进而产生一般性法则。于是，个案也就走向了通则①。如今，方法论问题因扩展性个案法的出现得以更新，期望能够看到作者对方法论问题背后的进一步思考。

民俗学研究并不只是民俗学学科内部知识的积累和发展，而是立足于现在承接过去与未来对话的一部分。《婚姻仪礼变迁与社会网络重建》是诸多对话中的一种声音，可能是一种不成熟、甚至是有争议的声音。不管怎样，就将其作为民俗学研究多元叙事方式中的一种吧，它让人们看到了民俗学研究的另一种可能性。

（原载《西北民族研究》2007年第4期）

---

① 卢晖临、李雪：《如何走出个案——从个案研究到扩展个案研究》，载《中国社会科学》，2007（1）。

“技术民俗”：民俗学视阈的拓广

詹娜的专著《农耕技术民俗的传承与变迁研究》是由她的博士学位论文《农耕技术民俗的传承与变迁研究——以辽宁东部山区沙河沟村为个案》修改而成的。圈内人看到这个题目，便自觉很新颖。人们的关注多集中于庙会、宗族社会、民间礼仪和各种祭祀活动等事象，而以技术民俗作为博士学位论文选题的委实罕见。

“技术民俗”学术概念尽管不是詹娜率先提出的，但在国内，是她首次将其全面诉诸学术实践。尽管物质生活民俗早已进入民俗学视阈，但直到今天，民俗学界仍然偏重意识形态层面的文化传统，而很少顾及民间生活形态。即便是关注民间物质，也总是在其意蕴和内涵方面下功夫。

技术民俗是民间最主要的生存方式，是人们赖以生存的最基本的知识和手段，也是最重要的地方传统。农耕技术民俗属于“农业生产常识”，这是一个农业社区正常的人所具有的、可以用以维持社会地位和生存状态的知识或信念，一般具有普遍性、直观性、实践性、实用性和易模仿等特点。这些特点可以归结到一个平常的词，就是“平常”。在现代社会学领域，由常识和日常生活构成的世界，被认为是最高的实在。在国内民俗学界，学者们热衷于“非常”世界的经营，即爱好对“节日”时段的解释，而面对漫长的非节日时段却熟视无睹，觉得无须解释抑或无力解释。长期以来，技术民俗作为人们习以为常也理所当然的“平常的事实”，自然就被学术实践忽视掉了。

中国是一个农业国，农耕技术自然是最具普遍意义的民俗事象，也是生发其他民俗事象的背景性知识。这种背景性知识早已内化在我们的思维和行动中，成为我们面对事物的参照系，还是民俗学现代性的重要维度。以农耕技术民俗为学术目标，触及了我国民间最基本的文化体系，选题不仅呈现开拓性意义，而且为民俗学真正回归生活世界进行了一次十分有效的尝试——从超越物质的精神的学术诉求转向了直接表征生产实践的学术描述。

以往的民俗学所做的工作，主要是把陌生的变得熟悉，而詹娜的学术取向则是将熟悉的变得陌生。这部论文所考察的地域是辽宁省东部山区的沙河沟村，面对当地家家都有的并且可以随意使用的农具，面对当地人都能掌握、解释和年年都在重复的生产技术及过程，民俗学能够做什么和需要做什么呢？如果仅仅是将当地农业生产技术当成谋生手段的呈现，复写无血无肉的生产程序和过程，那就落入墨守成规的民俗志俗套。詹娜采用了身体参与性的民俗志制作范式，一方面图写当地农民如何具体操作农耕技术，他们在农业生产的实际活动中获得了农民身份的自我确认，并通过农耕技术的实施和表演，也获得了创造精神宣泄和能力炫耀的快感；另一方面，努力记录当地人对农业技术的理解、传授、记忆和叙述，即便面对简单而又平常的农具，作者也恰到好处地给予了“陌生化”的观察和处理。论述了农具并非单纯的用于生产，还进入了当地人认同、象征和情感的意义世界；农具不仅仅是当地人皆知、没有深度的社会经验和操弄对象，更重要的是体现了当地人对待现实与传统的一种态度，一种世界观、价值观，一种思维方式，是当地人生活世界的基本行为图式。

当然，专著论述的中心是农耕技术民俗的传承与变迁的问题，农耕技术作为当地人基本的生存手段，本身就能形成具有强大惯性的传承动机和变迁的法则。但技术并非只是功利的理性的传导，技术知识的传与授，是一个心灵感悟的过程；长辈的示范与晚辈的仿效既是社会责任、义务，更是一种信念、情感和对生活的执著。农耕技术传承和变迁是生存和生存体验的本质体现，当地人是在技术民俗感性的世界里寻求到生存的方案和自我满足。詹娜充分体悟当地人那种农耕技术人性化的境界，强调当地人作为技术行为主体的情感、态度和价值观。在沙河沟村，农耕技术尽管不发达，人们的生存尽管依靠技术理性的支持，但是当地人生存的真正本质却不在技术的先进，而在于对传统农耕技术的精神依附和眷恋。詹娜的书写成就排除了技术理性的规则，而是突出了当地人在感性存在和感性满足方面基本的技术权利；富有创见地说明了民间的现代感性并非只显现于口头文学与口头艺术表演之中，而更多地体现于农耕生产这类日常生活之中。

由此可见，这部专著值得称道之处，不仅填补了我国农耕技术民俗志深度书写的空白，而且提供了民俗志“感性学”书写的范式，将田野的感官直接转化为新颖的学术话语，而没有顾及甚至有意摈弃了社会学和人类学时髦的权威性论调。专著突破了以往民俗学学者只能在庙会、宗族社会、民间礼仪和各种祭祀活动等事象中寻找情感纽带的严重局限，真正拓广了民俗学学科书写的视阈，实践性地消解了民俗与日常生活之间的界限，颠覆了传统、文化和精神等与技术、常识和平常之间的樊篱。这是将农耕技术和常识转化为民俗观照的成功谋划，是将民俗学意义的世界还原为生活的世界的有益尝试和个案示范。

（原载《中国图书评论》2010年第6期）

非物质文化遗产

非物质文化遗产调查中的主体立场

——以民间文学为例

“非物质文化遗产”的一个重要内容，就是“口头传统以及作为文化表达手段的语言”，实际为民间口头文学。非物质文化遗产并非原本就存在，它需要人们去发现、去发掘并且进行必要的阐释，也就是说，非物质文化遗产不会自己“说话”，它是由调查者、研究者及相关机构认定的。非物质文化遗产产生的过程，在很大程度上也就是田野调查的过程。在调查中，如何把握调查者的主体意识，如何发挥调查者的主体意识，是一个非常重要的问题。下面以民间文学为例予以论述。

一、主位和客位的立场

一个地区的民众拥有当地文化知识的产权，这是毫无疑义的；他们对这些文化现象背后的意义有自己的理解，这也是毫无异议的。然而要把这些理解当成非物质文化遗产叙述出来，只能是调查者和研究者们完成的事情。所有的民间文学工作者都是在面对异地的民间文学，只是“异”的程度不同而已。一个民间文学学者对某地的民间文学无论多么熟悉，也只是“熟悉”而已；他不可能是一个真正的当地民众，他不可能完全和当地人一样去生活、思想。

正因为如此，民间文学学者需要“田野作业”，同理，非物质文化遗产调查，首先要确立主位和客位的立场。就民间文学而言，就是把当地演唱者的观点和研究者的观点区分开来，或者说要区分文化主位（emic）即拥有民间文学的当地人的观点与文化客位（etic）即民间文学的记录者和研究者的看法。说得具体些，“主位研究强调在研究中，要求调查者去习得被调查者所具有的地方性知识和世界观，即研究者不受自身文化的束缚，置于被研究者的立场上，去了解、理解和研究问题。否则，观察者在一个陌生的文化模式中，只能看到若干不相关联的因素，而看不到一个整体。它强调能用本地人的观点来努力理解当地人的文化。而客位研究是以调查者本身的立场为出发点来理解文化，研究者所使用的观念并不是以当地人的观点。”[①] 这是对认知人类学方法的借鉴。

只要经过努力，主位研究和客位研究我们都可以做到，这实际上是研究的立足点、态度和角度的问题。田野作业的成果即非物质文化遗产，毕竟是研究者“看到”“听到”“想到”的，是他们“表达”出来的，忽视研究者的主体性是不科学的。20世纪前期的德国哲学家胡塞尔、海德格尔以及20世纪中期的法国哲学家萨特等都强调我思、权力意志、先验意识等，认为“自在”是“自为”中的“自在”，对象是意识中的对象，世界是在人的主观中展现出来的。除非借助研究者的主观意识，田野作业的对象自身无法自我呈现出来，而研究者所运用的调查方法、观点不同，所认识、理解、经验和把握到的调查对象的层面、属性、情状

---

① 麻国庆：《走进他者的世界》，34页，北京，学苑出版社，2001。

也大相径庭。发现、识别、认定和表述非物质文化遗产都离不开客位的立场。

人们总是想象非物质文化遗产（他者的世界），或者说民间社会是一个统一的整体，民众生活的内部结构具有内在的一致性，口头传统的结构模式先于研究者进入之前就早已存在了。这应该符合结构主义的思维路径。结构主义大师列维－斯特劳斯认为："神话、习俗、姻亲关系等都被共同的深层结构所控制，一个遵守这些习俗或神话的民族自己不会感到这深层结构，就像以汉语为母语的人并不感到自己说的话服从于汉语的语法规则一样。"① 结构主义的核心范畴是"结构"，在结构内部有一个中心。正是这个中心将事物和结构的各种因素组织起来，使之成为一个统一的整体。法国符号叙事学家德里达则认为结构的中心不在其自身，而在其之外，在"他者"或者参照物中。而一种结构的"他者"、参照物是无穷无尽的，与之相应，结构的性质状态也处于不断变异之中，并非是固定不变的。正是通过对结构主义"结构"的解构，德里达建立了后结构主义的差异论思想。

主位和客位只是非物质文化遗产调查的立场或意识的问题，无论是主位还是客位都不像一般人所认为的那样是纯粹的一体的，相反，客位以它的另一面——主位为前提条件，没有后者也就没有它本身，反之亦然；它们中各自深深隐含着它们的对立面；主位和客位都不是纯一的而是异质的。真正的田野作业不可能只是主位立场或只是客位立场，两种立场应该是相辅相成的，主位中有客位，客位中有主位。这种认识是受到埃德蒙德·胡塞尔现象学的指引，现象学"所追问的是到处都被断定的那种东西，即某物'是'，并且着眼于某物在其中'作为是者而被给予'的那种意识方式，只有从这些意识方式出发，某物对于认识批判性

① 转引自赵毅衡编选：《符号学文学论文集》，34页，天津，百花文艺出版社，2004。

的研究来说才是可理解的”①。非物质文化遗产调查面对的是意识方式下的对象，也就是说所谓的主位经过了意识方式的判定。

二、调查者的立场左右调查结果

非物质文化遗产是由于有了“田野作业”而存在的，调查者的目的是努力进入田野和理解田野。于是，在田野作业过程中，调查者往往一再强调主位立场，即用当地人的观点来努力理解当地人的文化，但实际情况是，“客位”立场始终依然存在。每一个调查者都可设立独一无二的“他者”或参照物，其本身的立场、方法、观念的不同，所得出的研究结论必定有很大的差异。那些以为是主位研究的学者们，一再标榜自己调查和研究的成果是对他者的世界的客观、真实描述，认定调查的对象原本即是如此，这实际上行使了话语霸权。“在研究对象被视为客体的时代，客体只能接受研究者主体的言说而绝无拒绝接纳此言说的权利，因为主体的言说被认为纯粹是客体内在本质的客观反映。”② 因此，我们对田野民俗志应有清醒的认识。这类成果一再标榜自己为“元叙事”，实际上它们都是与叙述权力捆绑在一起的。

不论是主位研究还是客位研究，既然研究者如此重要，他们可以左右调查和研究的进程及结果，那么，就完全有必要将研究者本身纳入研究的视野之中。对此，已有学者发出了这方面的呼吁。民间文学工作者要把民间文学工作者自己、把民间文学工作者自己的学术活动纳入学科的对象。“在通过田野作业进行研究的诸学科之中，把研究者本身也纳入研究对象的范例是由美国人类学家保尔·拉比诺开创的。他把他在摩洛哥一个乡村开展田野作业的过程作为叙述的材料，将自己与调查对象的

---

① ［德］埃德蒙德·胡塞尔：《笛卡尔式的沉思·编者导言》，张廷国译，3页，北京，中国城市出版社，2002。

② 吕微：《反思民俗学、民间文学的学术伦理》，载《民间文化论坛》，2004(5)。

互动一起作为研究的对象，完成了《摩洛哥田野作业的反思》这一民族志著作。看调查者与被调查者的互动，反思调查者自己的经历，这种界定研究对象的思路必然要把研究者纳入进来。在田野作业中参与观察，不就是观察者参与到对象之中而成为被观察的对象的一部分吗？……从知识生产的过程来看，田野作业中的民俗学者同样应该被置于观察、反思的对象之中。”①

除了“口头传统以及作为文化表达手段的语言”之外，非物质文化遗产还包括“民俗生活、仪式礼仪、节日庆典”；“本土智慧、民间记忆及其象征形式”；“表演艺术”；“有关自然界和宇宙的民间传统知识和实践”；“传统的手工艺技艺和诀窍”；“与上述表达形式相关的文化空间”。② 这些都是存在一个特定区域之中的，而且需要通过某种叙述的形式才能表现出来。作为一个“局外人”，调查者如何进入这个区域，从事非物质文化遗产的生产？马林诺夫斯基提出的以“移情”来达到从当事人观点看当地文化的境界，似乎仍是田野工作的最高指导原则。在《从当事人观点》一文中，格尔茨对“移情”提出了新的解释。他认为所谓的“移情”并不是要人类学家变成当事人，而且前者也不可能变成后者。人类学者对异文化和当事人的观点的了解有“经验接近”（experience-near）与“经验远离”（experience-distant）的程度差异。前者指用当事人的概念语言来贴切地描述出该当事人的文化建构；后者指用学术语言或研究者自己的概念语言来描述所研究的异文化。对当事人文化的全面描述关键是“经验接近”与“经验远离”的并置。③

---

① 高丙中：《知识分子、民间与一个寺庙博物馆的诞生——对民俗学的学术实践的新探索》，载《民间文化论坛》，2004（6）。

② 刘魁立：《中国民间文学概论·序》，1页，北京，中国人民大学出版社，2004。

③ ［美］乔治·E·马尔库斯、［美］米开尔·M.J.费彻尔：《作为文化批评的人类学》，王铭铭、蓝达居译，53～54页，北京，生活·读书·新知三联书店，1998。

如何做到这种“并置”，美国当代文化人类学家本尼迪克特的《菊与刀》一书为我们提供了成功范例。1944 年 6 月，第二次世界大战的结局已开始明朗，美国政府着手制定对待日本的政策。两国的国情迥异，美国政府需要了解日本的文化特性和民族性格。由于研究目的的缘故，本尼迪克特对日本民间文化的考虑就必须摆脱猎奇的心态，她是怀着尊重日本民众情感、理解日本民众知识的意愿进入日本民间文化领域的。譬如，她指出日本人的所谓理义声誉的概念，除了指各种扬名的行为之外，还包括排除他人的谩骂及侮辱的行为。其实，在这里，后者意即报复，正确地说，指雪耻的复仇行为。这种极端的名誉感和报复的态度在美国现已甚为鲜见，而日本人把它视为人品高尚的一部分，是大家广泛推崇的美德。对此，本尼迪克特没有妄加评论，而只是认为，既然日本人认为它是一种美德，那它就是美德。由于有了这样一种“公正”的解释态度，她所阐述的日本民族的文化知识，得到了当地民众广泛的接受，或者说她对异民族民间文化的理解既达到了抽象的、本质的层次，又为当地人所理解和认同。

三、参与观察与深度描写

非物质文化遗产从其生存的田野走向学术的层面，要经过研究者的参与观察和深度描写。西方现代人类学之父弗朗兹·博厄斯（又通常译作鲍亚士）提出了“参与观察法”（participant observation）的田野作业要求。就民间文学而言，即民间文学工作者一定要参加到被调查对象的生活中去，成为其中的一员，在实际生活中感悟当地的民间文学，而且要站在被调查者立场上思考问题、观察问题。具体说，参与观察的主要内容有：（1）作业者住在作业地要有一定的时间长度。一般是一年，使他有机会看到当地人整年内口头传统的表演情况，观察不同时间口头表演的差异。（2）学习当地语言。（3）作业者要像当地社会成员一样生活，深入到民众生活之中，才能真正了解他们的口头文化。在参与的过程中，作业者既要深入当地社会生活中去，又要防止“土著化”（going native），即过分的感情投入。应时刻记住自己是个民间文学工作者。①

除了参与观察之外，还要对观察到的进行“深层描绘”。阐释人类学大师格尔茨大力倡导在田野工作基础上对地方性知识进行深描的方法。他说过：“我与马克斯·韦伯一样，认为人是悬挂在由他们自己编织的意义之网上的动物，我把文化看作这些网，因而认为文化的分析不是一种探索规律的实验科学，而是一种探索意义的阐释性科学。我所追求的是阐释，阐释表面上神秘莫测的社会表达方式。”② 民间文学学者当然也包括所有非物质文化遗产工作者所从事的工作，其实也正是这样的文化阐释。这种阐释必须在田野笔记和记录当地人所叙述的叙述基础上进行。格尔茨以日常生活中的“眨眼”为例生动地说明“阐释与描述”的多重性与“意义”的多重性。对于一个“眨眼”的事实，当它处于交流过程时可以出现几种可能性：（1）故意的；（2）对某人刻意的；（3）传递一种特殊信息；（4）在情境中建立起的语码；（5）随意性行为。对民间文学表演行为的解释与描述终究还是“人为的”“人文的”。③

民间文学的田野工作可分两种类型：（1）全面调查（holistic investigation），即对一个特定村落或社区的所有口头表演样式作全面调查，运用民族志诗学方法，构建一个区域内口头表演的整体空间。（2）定向调查（problem-oriented investigation），即对一个特定村落或社区的某一种民间口头表演形式进行调查，解决某一个具体问题。例如，就某地民歌歌唱传统而言，歌唱传统是如何得到延续的，歌唱活动是如何组织起来的，歌唱进行的程序以及程序如何得到保障等。需要特别提醒的是，“除了民间文学以外，当地如有著名的文学家，或有因反映当地风土人情而著名

① 汪宁生：《文化人类学调查——正确认识社会的方法》，27～28页，北京，文物出版社，2002。

② ［美］克利福德·格尔茨：《文化的解释》，纳日碧力戈等译，5页，上海，上海人民出版社，1999。

③ 叶舒宪等：《人类学关键词》，101页，桂林，广西师范大学出版社，2004。

的文学作品，自亦不应忽略。人所熟知的某些文学作品如在当地特别流行，应了解其社会根源及所起作用；而如果当地以本地语言复述或加以改造（如某些少数民族对于《西游记》），则应作为当地文学加以调查和搜集。”①

社会人类学功能主义学派的创建人拉德克利夫-布朗说：“田野工作者为了发现他所观察的文化事实的意义，必须采取特殊的技术。这种技术在某方面相似于词典编纂者第一次记录口语的工作，但从总体上讲，前者要比后者困难得多。这种技术目前正缓慢地得到发展，它的充分发展，只有等社会学理论取得进步时才有可能。”②同样，非物质文化遗产田野作业技术和书写要得到发展，只有在关于非物质文化遗产新的理论指导下才有可能。

目前，中国对非物质文化遗产的保护、利用，并不是全面铺开，而是选择所谓的“重点”。因此，深度描写还表现在对某一遗产身份的确立方面。身份是关系，即身份不在非物质文化遗产本身，而在某一遗产与其他遗产的关系之中。要解释某一遗产的身份，就必须指明此遗产与其他遗产的差异，就不仅仅是考察此遗产本身，而是要考察建构遗产之间的差别体系。换句话说，某一遗产身份不仅仅是包含在其“身躯”之内，而是由差别构成的。而如何确定这种差别，或者说如何进行比较，也是深度描写，同样也有一个主体意识的问题。

［原载《北京师范大学学报》（社会科学版）2005 年第 6 期］

---

① 汪宁生：《文化人类学调查——正确认识社会的方法》，198 页，北京，文物出版社，2002。

② ［英］拉德克利夫-布朗：《社会人类学方法》，夏建中译，64 页，北京，华夏出版社，2002。

非物质文化遗产与“物质”的关系

——以民间传说为例

依据联合国教科文组织的《保护非物质文化遗产公约》，非物质文化遗产包括5个方面：口头传统及其表现形式；民间表演艺术；民众的生活形态、礼仪和节庆活动；古代遗留下来的各种民间生活及科技知识；民间传统工艺和艺术。这5个方面的展示和传播，显然都依附于“物质”的因素。而这种依附不是连带的，“物质”成为非物质文化遗产流传过程中的结构内核。任何非物质文化遗产的呈现或展示，大多依赖物化形态的“道具”，都不可能是纯粹的稍纵即逝的举止投足和声音。我们在把握和认识非物资文化遗产的时候，不能对其“物质”的因素视而不见。实际上，所有的非物质文化遗产都是在塑造或重构某一物质形态。时下各地兴起的对非物质文化遗产的抢救工作，毋庸讳言，在一定程度上也从事物化或固化的处理。

下面以传说为例，展开这方面的论述。

一、传说由“物质”而存在

民间传说是非物质文化遗产的主要形态之一，以民间传说为考察对象，比较容易讨论这一问题。日本民俗学家柳田国男曾对传说与当地历史文化的密切关系予以特别关注，认为这是传说的主要特征：“传说的中心必有纪念物的存在。自然、神社、寺庙、古冢以及其他的灵地、家族的本家，原本就是信仰的相关，因而各自占据了可谓是传说的花坛之地位。村落成为中心之一，在于其作为发生地之外廓：奇岩、老木、清泉、桥、坡等的每一样，或许原本是类似于大纺织品中的一个图样之物，如今却大部分独立出来，并成为了传说的纪念物。”① 除了关于人物和历史的传说之外，所有的都是“物质”的传说，都是在说或传某一物质，传说由“物质”而存在。

民间传说中有一类风物传说，钟敬文先生在《浙江风物传说》一书的“序言”中说：“所谓‘风物传说’主要是指那些跟当地自然物（从山川、岩洞到各种特殊的动植物）和人工物（庙宇、楼台、街道、坟墓、碑碣等）有关的传说。……除了自然物、人工物外，还有一些关于人事的，如关于某种风俗习尚的起源等。这些传说，也应当包括在内。”② 风物传说是对一个地方人工或自然景物形象的一种想象性叙事，是对某些风俗习惯的诠释。叙事和诠释的目的在于确认和提升景物、习惯的文化地位，并注入历史的逻辑力量。给风物提供的传说一般不是一个发生过的事实，却成为当地人一种“集体记忆”的历史资源，并为当地人的生活注入了生存环境的意义。可见，民间传说这类非物质文化的

---

① 转引自［日］野本宽一：《来自传说的环境论》，许琳玲译，载《民俗学刊》，2004（6）。

② 转引自屈育德：《神话·传说·民俗》，97页，北京，中国文联出版公司，1988。

作用在于对物质形态人文因素的强化和提升。

风物传说的亚型之一物产传说更是直截了当的“物质”与非物质（口传）的结合。物产传说不仅描述了物产的生产情况和神奇作用，而且给这些劳动成果增添了人文的因素。在中国，地方物产与民间传说的联系极为紧密，似乎它们没有敷衍出一个或数个传说，那么它们就够不上地方物产的档次。国民一向不擅冒险，不思开拓，固守于自己狭小而平淡的生活空间，却热衷于谈神弄鬼，善于营造怪诞的生活氛围。通过传说的路径，把周围的自然或人工物产奇异化、神秘化，便是其中的突出表征。传说即成为“异化”物产的一个关键性的叙述话语。这一叙述话语的成功运用，给物产的坐落或遭遇抹上了人为的成分，使原来纯为物质形态的物产跃上了人文的层次，拉近了人与自然的距离，并拓宽了人们的文化生活空间。这显然是对乡民每天重复单调的生活方式的有效补偿。

有则鲁班的传说，很巧妙地与地方风物特色结合在一起。由于赵州桥的坚固，又明显有些倾斜，就编造出下面的情节：鲁班造好赵州桥以后，自以为很牢固。多事的张果老就用他的毛驴驮了太阳和月亮，还有四大名山，要上赵州桥，并问鲁班，你的桥是否受得住我们驮的东西，鲁班没看出他驮的是什么，就自夸“这小点东西，过得”。但是张果老一行一上桥，桥身就晃得“嘎吱”作响，桥身也朝一边倾斜。鲁班一看事情不妙，赶忙跑到桥下用手托住，用身子撑住，才保住了桥。张果老过桥后，桥身便就朝一边倾斜，桥下石柱上还留有鲁班的手印和背靠的印迹。

地方风物将民间传说这类口传的非物质文化遗产演绎得有板有眼，由于两者捆绑在一起，容易发生变异乃至失传的传说获得了和赵州桥同样久远的生命力。其实，大多非物质文化遗产就像民间传说一样，尽管作用于精神和心理的层面，属于意识领域的，通过口头和行为动作的方式展现出来，但它们同样包含了某种物质实体，不可能稍纵即逝，表演完就消失得无影无踪。考察和研究非物质文化遗产不仅不应该忽视“物质”的成分，而且应该从“物质”的因素入手，这样可能更容易抓住问题的本质。

二、传说肇始于“物质”实体

一些非物质文化之所以能够流传下来，成为遗产，主要在于某一“物质”形态的推动。一般认为，物质是可感的、直观的、具象的、有形的、静态的，而非物质是活动的、意识的、无形的、难以直观的。在所有的非物质文化遗产中，民间信仰大概是最意识的。

禁忌既是一种常见的民间信仰现象，在常态下又是一种无形的文化符号。由于其是“没有外在行为的民俗”，其实施既没有大的仪式场面，甚至也不会影响社群内成员的日常生活及民俗生活，人们不必为之特意腾出活动的时间。实施禁忌的全过程是平静的，似乎什么事都没有发生。禁忌只有在被怀疑或遭遇被冒犯及其载体被表述时，人们才真正意识到它的存在和威力。

1998 年 8 月至 9 月间，笔者在江西省抚州地区南丰县太和乡茶衕村做了为期半个月的调查。在调查中发现，尽管禁忌无处不有，但并不会妨碍村民的生活。他们并没有意识到自己生活在禁忌的网络之中。当笔者询问他们有什么事情不能做，做了就会发生灾祸时，他们竟一个也回答不出来。在笔者提示之后，他们才说出了一些。但他们对此不以为然。他们说，一种东西不可以吃，还有很多东西可以吃。当问到有没有人违禁时，他们说祖宗传下来的规矩，无人会反。似乎这是极容易做到也极自然的事情。他们对本社区的禁忌风俗习以为常，从不以道德及科学的理念去评判身边的禁忌，以为禁忌即为生活本身，无须为之添枝加叶。除了很可能被触犯的危险期，禁忌实际上一直处于“休眠”的状态。

笔者如果不主动开启禁忌方面的话题，大概直到笔者离开村子，也不会与禁忌相遇的。茶衕村东北角的山脚下有一座方砖大祠堂。笔者随父母来到那里时，祠堂已成为生产队的粮仓。在距祠堂北角近10米的地方生长着一棵需4人才能合抱主干的樟树。枝杈四面延展，四季郁郁葱葱，遮天蔽日。枝叶之下阴气森森，极少有人光顾。

20世纪70年代初，六七个上海知识青年进入村子，不久就开始盛行制造樟木家具。当时上海知青回上海探亲，主要带两种土产品，一是小竹子笋干，一是樟木箱。大概是出于保护森林的目的，政府后来规定一人只能携带一个樟木箱。他们采取变通的手段，大箱套小箱。不到一两年的时间，村子附近的樟树便被砍伐殆尽。有一天，一位知青不知从哪弄来一把大锯，把古老樟树一根低垂的枝干锯了下来。此事立即在全村炸开了锅。人们纷纷说有大难降临，全村笼罩在一片令人窒息的恐怖气氛之中。祠堂大门口挤满了人，个个惶惶不安，人群中间站着的是德高望重的炳仔公公。他大约70多岁，负责查看和管理农田里的水，无须和大家一道出工。此时他也脸上铁青。大家一个劲地问他该怎么办，他叫大家立即清扫祠堂，列放邹家（村子里95%的人家姓邹）祖宗的灵牌，并叮嘱不能挪动已锯下的樟树枝，就让它放在树底下。当天晚上，宰了一口猪及杀了数只鸡，费用由肇事的知青出。猪鸡烹煮熟后及时端至祠堂祭祖。祠堂内香火摇曳，烛光闪烁，樟树四周也燃起了数堆纸钱。请求祖灵宽恕、息怒的声音时而响彻夜空。接下来的几天，大人们都是在担惊受怕、忐忑不安中度过的。大概是平时山村“无事”的缘故，这一重大事件给笔者的印象特别深。30多年过去了，当时的情景仍历历在目。

不过，笔者那时毕竟只是个孩子，不谙事理，只图热闹，而不关心事情的原委。这次重访故地，主要目的是探寻这棵古樟成为禁忌物的由来。樟木在江西意义非常，清道光《清江县志》记载：“木之属有樟，诸材独此为最，故古称豫章也，以材著也。”《搜神后记》《豫章记》《太平御览》《宣室志》等，都记有三国对东吴大将聂友“夜射白鹿，中樟灭怪”的故事。大意是聂友打猎，逐白鹿至此，矢中大樟，灭了樟树精。

关于古樟精的传说在江西十分流行。然而茶衕古樟肯定另有“故事”。炳仔公公早已作古，我拜访了几位 70 岁左右的老人，他们对 30 多年前知青伐樟事件亦记忆犹新。当笔者问何以人们极度恐慌时，他们都不约而同地讲述了下面的传说：

很久以前的一个夏天，伢崽邹细毛的母亲生了重病，请了好几位郎中，吃了很多药都未见好。后来在胡乔仂（南丰县城乡流传的一位徐文长式的机智人物）的指点下，从很远的付坊乡请来了专治怪病的神医。他开出的药方中有一味是引药，就是用猫头鹰煮的汤来做药引子。伢崽一连几天昼夜四处寻找，连猫头鹰的影子都没看见，急得团团转。

他知道祠堂旁的古樟树上有猫头鹰，因为在晚上时常可以听见它们的叫声。没有办法，伢崽在一个夜里，提着铳，打着松明火，来到樟树下。借着火光，不一会，就发现一只猫头鹰栖止于一根树枝上，一动不动。“轰”的一声，铳响划破静谧的夜空，猫头鹰应声落地。各种鸟类皆被惊起，搅得树叶哗哗着响。伢崽急忙拾起猫头鹰，赶回家熬汤煎药。

第二天清早，男人们像往常一样来挑水，却发现井里盘着一条粗蛇，蛇头仰出井口，甚是吓人。不一会，井的四周围满了人，谁也不敢向前，有些小孩企图向蛇扔石块，被老人们严厉制止。有人提到了晚上的响铳，并说肯定是惊扰了樟树上的祖灵，祖灵生气了。这条大蛇是祖先显的灵。细毛这时也在人群里，他颤抖、哆嗦着对众人说，他是为了母亲的病打死了树上的一只猫头鹰。

蛇的上身突然升出井口好几尺高，嘴里呼呼吐气，显得愤怒异常。大家商议之后，纷纷来到祠堂，拜祭祖先，请求宽恕。细毛的母亲也被抬到祠堂点香焚纸。敬奉了大约三天三夜，大概是神灵被感动了，蛇才缓缓从井里出来，向古樟爬去。从此以后，谁也不敢伤害古樟，连掉下来的枯枝也无人去捡。

茶衕村的成年人几乎都知道邹细毛打死猫头鹰的传说，它传达出关于古樟树的禁忌以及违背禁忌所导致的恶果。在有这传说之前，古樟无疑是崇拜和禁忌的对象。为了保持不伤害古樟树、崇拜古樟树的观念和行为这类文化符号的神圣性及神秘性，人们让它附会在一个“真实可信”的传说之上，并成为口述史世代传播下来。传说诠释了古樟树崇拜和禁忌的起源，并纳入了深入人心的祖先崇拜的意识。这样，已具威慑力和权威性的传说便成为村落内成员相互（主要是年长的对年轻的）训诫的宗教式话语。超越了祖先崇拜辐射的区域，这话语便不起作用。甚至还有这样的情况，尽管村落成员的理性与智慧的程度足以使他们认识到触犯禁忌（砍伐古樟树）绝不会招致事实上的惩罚，但他们对祖先生而有之的情感及敬畏也足以使他们负担不起亵渎祖先的罪名。

当地人对古樟树崇拜观念的表述和延续，显然依赖了上面引述的传说。对当地人而言，古樟树毕竟不只是自然遗产，而是非物质文化遗产，是一个已经符号化了的象征物。这一从“物质”到非物质的提升，传说起了决定性的作用。在有关古樟禁忌不被触犯的情况下，其实际是没有丝毫“动静”的存在，缺乏任何外在化的直观可视的举动和程式。禁忌“力”的释放也是静悄悄的、不知不觉的。而一旦古樟禁忌转换为民间口头传说，也就将自己固有的魔鬼力量张扬开来并移植给了传说，或者说禁忌的魔力在传说中得到转换和加强。如此，与其说禁忌作为一种习俗存在于民众生活之中，不如说禁忌作为一则口承文本，存活于民众的口耳之中。禁忌习俗只是一个空壳，传说则是血肉文本。犹如“风物”借助传说使自身获得了文化价值一样，古樟等禁忌物依靠传说而获得了其“神”性，而“神”性是一切处于常态中的物体进入禁忌层次的必要条件。

这反映了非物质文化遗产流传和保存的一个普遍现象，即它们的存在形式往往不是单一的，任何一种非物质文化遗产都处于一个系统的结构之中，牵涉到诸多的展演形式，这些展演形式构成互为依存的关系。尤其是民间信仰，它不能自我展示，一定要在仪式或传说中获得认定。古樟树崇拜、古樟树禁忌、古樟树传说及古樟树本身四位一体，共同营造出一个神圣的空间。这四个方面的排列从虚到实，也可以说是从非物质到物质，古樟树是这一信仰体系中的核心和基础，没有古樟树，神圣的空间就无从建立，传说也无事可传。古樟树支撑并延续着信仰与传说。

非物质文化遗产的生存离不开人自身的言行，或者说，言行表达构建了非物质文化遗产，而物质文化则是由人创造和认定的客观实在。"言"是在"说"物质，"行"是在制造物质，物质与非物质之间互为依存、互为表达。因此，考察和认识非物质文化遗产，不能忽视其中的"物质"因素。

三、传说伴随着景观的构建

许多非物质文化遗产之所以能够流传，实际上并不在于人们认识到其价值，而在于其本身迎合了流传的规律。其中"物质"的因素起了重要的作用。传说总是和特定的事物相关。传说的核心，必有纪念物。无论楼台庙宇、寺社庵观，也无论是陵丘墓冢、宅门户院，总有个灵异的圣址，信仰的靶的，也可谓之传说之花坛，发源的故地，成为一个中心。①

又以人物传说为例。屈原传说最初见于汉代诗人贾谊的《吊屈原赋》，其中一节为"侧闻屈原兮，自沉汨罗。造托湘流兮，敬吊先生。遭世罔极兮，乃殒厥身"。点明了屈原投江的事件仅仅是侧闻，即传说。之后，司马迁《史记·屈原贾生列传》的描述更为详细：

① ［日］柳田国男：《传说论》，连湘译，26～28页，北京，中国民间文艺出版社，1985。

屈原至于江滨，被发行吟泽畔。颜色憔悴，形容枯槁。渔父见而问之曰："子非三闾大夫欤？何故而至此？"屈原曰："举世浑浊而我独清，众人皆醉而我独醒，是以见放。"渔父曰："夫圣人者，不凝滞于物而能与世推移。举世混浊，何不随其流而扬其波？众人皆醉，何不餔其糟而啜其醨？何故怀瑾握瑜而自令见放为？"屈原曰："吾闻之，新沐者必弹冠，新浴者必振衣，人又谁能以身之察察，受物之汶汶者乎！宁赴常流而葬乎江鱼腹中耳，又安能以皓皓之白而蒙世之温蠖乎！"乃作怀沙之赋。……于是怀石遂自投汨罗以死。

司马迁所记述的屈原在投江之前的神态、与渔父之间的对话以及"怀石"投江的细节，都使贾谊所谓的"侧闻"变得实实在在起来。此后，人们"认为屈原确实是在汨罗投江自尽，并且以地名、建筑物和端午的竞渡风俗及投吊的祭祀活动等形式，标志屈原投江和遗体回乡的具体地点、纪念投江的日期，使贾谊之赋所传承的'侧闻'逐渐变为以实物、风俗等文化景观为记载形式的事实"。① 传说在流传的过程中不断地被细节化、"物质"化，后者主要指增加了村落、建筑、石碑及其他物象的具体景物。"物质"的因素可以明确传说的具体地点，从而强化传说的真实性。

屈原传说在传说的途中，不断有相关的"物质"因素为之佐证。首先是地名。屈原流放的沅湘一带有一地名叫"秭归"，北魏郦道元在《水经注》卷三十四中引用了东晋人袁山松的说法："袁山松曰：屈原有贤姊，闻原放逐，亦来归，喻令自宽。全乡人冀其见从，因名曰'秭归'。即离骚所谓'女媭婵媛以詈余也'。"女媭，这里即指屈原的姐姐。

① ［日］小林佳迪：《"屈原传说的现实化现象"及其地域性表现》，见国际客家文化协会编：《客家与多元文化》，创刊号，174页，亚洲文化综合研究所出版会，2004。

“秭归”地名的设立与屈原姊弟一起归乡的传说密切相关。实际情况是，据《汉书·地理志》记载，西汉元始二年（2），秭归是南郡所辖18个县之一。说明“女媭”传说之前，秭归已是一个行政区划的地名。显然是人物传说对这个地名进行了附会和演绎。

又据同上《水经注》记载，秭归“县北一百六十里有屈原故宅，累石为室基，名其地曰‘乐平里’。宅之东北六十里有女媭庙，捣衣石犹存。”捣衣石后又被称为“女媭砧”，清代地方志《宜昌府志》云：“每当秋风苦雨之间，砧声隐隐可听。”隐隐可听的砧声隐喻着当地人对屈原投江的追念。秭归、屈原故宅、女媭庙和捣衣石等地名和建筑物，都是带有“物质”性质的文化景观，使屈原投江的传说更加有根有据。这些富有地方特色的文化景观成为当地最为显耀的文化标识和符号。它们以及后来再建的与屈原有关的文化景观，一直默默地讲述着屈原的传说，以使屈原的传说不被遗忘。

作为非物质文化遗产之一的民间传说，其出发点和落脚点都是某些“物质”形态，传的和说的都是某种具体可感的文化景物。倘若秭归、屈原故宅、女媭庙和捣衣石等地名和建筑物不复存在了，屈原的传说便很可能处于危机之中。正因为如此，后来人总是在依据已有的传说，修建人文景观。“《异苑》：长沙罗县有屈原自投之川，山水明净，异于常处，民为立祠，在汨潭之西岸，磐石马迹犹在。相传云：原投川之日，乘白骥而来。”① 除立祠外，后人又据前引屈原对渔父所吟“举世浑浊而我独清，众人皆醉而我独醒”之句，在汨罗江畔建造了一个叫作“独醒亭”的渡船亭。屈原传说的流传一直伴随着这类相关景观的建造。这种建造，不仅仅是为了单纯纪念的需要，也不仅仅是为了丰富当地人文环境，潜在的目的恰恰是满足了屈原传说本身的流传。每一个人造景观，都是为后人提供的讲述范本。

---

①（清）迈柱、夏力恕：《湖广通志》，卷十一，清雍正十一年（1733）刻本。

《保护非物质文化遗产公约》第二条是这样定义非物质文化遗产的："'非物质文化遗产'指被各社区群体，有时为个人视为其文化遗产组织部分的各种社会实践、观念表述、表现形式、知识技能及相关的工具、实物、手工艺品和文化场所。"非物质文化遗产本身就包含物质形态。两者之间同构的互动关系透视了非物质文化遗产流传的内在规律。

[原载《北京师范大学学报》(社会科学版) 2006 年第 6 期]

非物质文化遗产的保护与保存

保护人类口头与非物质文化遗产在行动！学者们、文化人和政府正大张旗鼓地张扬保护的重要性和迫切性，如何保护、怎样保护成为学术界讨论的中心话题。“保护”成为神圣的不可动摇的民族文化宣言。提出“非物质文化遗产需要保护吗”这样的问题，显然不合时宜，甚至大逆不道。然而，这一问题并非不是问题，或者说不需要讨论。事实上，对当下政府主导下非物质文化遗产保护的措施及所应达到的效果，一些学者已经提出了质疑。

一、保护的合理性问题

在全球化的语境之下，各国更加强调民族文化的独特性。非物质文化遗产保护的动机是可以强化民族——国家的话语体系，而并非专门拯救人类共同的文化创造。借助传统文化的势力，大肆渲染民族性，可能给人类社会带来不安定因素。文化认同的过分强调，同时也会导致文化隔离。

另外，当前大张旗鼓申报非物质文化遗产名录，可能直接导致一个不幸的结果，就是非物质文化遗产有了“优劣”之分。国际级、国家级、省级、市级等名录的建构，将非物质文化遗产分为三六九等，和强调文化多元性的宗旨背道而驰。那些没有进入各级名录的更为广泛的非物质文化遗产理所当然可以被忽视，可能陷入了更加危机的境地。例如，端午节进入了国家级非物质文化遗产名录，其下面注明了四个代表性区域，其他区域的端午节似乎就够不上“遗产”资格，被排斥于遗产之外。这一做法显然违背了整体性保护的原则。文化遗产是一个生态链，每一个“链”都有同等重要的价值和地位，人为地将之割断和区隔显然不利于其传承。人们在认识整体性原则时，一般只是针对某一具体遗产事项而言，即不能只顾及该事项本身，而必须保护其赖以生存的文化空间和生态环境。其实，整体性原则还应该包含对不同地域的同一种非物质文化遗产都必须加以保护，保持这一遗产形态的多元性。多元形态的文化遗产才是真正可持续发展的。而名录的申请与确立则可能导致文化遗产认识的单一化。正如贺学君 2005 年 7 月在文化部苏州论坛所说：“我们所要保护的，正是这样一个文化整体。整体固然可以是众多局部的有机整合，但任何局部（即便是最杰出的代表），都不可能完全代替整体。倘若忽略这一原则，在‘保护’实践中，只重代表性事项，轻视乃至割弃其他相关事项，也会造成不应有的损失。”① 刘魁立也曾明确表达了同样的意见，他说：“如果不能从整体上对非物质文化遗产加以关注并进行综合保护，如果仅仅以个别‘代表作’的形式对已经认证的文化片段进行‘圈护’，那就可能在保护个别文化片段的同时，漠视、忽略、

① 贺学君：《关于非物质文化遗产保护的理论思考》，载《江西社会科学》，2005（2）。

遗弃或者伤害更多未被‘圈护’的优秀文化遗产。”①

需要保护的非物质文化遗产是濒临灭绝的，即都是仅存的，同时都具有一次性和独特性。从文化可持续发展和多样性的角度而言，都具有无可替代的价值。然而，所有有待保护的非物质文化遗产都需要申报各级“名录”，也就是说，并非所有的非物质文化遗产都能得到保护，而是要有选择。既然如此，“保护”就可能陷入某些特权的争夺和特权的炫耀。对于当下社会与非物质文化遗产之间关系的理解是一种政治现象。为什么非物质文化遗产问题早就存在，只是到了现在才引起广泛注意？为什么有些非物质文化遗产列入了保护名录，而有些濒临灭绝的非物质文化遗产反而在自生自灭？就非物质文化遗产申报工作很是出色的广东而言，濒临灭绝的正字戏、白字戏和花朝戏没有被申报国家级名录，推出的反而是政府一年投入数千万元的粤剧。宣称某些非物质文化遗产需要保护的究竟是什么人？他们又是如何使其宣称合法化的？可见，非物质文化遗产绝对不是一个纯粹的文化问题，更是一个政治问题。

非物质文化遗产的价值在于其与人类的生存具有密切的关联性，即在人类生存境遇中发挥了不可替代的作用和生活功能，并非取决于非物质文化遗产本身。人类生存离不开非物质文化遗产，所以需要加以保护。日本民俗学会前主席、日本神奈川大学教授福田亚细男认为，非物质文化是通过人的行为和语言来体现价值，它只有和人联系在一起才有意义。而作为非物质文化主体的人只有在相关场景中才能突显其重要性。② 国务院《关于加强遗产保护工作的通知》也强调，“非物质文化遗产是指各种以非物质形态存在的与群众生活密切相关、世代相承的传统文化表现形式，包括口头传统、传统表演艺术、民俗活动和礼仪与节庆、自然

① 刘魁立：《非物质文化遗产及其保护的整体性原则》，载《广西师范学院学报》，2004（4）。

② 转引自冯莉：《非物质文化遗产保护的实践与反思——中日非物质文化遗产保护》，载《民间文化论坛》，2008（6）。

界和宇宙有关民间传统知识和实践、传统手工艺技能等以及与上述传统文化表现形式相关的文化空间”。其传承和展演，从享用主体、表现形式到内涵，都离不开人，因此，非物质文化遗产是一种“活态”文化，是仍在流传中的文化。

但是，与人们生活仍在发生关联的非物质文化遗产其实并不需要刻意保护，因为它们的生存环境足以使其延续下去。譬如，京剧表演艺术，尽管为传统国粹，但没有列入保护名录之必要。因为其传播范围仍比较广，有上百个剧团和数以千万计的受众，比较容易与日益扩张的大众传媒之间形成良性互动关系，保证和促使其持续生存发展。非物质文化遗产本身在继续发展，没有发展或不具备发展前途和条件的，当然也就无须保护，而那些仍在继续生成的，同样无须保护。

一些非物质文化遗产以其顽强的生命力流经数朝数代，至今仍是我们不可缺少的生活内容。为迎合不同的生存环境，它们可以自身调节不断演进的生存策略，这不是人的主观意识或人为作用所能左右的。德国哲学家加达默尔指出：“即使在生活受到猛烈改变的地方，如在革命的时代，远比任何人所知道的多得多的古老东西在所谓改革一切的浪潮中仍保存了下来，并且与新的东西一起构成新的价值。”① 这些非物质文化遗产之所以能够遗留下来，绝非保护的结果，而是它们满足了不同时代当地人们的必然需求。保护者们总以为当下社会非物质文化遗产的处境最为危机，消亡的速度最快，“民族民间文化在社会经济发展中遇到了危机，甚至遇到了消亡的危险”②。其实，我国经历了许多次大变革的时期，每次都有大量的无形文化遗产消失在历史发展的长河之中。新旧更替同样也是非物质文化遗产发展的规律。许多非物质文化遗产之所以能够流传，实际上并不在于人们认识到其价值，而在于其本身迎合了流传的内在基调。

---

① ［德］加达默尔：《真理与方法》，上卷，洪汉鼎译，363页，上海，上海文艺出版社，2004。

② 刘锡诚：《保护民间文化的迫切性》，载《西北民族研究》，2002（2）。

二、保护的可能性问题

按照国际国内通行说法，亟待保护的是濒临灭绝的，或者说是那些与现在人们生活逐渐脱离关系的非物质文化遗存。我国国家级非物质文化遗产名录入选的标准是：具有独特的文化价值和民族价值、濒临灭绝、具有完整的保护规划。“濒临灭绝”是相对比较“硬性”的衡量标准。入选的条件除了这种遗产能够代表人类文明的精髓之外，更重要的是正在濒临灭绝。像成功入选联合国首批非物质文化遗产的古琴艺术，正在逐渐远离我们这个时代，正是为了挽救这个“濒危物种”，它才得以申报和入选。“濒临灭绝”意味此种非物质文化遗产已经不再满足当地民众的普遍需求，远离了当地人的生活，而仅仅为少数人所熟悉、掌握或享用。换句话说，某一项非物质文化生存环境发生了改变、传承人屈指可数或其文化特质被异化，就将消亡灭绝。

保护这些苟延残喘的文化遗产是不现实的，因为时代已经将它们淘汰出局，基本成为过去完成时。据报道，黑龙江省首批非物质文化遗产名录中的杨小班鼓吹乐棚，始建于1904年。这个民间乐队游走于肇州城乡一带，以唢呐、管笛、打击乐为主，专司百姓婚丧嫁娶。其最具独特价值之处是使用了我国现存为数不多的“工尺谱”。乐班早已解体，唯一能读懂“工尺谱”的杨成伟，现在也有60岁了，而他以后的第四代、第五代乐棚人都不识此谱。景颇族妇女的老式筒裙，图案独特美观，织法复杂，现已无人能织；蒙古族独特的发声方式郝林朝尔，被誉为古老的音乐化石，现仅有几位高龄老人掌握，年轻人对之毫无兴趣；赫哲族《伊玛堪》最后一位传人已于1997年去世；鄂伦春族“摩苏昆”演唱者也只剩下一位；辽宁阜新蒙古族自治县最后一位能跳查玛舞的人已不在人世。这些可以说是濒临灭绝的非物质文化遗产共同的处境。对于它们而言，保护完全无济于事，它们灭绝成为迟早的事实。相反，如果过度保护，还可能导致非物质文化遗产失去其本来的运行轨辙和生存状态。

的确，非物质文化遗产处于社会的底层，属于“小传统”，是一种弱势文化。作为弱势文化，非物质文化遗产普遍面临着文化空间被挤压，甚至是被“文化灭绝”或“文化群体灭绝”的威胁。似乎迫切需要加以保护，但是保护并不能改变非物质文化遗产的弱势地位，也不能消除可能被灭绝的威胁。譬如，数位老艺人身怀铸剑的绝技，他们拥有口传心授的传承，艺术构思和操作的手法技巧，铸造过程中的行业规矩、信仰禁忌等，由于仅存于他们身上，亟待抢救和保护。然而，任何文化创造和文化生产都必须依赖社会，必须有相当规模的接受群体才能正常地生存下来。一种手工艺生产，必须有产品的消费者存在它才能生存。铸剑产品早已没有了市场，即便让这数位老艺人带徒弟，这一文化遗产也很难得到真正的保护，任何保护措施可能都是徒劳的。

一般都承认，非物质文化遗产与物质文化遗产的根本区别，就是它的传承依附于个体、群体或特定区域或空间，是一种“活态”的流动中的文化。而那些真正需要保护和值得保护的非物质文化遗产正处于僵死的状态，已经失去了其生存的“文化空间”，即便采取任何保护措施也难以使之“活态”起来。这是一个悖论，那些仍处于“活态”运行状态的非物质文化遗产可以通过一些手段使之生存环境更为优良，流行更为普及。但这些仍具生命力的非物质文化遗产保护的需求并不迫切，保护甚至为多余之举。

中国艺术研究院院长、中国非物质文化遗产保护中心主任王文章批评了“根本用不着去保护”的论调，他说：“随着历史和社会环境的变迁，非物质文化遗产的许多项目变异或消亡也是一种自然规律。但我们必须强调的是，社会环境和时代的变化，以及其他诸多原因，带给非物质文化遗产的往往是人为的破坏。我们谈保护，首先是要保护它们按照自身发展演变的内在规律去演变，而不是人为地去改变这种自然演变的进程。”[①]“人为的破坏”“人为的改变”似乎成为“保护”的正当性和迫切性的理由，成为保护的对立面。其实，保护同样也是“人为的”。通过人为的保护使非物质文化遗产“按照自身发展演变的内在规律去演变”，客观的效果往往难以令人满意。人们都认同“保护”的具体操作规程及其评价体系很重要，但都难以建立起来，因为无形的文化不能完全诉诸“硬性”指数。而缺少具体操作规程及其评价体系的保护本身就存在严重缺陷。

从近些年保护的实际情况看，保护最直接的效果之一是非物质文化遗产被有意识地纳入经济发展模式之中，成为发展经济的催化剂而被加以利用。显然，这些可供经济利用的非物质文化遗产仍旧有着比较旺盛的生命力，以之作为发展地方经济的出发点，背离了保护的初衷。2007年，在“中国成都国际非物质文化遗产节”举办期间，王文章曾在成都市图书馆就中国的非物质文化遗产保护情况以及“非遗”保护的诸多问题发表意见，他说：“在服务于旅游开发的目的下，原生态的歌舞，按照当代肤浅时尚的审美趣味加以改造；传统的民间手工艺制作大量机械复制；古老村落成了喧嚣的闹市。从表面上看，似乎是被保护项目的繁荣，实际上是对非物质文化遗产的一种本质性伤害。”[②] 在以经济建设为中心的政治语境之下，当地政府充分利用非物质文化遗产其实是天经地义的事情。非物质文化遗产可以政治化，同样也可以进入经济领域。单纯的遗产保护可能只是一些民俗学者和传统文化守护神的一厢情愿和美好的理想。

三、保护与保存的问题

联合国教科文组织《保护非物质文化遗产公约》对“保护”所作的

---

① 王文章主编：《非物质文化遗产概论》，24～25页，北京，文化艺术出版社，2006。

② 王文章：《非遗保护，问题何在?》，载《人民日报》（海外版），2007-06-05。

定义是："采取措施，确保非物质文化遗产的生命力，包括这种遗产各个方面的确认、立档、研究、保存、保护、宣传、弘扬、承传（主要通过正规和非正规教育）和振兴。"认为"保护"的本质要义，在于维护和强化其内在生命，增进其自身"可持续发展"的能力。"就非物质文化遗产保护的整体工程来说，仅有'保存'是远远不够的。相对而言，'保存'操作简单，在实践层面较为容易，但难以持久。这是因为，'保存'下来的东西，都是与它的原生态环境相分离了的一种孤立的存在，是从田野挪到'玻璃罩'中的一种'橱窗物'。由于它与实际生存环境隔绝，故已经失去自生长的能力，那种在自然生存状态中的竞争机制就更不复存在。久而久之，它必然会萎缩下去，直至完全失去生命力。"①这一对"保护"的理解及要求应该说成为政府和学者们的共识。"保存"被认为是低层次的，只有保护才能促使非物质文化遗产以活态的形式继续发展下去。其实，非物质文化遗产本身就是自动又自控的一个运动系统，随着社会是发展可以不断地调整自己的生存状况，以适应新的时代需求。如果说，一些非物质文化遗产仍旧有着比较旺盛的生命力，那很可能不是因为人为保护的缘由，而是由于其生存环境为之提供了持续发展下去的多种可能性。

有学者指出，对保护的认识有一误区，即"将'保护'和'保存'混淆，'保存'是基础文案工作，'保护'则是活态养护，属于发展性范畴"②。对非物质文化遗产而言，"保存"同样是神圣而崇高的行为，而且更加切合工作的实际。那些濒临灭绝的非物质文化遗产亟待抢救，通过各种手段使之成为永远的遗产，这才是理性和合理的态度与举措。另外，非物质文化遗产不具实体性，属于技术、行为、观念、符号系统和

---

① 刘承华：《"保存"与"生存"的双重使命——音乐类非物质文化遗产保护的特殊性》，载《星海音乐学院学报》，2008（4）。

② 转引自冯莉：《非物质文化遗产保护的实践与反思——中日非物质文化遗产保护》，载《民间文化论坛》，2008（6）。

口头语言，不存在所谓搬迁或挪移的问题，即便将之从田野采集到橱窗里，实际生活中的无形文化遗产照样生存着，也就是说，保存不会影响非物质文化遗产的原生态环境和原本生存状况；以静止、凝固的方式保存非物质文化遗产不会损害其活态流变性的特点，不会使非物质文化遗产变成“僵死”的东西。口头故事文本转化为书面记录文本之后，故事仍旧在口头流传，当地民众也不会因为有了记录文本而去改变原有的故事演述模式和风格。而保护则不然，保护的动机是不满足于故事现在的讲述环境，所以必须要加以所谓的环境优化。出于美好的愿望，有的村建立了“故事堂”，希望给全村人提供一个良好的故事演述的场所。结果适得其反，“故事堂”变成了麻将馆。

非物质文化遗产，不论是具有生命力的还是濒临灭绝的，都需要加以保存，保存是绝对的，而保护则需要具备一些必要的条件。任何非物质文化遗产的呈现或展示，大多依赖物化形态的“道具”或相关民俗活动，都不可能是纯粹的稍纵即逝的举止投足和声音。我们在把握和认识非物质文化遗产的时候，不能对其“物质”的因素和所依附民俗形态视而不见。实际上，所有的非物质文化遗产都是在塑造或重构某一物质及相关联的民俗形态，但这种塑造和重构的努力往往不合时宜。譬如，一些哭丧歌原是某一地区传统丧葬仪式上的重要内容，随着丧葬改革，传统的丧葬仪式发生了根本性的变化，哭丧歌的传承也就难以为继。如果要保护哭丧歌这一歌唱传统，使之流传下去，就必须设法维护其最基本的生存环境，即恢复原本的丧葬仪式。然而，丧葬改革是社会发展的必由之路，恢复传统丧葬仪式既不可能也不必要。对于当地哭丧歌这一无形文化遗产而言，唯一的保护途径就是通过录音、录像、文字记录等方式将其完整地保存下来。

保护非物质文化遗产的一个重要动因是其正在遭受人为的破坏，那么，要使非物质文化遗产得到真正的保护，就是要杜绝这种破坏行为。当务之急就是立法，明确破坏非物质文化遗产所应受到的相应惩罚。然而，由于非物质是动态的、意识的、无形的、难以直观的，对其破坏的动机难以明确。其实，除了在“封建迷信”这类政治高压话语霸权之下，一些属于民间信仰的非物质文化遗产可能遭受人为的灭绝之灾之外，人们一般不会故意去破坏和毁灭某种非物质文化遗产，无形的文化传统一般不会与现代化建设构成直接的抵触。甚至有些非物质文化遗产不可能被人为消灭，诸如春节放鞭炮，北京市已“禁放”了十余年，后来仍不得不开禁。相反，由于物质是实物的、可感的、直观的、具象的、有形的、静态的，非物质文化遗产的迅速流失主要是由于农村城镇化、社会发展的步伐加快所致。一些古建筑之所以被残酷地摧毁，是需要重新耸立一座高楼大厦。

非物质文化遗产和物质文化遗产往往很难区分，两者只是侧重点不同而已。调查和研究非物质文化遗产不能忽视其中“物质”的形态。具象、直观的“物质”形态对认识非物质文化遗产具有重要意义，同时，也是促使非物质文化得以流传，使之成为遗产的不可缺少的因素。离开了物质的成分，非物质也就无从展示，也不可能被保护。因此，单纯的保护非物质文化遗产往往难以达到预期，而且也是不现实的。

有学者建议：“当前非物质文化遗产保护还是抢救第一，对每个传承人都应写一本书，收集实物进展厅，对技艺进行录像，这样，如果某些文化记忆消失之后还可以通过这些手段保留下来，给后人提供资料。”①非物质文化遗产可以被理解、研究、保存，甚至被利用，但不需要被保护。以北京为例，北京市近些年保存了153个项目近200卷的资料，包括文字、图片、音像、多媒体等多种形式。这些浩繁的资料经过系统整理和归档，为下一步建立非物质文化遗产数据库打下了基础。如果说“保护”，这才是真正行之有效的保护（保存）。联合国教科文组织前任总干事马约尔在《文化遗产与合作》的前言中说：“保存与传扬这些有

① 转引自冯莉：《非物质文化遗产保护的实践与反思——中日非物质文化遗产保护》，载《民间文化论坛》，2008（6）。

历史性的见证，无论是有形文化遗产还是无形文化遗产，我们的目的是唤醒人们的记忆……事实上，我们要继续唤醒人们的记忆，因为没有记忆就没有创造，这也是我们对未来一代所肩负的责任。”① 说得极端一些，满足和唤醒人们记忆的恰恰是保存，而非保护。

（原载《新视野》2011 年第 1 期）

---

① 转引自刘魁立：《非物质文化遗产及其保护的整体性原则》，载《广西师范学院学报》，2004（4）。

民俗史

秦汉风俗文化的演变轨迹

有秦一代,秦王朝的统治者们以法家思想为指导，蔑视精神文化在社会生活中的作用，在这种社会历史条件下，民俗文化不可能闪烁出耀眼的光泽。

鉴于秦王朝实行“法治”而未能维持自己的长久统治并迅速覆灭的历史教训，汉王朝转而采取了“持以道德，辅以仁义”[1] 的治国方针，其指导思想便是“罢黜百家，独尊儒术”。贾谊说：“夫移风易俗，使天下回心向道，类非俗吏之所能为也”，只有“定制度，兴礼乐，然后诸侯轨道，百姓素朴，狱讼衰息”。[2] 这里所谓“兴礼乐”，实际上是主张实行儒家相对宽容的统治思想，来作为巩固封建制度的精神工具，其中也包括试图把民间风俗纳入儒家礼仪的范畴。

---

① 《淮南子·览冥训》。

② 《贾谊集·论定制度兴礼乐疏》。

汉初，君臣多以楚人为主干，刘邦、项羽的基本队伍和核心成员大都来自楚国地区。项羽被围，“四面皆楚歌”；刘邦衣锦还乡唱《大风歌》；西汉宫廷中始终是楚声作主导，都说明这一点。楚风是浪漫的，富于玄想，加之又有齐俗羼入，自然为两汉风俗涂抹了一层浓重、斑斓的浪漫色彩，从而使先秦北国传统风俗文化发生了深刻变化，产生了把深沉的理性精神和大胆的浪漫幻想结合在一起的生气勃勃、恢宏伟美的汉风俗。正如有的学者所言：

> 世人多言秦汉，殊不知秦所以结束三代文化，故凡秦之文献，虽至始皇力求变革，终属于周之系统也。至汉则焕然一新，迥然与周异趣者，孰使之然？吾敢断言其受“楚风”之影响无疑。……何谓楚风，为气韵生动之作风也。①

通观秦汉风俗，大体上可以梳理出以下三条发展演变的脉络。

一、多样化的统一

秦汉之前，除黄河中游地区的中原民俗外，我国境内还存在着许多各具特色的地域性风俗，其间的差异非常明显。各自都有本身的特色。特色比较明显、影响颇大的则是楚风俗、齐鲁风俗、中原风俗和秦风俗。自春秋时代起，楚人饮马黄河，问鼎中原，与齐晋争雄，楚风俗亦随之向北延伸。到了春秋战国之际，楚向东、西拓境，东至吴越，势力及于淮河流域，与齐、鲁相接；北至汉中，与秦风俗圈相连。楚风播及半个中国。

再以秦风俗文化而言，众所周知，孕育秦文化的黄土地，古为雍、梁二州，战国时始称山西（亦称关中），即崤山和华山以西的广大地区。

① 邓以蛰：《辛巳病余录》，《邓以蛰全集》，合肥，安徽教育出版社，1998。

这里是古代中国最富庶的地区，是华夏文明的发祥地，是极有特色的地区。司马迁这样描述该地区：

> 关中自汧、雍以东至河、华，膏壤沃野千里……其民犹有先王之遗风，好稼穑，殖五谷，地重，重为邪。……天水、陇西、北地、上郡与关中同俗……畜牧为天下饶。……关中之地，于天下三分之一，而人众不过什三；然量其富，什居其六。①

班固在《汉书·地理志》中也有类似的描述。通过这些，我们可以体察出秦地的地理环境、民风民俗。秦风俗是在周文化的母体中，注入了戎狄之俗而孕育的具有独特风貌的风俗圈。秦国的高度集权、缺乏严格的宗法观念，秦人犷野矫健的性格、尚武的习俗，恰好为秦平定六国、统一天下打下了最根本的基础。正如荀况所言：秦国老百姓都是那么纯朴……荀况把这种社会风俗与秦国的吏治、政教等并称为“四世有胜”，② 或许已预见到了秦国将担负起统一天下大任的将来。

秦王朝建立后，疆域在“东至海暨朝鲜，西至临洮、羌中，南至北乡户，北据河为塞，并阴山至辽东”③，这样辽阔土地上风俗之优劣肯定千差万别。“七国异族，诸侯制法，各殊其俗”④，时人已认识到差异性是风俗存在的基本形态，“凡民函五常之性，而其刚柔缓急，音声不同，系水土之风气，故谓之风；好恶取言舍，动静亡常，随君上之情欲，故谓之俗”⑤。秦始皇清醒地认识到各地的风俗远非秦国旧有疆界内，特别是咸阳的状况所能比拟。如何淳化民风，孔子主张“移风易俗，莫善于乐”。始皇则依韩非所言，靠法令和刑罚来纠肃风气，清除恶俗。如针对

---

① 《史记·货殖列传》。
② 《荀子·强国》。
③ 《史记·秦始皇本纪》。
④ 《淮南子·览冥训》。
⑤ 《汉书·地理志》。

会稽一带的淫乱风气，专门立石宣布："夫为寄豭，杀之无罪"，"妻为逃嫁，子不得母。"① 尤其当一些传统风俗与新兴的地主阶级的利益相抵触时，统治者便以相当严厉的措施"移风易俗"。商鞅首先宣布："始秦戎狄之教，父子无别，同室而居，今我更制其教。"以改变"聚族而居"习俗及打击宗族势力为己任。于是他第一次变法规定："民有二男以上不分异者，倍其赋。"先以经济制裁的办法使之析居。随即，他又第二次宣布："令民父子兄弟同室内息者为禁。"② 违犯者予以严惩，表现了对"聚族同居"习俗改革的彻底性。西汉的贾谊曾站在维持封建宗法关系的立场上指责商鞅说："商君遗礼义，弃仁恩……不同禽兽者亡几耳。"③ 这恰恰说明了商鞅移易旧习取得了明显成效。

其时还有一些旨在严禁恶俗继续传播的地方性法规出台。中南郡守腾颁布了一篇法律文告《语书》，其第一部分如下：

> 廿年四月丙戌朔丁亥，南郡守腾谓县、道啬夫：古者，民各有乡俗，其所利及好恶不同，或不便于民，害于邦。是以圣王作为法度，以矫端民心，去其邪避（僻），除其恶俗。法律未足，民多诈巧，故后有间令下者。凡法律令者，以教道（导）民，去其淫避（僻），除其恶俗，而使之于为善殹（也）。今法律令已具矣，而吏民莫用，乡俗淫失（泆）之民不止，是即废主之明法殹（也），而长邪避（僻）淫失（泆）之民，甚害于邦，不便于民。故腾为是而修法律令、田令及为间私方而下之，令吏明布，令吏民皆明智（知）之，毋巨（歫）于罪。……以次传；别书江陵布，以邮行。④

---

① 《史记·秦始皇本纪》。

② 《史记·商君列传》。

③ 《汉书·贾谊传》。

④ 云梦秦简整理小组：《云梦秦简释文（一）》，载《文物》，1976（6）；睡虎地秦墓竹简整理小组编：《睡虎地秦墓竹简》，线装大字本，3册，16页，北京，文物出版社，1977。

什么是“恶俗”，按照腾在《语书》中的解释，是指乡俗的一部分，即只在一地流行的片俗。具体地说，是指被法律禁止的，危害统治阶级利益的那部分风俗。“是以圣王作为法度，以矫端民心，去其邪避（僻），除其恶俗”。这是典型以行政命令的方式匡正、统一风俗的做法。

当然，从封建统治阶级利益的角度，对“恶俗”的荡涤自然不完全符合广大民众的要求及风俗自身发展的规律。一个典型的事例即是，秦代统治者为了防止六国贵族的东山再起和劳动人民的结集反抗，严禁聚众结社，练武习艺。在这种极端粗暴的专制政策干涉之下，春秋战国以来尚武习兵的社会风俗被迫暂时中断。

秦代这种依靠强制手段规范风俗所涉及的范围很小，对其时风俗产生的影响并不深刻，亦即是说，风俗的“多样化”依然如故，而“统一”则刚刚起步。两汉风俗的整饬、划一亦采取了政权干涉的方式。譬如，“会稽俗多淫祀，好卜筮，民一以牛祭”①。北方的儒者对越人这种习俗十分看不惯，他们曾经尽力劝说越人改变这种习俗，不要把钱财浪费在无用的“淫祀”活动中。其实不然，从各种史料看，越人信巫鬼的习俗一直未变。

两汉“统一”风俗的行为似乎不如秦严酷强硬，却是内在的，循序渐进的。

在汉代的社会生活中，婚姻、家庭是深受经学影响的一个方面。汉人的结婚主要有“议婚”“婚仪”两项仪式。而这两项内容的具体规定都完全采用了经学的模式。汉人的议婚一般是经“媒妁之言”，由父母议定。婚仪也几乎与嘉礼所谓六礼，即“纳采”“问名”“纳吉”“纳征”“请期”“亲迎”，完全相同。一般人家虽不可能完全照办，但它在汉代被作为婚仪的模式却是毫无异议的。汉代经学还对家庭中的各种关

① （东汉）应劭：《风俗通义·怪神》。

系都一一从理论上作了规定，而鲜明特点就是“父为子纲，夫为妇纲”。汉人离婚的具体原则有“七去”“三不去”。“七去”就是七种丈夫对妻子可以解除婚姻的条件，“三不去”则是三种丈夫对妻子不能离婚的条件，这些离婚原则实际上也完全是经学的模式。

直观性更强的物质民俗更是摆脱不了经学之窠臼。就“衣”而言，汉儒都根据经学强调衣着服饰不是小事，而是一件关系着其统治能否得到“上天”承认的大事。如董仲舒和班固都提出，“王者必受命而后王。王者必改正朔，易服色……表德劝善，别尊卑也”①。在行的方面，史称王莽“奏为男女异路之路之制”②，就显然是由《礼记·曲礼》“男女不杂坐，不同椸枷，不同巾栉，不亲授”发展而来的。又据《白虎通》记载，汉人乘车尚必须遵守其“车教之道”，而这种“车教之道”实际也是根据经学所规定的。

汉代统治者之所以要借助经学来“移风易俗”，其目的就是要用经学来禁锢人们的思想，使之懂得“君臣父子之纲”“违邪归正之路”③，从而自觉维护和遵守汉王朝的统治秩序，正如董仲舒所言：“夫万民之从利也，如水之走下，不以教化堤防之，不能止也。……是故南面而治天下，莫不以教化为大务。立太学以教于国，设庠序以化于邑，渐民以仁，摩民以谊，节民以礼，故其刑罚甚轻而禁不犯者，教化行而习俗美也。”④

客观上，汉代以“经”一统风俗的做法，使得汉代的异地异俗开始出现趋同的态势。人们在生活中把经学已完全奉为圭臬。这种现象的肇始，正是在秦汉时期，尤其应主要归因于汉代以经易俗、以经统俗的努力和成果。

---

① 《白虎通·衣裳》。

② 《汉书·王莽传》。

③ 《后汉书·儒林传》。

④ 《汉书·董仲舒传》。

然而，这种统一又是在多样化的基础上出现的，姑且不论周边的少数民族同中原的汉族在秦汉时期长期保持着不同的风俗礼仪，就是中原的汉族人民，各地区的风俗、习惯也并不是完全一致的，如代（代州）、石（石邑）之地“人民矜懻忮，好气，任侠为奸，不事农商”；“中山小薄人众”……西楚“其俗剽轻，易发怒”①。如此等等，不一而足。秦汉时代的风俗文化，正是在各地不同风习的基础上融合统一起来的，而在统一的前提下，又保持着各地间不同程度的差异。

二、民俗事象演进趋于定型

民俗文化的内容非常丰富，不同的历史阶段都会滋生一些新的民俗事象；同时，一些旧时的风俗事象也可能消亡。我国汉族民俗文化中，有些风俗事象历经数千年，其中有相当部分形成或定型于秦汉时代。可以说，秦汉以后风俗的演化和变迁，都是在秦汉风俗基础上的损益和增减。

夏、商、周三代，以农业文化为特征的汉民族风俗圈已基本形成。我国农业文明时代的各种风俗活动已具雏形。但由于那时人们的民俗活动还往往与原始宗教密不可分，民俗的形式及内容都被宗教的外衣所包裹。另外，三代又把一些原始社会风俗神圣化、规范化并演变上升为礼俗，披上了“礼”的合“法”外衣，自然也受到了“礼”的枷锁束缚。因此，民俗文化要得到自由的发展是不可能的。

进入春秋战国，长期分裂数百年间，战乱不息。社会大变动，使礼乐征伐自天子出的格局被打破，“周末崩离，宾射宴飨之则，罕复能行，冠婚饮食之法，又多变迁”② 这种礼崩乐坏、社会动荡不安的时代环境也不利于风俗文化的充分展开和显现。因此，民俗文化融合有待国家的统一，其定型及进一步演化也只能留给秦汉了。

---

① 《史记·货殖列传》。

② 《晋书·礼志》。

秦汉以来，当局出于统一大业的考虑，倡导封建思想和礼教，努力使封建道德规范社会化，使风俗文化尽可能框定于儒家的伦理道德系统之中，而那些不符合统治者要求的风俗事象则遭到遗弃。与此同时，秦汉统治者为了治理社会的需要，也整理了先秦流传下来的包括婚礼在内的各种礼制，然后又在此基础上制订具体规范。平帝元始三年（公元3年），诏“刘歆等杂定婚礼，四辅、公卿、大夫、博士、郎、吏、家属，皆以礼娶，亲迎立轺併马”①。这是第一次以国家名义制定的婚礼。

中国婚礼的两个基本点，一是婚姻的价值取向主要以金钱来衡量；二是婚礼始终充满了喜庆的色彩，而这些，皆起始于秦汉时代。前者，由于秦汉经济的发展以及伦理观念的变化，使婚礼已从周代以雁、束帛、玄纁等象征性仪物转变为金钱、实物等厚利性礼物了。故《三辅黄图》卷四载，当时风习是“闾里嫁娶，尤尚财货”。后者，秦汉时人认识到结婚终究是“大吉也，非常吉也”② 的喜事。先秦的婚礼不贺，禁止设宴已变得不合时宜。因此，到汉宣帝“五凤二年八月，诏曰：‘夫婚姻之礼，人伦之大者也；酒食之会，所以行礼乐也。’今郡国二千石，或擅为苛禁，禁民嫁娶不得酒食相贺召。由是废乡党之礼，令民亡所乐，非所以导民也……勿行苛政”③。这是中国历史上首次以政令的形式对传统婚礼不贺的否定。从此，婚姻相贺，洋溢着喜乐融融的气氛。可见，从中国婚礼发展演变看，秦汉的确是一个转折点，是汉民族婚俗文化的定型时期。

汉代还是中国节日风俗的定型时期。除夕、元旦、人日（正月初七）、元宵、上巳（即三月三）、寒食、端午、七夕、重阳等主要节日的风俗内容都基本上定型于这个时期。

中国岁时礼俗的诸多元素在先秦时代就已滋生，但并没有孕育成严

---

① 《汉书·平帝纪》。

② 《公羊传·文公三年》。

③ 《汉书·宣帝纪》。

格意义上的节日形态。首先，当时的节俗并不像后世演化得那么欢天喜地，称“佳节良辰”，而都是些极不吉利的日子，各有所禁忌，非“凶”即“恶”。其次，当时民间宗教信仰仍多停留于自然崇拜阶段，所奉的神明实际上都是“灵物”，而不是人格化的神，且又多又杂。诸如牵牛织女、文昌紫微都是星宿，门灶等也只被视为有“灵”而非有“神”。也就是说，当时的许多信仰崇拜现象还停留在“万物有灵”论阶段，还未进入“多神”论阶段。还有，人的因素也很少掺杂其间，节俗的人情味很淡，历史的积淀还未在节日风俗中显现出来。这些皆阻碍了当时节俗的固定化和模式化。

如果说先秦节俗中原始文化的乳汁还未干的话，那么，秦汉节俗则迅速跃入了封建文化的门槛，其时间顺序、套路程式已和现代的节俗相差无几。以年俗为例，最能显现年俗文化内涵的事项，主要是贴门神、挂桃符、逐傩和放爆竹。汉初即有用桃作厌胜之具的风习。“县官常以腊除夕饰桃人，垂苇索、画虎于门，皆追效于前事，冀以卫凶也。”① 秦汉时人为了避鬼，每年阴历大年三十晚上，在大门两旁各放一个用桃木雕刻成的手中拿着芦苇绳子、象征神荼和郁垒的“大桃人”，并在两扇门上各画一只专以噬鬼为能事的老虎。门神和桃符只能把厉鬼拒于门外，尚不能把凶鬼病疫驱除干净。因而，除夕之夜，还要举行一种击鼓驱鬼除瘟疫的舞蹈仪式逐傩。汉代傩舞不仅流行于民间，而且传入宫廷，成为一种规模盛大、仪式隆重的驱鬼逐疫的仪式。张衡在《东京赋》中就写到“卒岁大傩”，可见当时盛行于京城。至于放爆竹，汉代人虽无福聆听火药制成的鞭炮，却在堂阶前用火烧烤竹节，使其噼噼啪啪发出巨大的声响。据汉代《神异经》云：“西方山中有人焉，长尺余，一足，性不畏人；犯之令人寒热，名曰山魈。以竹着火中，火扑哔有声，而山魈惊惮。”年俗的主要元素均已具备，足以说明汉代的年节已经成型。

---

① （东汉）应劭：《风俗通义·礼典》。

中国传统风俗大多定型于秦汉，这是有其深刻历史原因及多方面社会条件的。首先，秦汉时期为我国数千年的中华民族历史发展奠定了基础。不少学者都认为，中华民族的主要成分汉族，“在秦汉时已经开始形成为民族”。[①] 这种观点有历史依据。而我们中华民族屹立于世界民族之林，其声威远扬域外，最早也是秦汉时期。清人薛福成说，“欧洲各国，其称中国之名：英曰采依那，法曰细那，意曰期纳，德曰赫依纳，拉丁之名则曰西奈。间其何义，则皆秦之音译……揆其由来，当由始皇逼逐匈奴，威震殊俗，匈奴之流徙极远者，往往至今欧洲北土……彼等称中国为秦，欧洲诸国相沿而不改也。”[②] 汉族称谓的来源是由于汉王朝的出现，也为学术界所公认。据《萍洲可谈》卷一：“汉威令行于西北，故西北呼中国为汉。”中华文明在秦汉已发育成熟，风俗文化岂能例外？

其次，秦汉大一统前提下的政治相对开明，汉代统治集团不断地探讨“秦所以失天下，汉所以得天下，及古成败之国”的因由，采取了清静、无为、宽简、放任的治世方法。这就为培养民力和发展生产提供了现实的可能，从而导致了当时物质资源的相对丰富。在思想文化界，武帝“罢黜百家，独尊儒术”之后，儒家思想占据了统治地位；但实际情况则复杂得多，天神、谶纬、道教，还有黄老之学，纷纷登台亮相，并风行于世。秦汉大一统的形势以及高度繁荣的政治、经济、文化思想皆为其间风俗文化的定型打下了坚厚的基础。

再次，秦汉的科学思想较之先秦有长足发展，尤其突出的是关于宇宙天体的“盖天说”“浑天说”及“宣夜说”的问世，东汉张衡更是举世闻名的大科学家。科学的昌明，在一定程度上抑止了先秦沿袭下来的盲目的自然崇拜。原始宗教的相对消淡给风俗的移易提供了契机。原有的信仰崇拜方面解释一旦失去其真实性、权威性之后，人们的信仰心理

---

① 范文澜：《范文澜历史论文选集》，69页，北京，中国社会科学出版社，1979。

② （清）薛福成：《出使日记》。

便会出现一个真空状态。于是人们的精神世界便转向世俗和现实。原始的自然崇拜与巫术式的风俗向宗教神学人文化过渡。于是，民俗文化与民间生活有了更多的叠合。仍以节日风俗而言，就是一些历史人物的祭奠代替了原来某些原始崇拜活动的内容，成了节日的主体，如后稷、屈原、介子推、伍子胥等，皆由人得道成神，受到人们的崇拜。

最后，秦汉是一个神话和传说相当活跃的时代。司马迁的《史记》开传记体先河，其中关于上古人物、事迹又采录了不少传说，神仙通化的做法也不少见，关于开天辟地、造人治水等神话也是在这个时候流行开来的。神话传说的风行为风俗的传播起了推动作用，有些风俗活动本身就来源于神话。不仅如此，神话的注入使一些风俗的内涵得以固定，为风俗趋于定型奠定了内在的基础。譬如，那时吴刚虽然还没有得道成仙，然而嫦娥却已经进入广寒宫，玉兔金蟾的传说使中秋节拜月之俗向赏月之俗转化。织女星虽然还没有下嫁牛郎结成夫妻，但是“盈盈一水间，脉脉不得语”的眉目传情，已给乞巧的“七夕”灌输了恒常的意蕴。

秦汉社会生活的相对平稳、安定，礼制发达，皇室风俗实践的频繁示范，神话传说的广泛传播，带有明显功利性的宗教崇拜，这些都直接导致了秦汉风俗文化的逐渐统一、定型。

三、风俗与礼制逐渐合一

“礼是成文，经过国家制定，期于能使上下共同奉行的。而俗则是一般的习惯，不知其所以然而然的。大致说来，礼，是范围人心，引导大众为善的；而俗则是有善的，也有不善的。”“礼被公认为合情合理，有范围人心和维持、安定国家社会的效用，而且易于施行，于是由政府采用，或者更加以斟酌损益，著之文书藏之官府。”① 前面说过，先秦的风

---

① 陈槃：《春秋列国风俗考论》，载《历史语言研究所集刊》，47 本 4 分册，1976 年 12 月。

俗大多裹上了一层重重的“礼”的外衣，这是统治阶级的礼俗制度垄断民间文化的结果。所以，我们追寻先秦风俗的踪迹时，大量材料是从“三礼”（《周礼》《仪礼》《礼记》）中所得。这个阶段，民间生活风俗失去了自由发展的条件和土壤。春秋战国时代，奴隶制“礼崩乐坏”，风俗与礼制的距离拉大了，民间风俗也自然“相染成风，相沿成俗”，得到了长足发展。

然而，在封建时代，民俗文化要最终成为人们日常生活的行为范式，成为不成文的规矩，必须与上层社会的礼仪文化结合在一起。民间习俗一旦被统治者引入宫廷生活中，为统治阶级所认同，才能上行下效，更加风靡普及。秦汉风俗较之前代之所以更加程式化、规范化、定型化，就是因为风俗逐步与礼制嫁接的结果。风俗事象一经写入经典，逐步上升为礼俗，便可获得充分的生存活动的空间。这种风俗与礼制的混合体，是上层文化和下层文化不断互相交流、融汇的结晶。

秦王兼并六国，在秦国风俗的基础上，吸收、借鉴六国的礼仪，形成“秦礼”。耐人寻味的是，秦始皇一面焚书坑儒，“六艺从此缺矣”①，其中包括古礼学；另一面又提倡三代礼教，以矫正各地的风俗。②

从西汉元帝始，掀起了一股恢复三代“古礼”的浪潮，逐渐确立了用儒家经典的内容作衡量是否合“礼”的标准。“三纲五常”为中国封建礼制和伦理规范、社会秩序的最高准则。《白虎通》明确提出“君为臣纲、父为子纲、夫为妻纲”。《白虎通·礼乐篇》还强调：“有贵贱焉，有亲疏焉，有长幼焉。朝廷之礼，贵不让贱，所以明尊卑也；乡党之礼，长不让幼，所以明有年也；家庙之礼，亲不让疏，所以明有亲也。此三者行，然后王道得。”《风俗通义·愆礼篇》就引《仪礼》《礼记》《孝经》《周易》《春秋》等经典中的规定，来判定“愆礼”行为。汉代的制礼活动，主要集中在创制适应于新的封建统一王朝的政权结构的礼仪。

① 《史记·儒林列传》。

② （明）顾炎武：《日知录》卷十三《秦纪会稽山刻石》。

例如，叔孙通起朝仪、定宗庙仪法；武帝草巡狩、修郊祀、建封禅、兴太学；刘歆、王莽营明堂、辟雍；东汉明帝时定南北郊、冠冕、车服制度，“天子始冠通天，衣日月，备法物之驾，盛清道之仪”；① 卫宏撰《汉旧仪》；应劭作《汉官礼仪故事》，等等。

礼制文化的扩张不可能仅局限于上层社会，它还会下渗和深入于民间群体，和民俗文化结合为一。相形之下，汉代日常生活风俗和社交方面的风尚，诸如冠、婚、丧葬、乡饮、大射、投壶等习俗，在礼制化的过程中明显表现出因袭的特点，基本上都依准“三礼”，或稍作损益。虽有一些局部的或细节的新规定，但并不改变基本格局和面貌。例如，汉文帝以后，废除了臣为君服丧三年的制度，但汉民族子为父母服丧三年制没有变更，并一直流传到近代，整个丧礼也无大的变动。《后汉书·礼志》载：天子加冠，“仪从冠礼”；《后汉书·皇后纪》载：桓帝大婚，“一如旧典”。由此可见汉代冠、婚因袭、遵循旧礼之一斑。

不过，秦汉与先秦礼制文化的生存空间不同，周代礼制主要施行于贵族阶层，即所谓“刑不上大夫，礼不下庶人”是也；且周代礼制又主要施行于王畿及一定的区域，并未在全国各地普及。汉代儒生和统治者重建礼制，力图把改造、润饰过的“周礼”变成社会普遍的行为规范，又将推行礼制作为巩固“大一统”局面的一种措施和手段。在这种背景下，礼制向民间和大众渗透、普及，统一化的婚丧嫁娶、处世为人的礼仪规则，在整个社会受到不同程度的认同、遵循、仿效、参照。而风俗文化的传播，又似乎必须依附于礼制，方能获得合“法”的地位。最为典型的事例是当时的丧葬风俗。众所周知，汉代存在两种截然相反的丧葬风气，即薄葬与厚葬。它们都试图与旧礼制联姻，以争取自己的生存“权利”。前者如明帝诏禁厚葬即声称：“昔曾、闵奉亲，竭欢致养；仲尼葬子，有棺无椁。”后者如原涉为父修墓，“乃大治起冢舍，周阁重

① 以上据（南宋）徐天麟：《西汉会要》《东汉会要》。

门”，根据则是《孝经》。[1] 盐铁会上贤良曾指出：“今生不能至其爱敬，死以奢侈相高，虽无哀戚之心，而厚葬重币者则以为孝，显名立于世，光荣著于俗。故黎民相慕效，至于发屋卖业。”[2] 可见，其薄葬也好，厚葬也好，鼓吹者都努力以“礼”为其依据，并努力加速其礼制化的进程。

秦汉以降，中国风俗一直多以礼俗的形式呈现出来，除丧礼外，还有婚礼、诞生礼、冠礼、寿礼、祭礼、社交礼及年节中的礼仪等，不一而足。这些风俗事象中，俗中见礼，礼中含俗，难以分别。礼制的下渗和普及，使各地的风俗在差异中显出同质的内容。由此，在秦朝“车同轨、书同文”和汉武帝以儒学统一思想的基础上，汉代又进一步在礼俗的层面上实现了“大一统”。而此期间的风俗正是在这“大一统”的框架之中，逐步趋于定型，并以其顽强的惯性延续了数千年。这也说明，以上秦汉风俗三条主要的演进轨迹是相互关系的，其实是同一方向的三个不同的侧面。

[原载《南昌大学学报》（社会科学版）1999 年第 2 期]

---

① 《汉书·游侠传》。

② 《盐铁论·散不足》。

隋唐汉族风俗演进的趋向

隋唐时期是中国封建社会辉煌灿烂的时期，也是中国古代风俗文化大发展的时期。隋唐风俗文化，与魏晋南北朝以来汉族传统的风俗文化一脉相承。魏晋时期思想的大解放，为隋唐风俗文化的发展拓宽了前所未有的广大空间，其时“高门子弟，耻非其伦”，“公卿士大夫罕通经业”，[1]“以六经为芜秽，以仁义为臭腐”[2]，“纲纪既衰，儒道尤甚”，“百余年间儒教尽矣”，[3]儒学面临全面的衰落。此般不幸境况，不仅为佛教的输入，道教、玄学的兴盛耘出一片自由天地，而且造成这一时期的士人思想空前活跃。宗白华先生认为，“魏晋六朝是中国政治上最混乱、社会上最苦痛的时代，然而却是精神上极自由、极解放、最富于智慧、最浓于

① 《南史·儒林传》。

② （三国魏）嵇康：《与山巨源绝交书》。

③ 《宋书·臧焘传》。

热情的一个时代”①。正是在这种时代精神的驱动下，隋唐进入了一个气度恢宏、风俗文化氛围浓烈而又自由奔放的时代。其时汉族风俗演进趋向突出表现在三个方面，以下逐一展开论述。

一、胡汉风俗的碰撞与融合

唐都长安是当时世界上的大都会，世界文化交流的中心。在这种背景下，周边不少民族归附唐廷并迁居内地，西方不少国家的商人、学者慕名涌入大唐，有的甚至长期定居下来。他们的风俗习惯在一定程度上影响着唐王朝的社会生活，丰富了隋唐风俗文化的内容，使固有的本土风俗得到进一步充实、完备，而更加大放异彩。

风俗文化的演进同其他文化一样，是主要建立于不同风俗事象融合的基础上的。魏晋时期，随着少数民族大规模内迁，胡族风俗浩浩荡荡地开入汉族风俗系统，历史为隋唐时期再现风俗文化的辉煌提供了又一次机遇。但是，在那战乱动荡的岁月，社会风俗极度颓废悖杂，尊严家讳、标异门第、峻选婚姻、区别流品、清议为务、亲朋至重等成为门阀世族日益加重的普遍心理流向；而炼丹、酗酒、养生、迷信等已成为上流社会所提倡之风俗。这种腐朽没落的习尚蔓延到各地风俗之中，形成一种无节制的沉淫的常态，这是毁灭性大动乱在人们心理上烙成创伤的折射。

显然，自身还处于重构之中的魏晋风俗还不具备兼容整合外来风俗的条件和环境。可是，魏晋风俗文化出现了一种多元激荡的表象。这种多元激荡既表现为汉民族的内部风俗，主要是南北风俗的冲突，而更为明显的是胡、汉风俗之间的碰撞。胡族风俗属草原游牧文化，“宽则随畜，因射猎禽兽为生业，急则人习战攻以侵伐，其天性也。其长兵则弓矢，短兵则刀铤。利则进，不利则退，不羞遁走。苟利所在，不知礼

① 宗白华：《美学与意境》，183页，北京，人民出版社，1986。

义”；又“贵壮健，贱老弱。父死，妻其后母；兄弟死，皆取其妻妻之”。[1] 汉族风俗则属于农业文化系统，“有城廓之可守，墟市之可利，田土之可耕，赋税之可纳，婚姻仕进之可荣”[2]。风俗文化特质的差异，必须造成民俗心理上的对立，诚如江统《徙戎论》所曰：“戎狄志态，不与华同。”胡化、汉化及认同不断地反复扭缠，显示了冲突的持久性。尽管北方少数民族的诸多风俗事象如潮水般涌入中原，并且大都落土生根，但毕竟大致只流行于北地，还未与整个汉族风俗完全相融，整合一体。

隋唐皇室以胡汉混血的血统奄有天下，直接标示了自魏晋南北朝开始的在多民族冲突融合中重构新民族风俗体系的历史进程已告一段落。隋唐境内的民族文化的融合，大大冲破了胡汉风俗的壁垒，同时也大大淡化了两种不同风格风俗的界限，从而造就了一种“取我所需，尽为我用”的大家气象。这就无疑会逐渐打破因袭守旧的民间文化状态，改变了排斥他族文化的社会心理和习俗；一种充满开放气魄和创造精神的社会风气于此乃得以形成。

隋唐两代是继承北朝的政权，李家更是胡化的汉人。李唐皇室是有唐近三百年政治统治的核心。这一核心本身就是胡汉混血的产物。从李渊之父李昞开始，连续三代与鲜卑族人结婚，故唐初几个皇帝均是混血儿，即李昞与独孤氏生高祖李渊，李渊与窦氏生太宗李世民，太宗与长孙氏生高宗李治。从生理遗传角度分析，每通婚一次，双方所生后代的血统就混杂一次，假定李昞的血统还属百分之百的汉族的话，那么李渊的汉族血统就只剩二分之一，李世民为四分之一，而李治只留八分之一了，可见，李唐政权虽号称汉族政权，实质上是胡汉混血儿在统治，无怪乎朱熹发出“唐源流出于夷狄”[3] 的慨叹。

---

① 《史记·匈奴列传》。

② （清）王夫之：《读通鉴论》。

③ （宋）朱熹：《朱子语类》卷一一六。

上层如是，下层亦然，李德武妻尔朱氏；元宽夫人荥阳郑氏；寂照和尚“俗姓庞氏，父诠灌，母窦氏”；郭思谟妻元氏；白道生“其先呼韩之宗”，显然为匈奴之裔，他娶西域康氏；元子上妻郑氏；宇文琬妻赵氏，等等。[1] 实际上，唐内地人胡汉通婚蔚然成风，在正史笔记、小说、墓志、诗词、野史、杂记中大量保存着有关资料，上述仅为数例而已。

这种朝野上下的胡汉混血，使得唐朝的基本文化虽然仍是华夏衣冠文化，但风俗习尚，生活方面不免杂有胡风。“这种胡化大率为西域风之好尚：服饰、饮食、宫室、乐舞、绘画，竞事纷泊；其及社会各方面，隐约皆有所化，好之者盖不仅帝王及一二贵戚达官已也。”[2] 于是，混血促进了新的复合型风俗，既非汉族统治时大汉族主义色彩浓厚的风俗，也不是胡族统治时排斥汉风俗的胡族风俗，而是指一种一扫上述两种弊端，兼采汉胡风俗的兼容并包的新型的汉风俗圈，它既保持了汉族传统风俗体系的主导因素，又充分吸收胡族风俗生机勃勃的内容，使胡汉风俗文化互补共化，从而孕育出中华风俗文化绚丽多姿、争奇斗艳、恢宏灿烂的新面貌。

以唐代体育风俗为例，当时不少体育项目都是吸收外来文化而广泛开展起来的。像唐代最为盛行的马球活动，就是唐太宗在街上见“群蕃街里打球”后，“比亦令习”而普及开的。[3] 足球虽系中国古代的传统体育项目，但一直未为女子涉足，唐代女子蹴鞠之所以开展普遍，是受突厥“男子好樗蒲，女子好蹴鞠”[4] 之风的影响所致。在中国体育史上极富健身意义的导引、按摩术以及武术，亦受佛教的熏染。唐代大医学家孙思邈的《千金要方》中就辑有“天竺国婆罗门按摩法”十八势；《新

---

① 分别见《旧唐书》卷一九三；《全唐文》卷六八〇；《金石萃编》卷一〇七、卷七三、卷九三；《千唐志》；《八琼室金石补正》。

② 向达：《唐代长安与西域文明》，41页，北京，生活·读书·新知三联书店，1957。

③ （唐）封演：《封氏闻见记》。

④ 《隋书·突厥志》。

唐书·艺文志》中著录有佛家的《调气方》。唐王朝与东罗马帝国（拂林）也有频繁交往。唐贞观、乾封、大足、开元年间曾多次派使节来唐，唐墓中曾出土有头部类似罗马执政官西赛罗塑像的拳击和摔跤俑。11世纪时，德国教会也有类似唐代十五柱球戏的九柱球戏。极具健身意义的舞蹈，是唐代宫廷里常见的娱乐活动，其中有的就传自西域诸国和朝鲜。如唐舞中的“高丽使”来自朝鲜①，唐十部乐之一的“天竺乐”传自印度。此外，诸如踏球舞（胡旋舞）、剑器舞等，都是从西域传来的。② 唐代对外来风俗文化的广泛吸收，正体现了唐人的开放精神。

这种开放精神的形成，一方面来自整个社会的思想解放，即从门阀思想和传统儒家思想下的解放过程；另一方面则来自各民族大融合的深入发展。少数民族略带原始气息的犷悍风格和不讲礼法、不重儒家道德观念的风气，给唐人以较大影响。由于受鲜卑等少数民族的熏习，冲淡了传统的儒家伦理道德观念，礼法束缚减轻，婚嫁、服饰、体育游戏等方面也就自然比较自由开放。

二、除旧布新的一统态势

由于隋唐两大王朝的建立，重新确立了完善化的中央政权，整个社会环境安定，休养生息成为人们普遍的生活要求和心理欲望。隋唐统治者领悟到“正俗调风，莫大于此”③，把引导协调民风作为整顿朝纲的重要部分。“隋承丧乱之后，风俗颓坏”，故命各级地方官吏“多所矫正，上甚嘉之”。④ 这样就产生了一般遗俗进化所不曾有的飞跃速度。本来每个地方的习俗风尚，由于地方之间环境和民众心理差异很难统一，但新政权超时空的移风易俗而迫使地方风俗改变，确是一个摧枯拉朽的决断

① 《新唐书·礼乐志》。
② 《旧唐书·音乐志》。
③ 《隋书·李谔传》。
④ 《隋书·柳彧传》。

过程。例如，隋朝大业初，柳旦“拜龙川太守。民居山洞，好相攻击，旦为开设学校，大变其风。帝闻而善之，下诏褒美”①。又柳彧“见近代以来，都是百姓每至正月十五日，作角抵之戏，递相夸竞，至于靡费财力，上奏请禁绝之”，获隋文帝同意，“颁行天下，并即禁断”。当朝统治者对“违六礼之轨仪”的各级官吏，要“禁锢终身，以惩风俗”。②“率履法度，动由礼典”，统治者们正是这样通过行政命令，改变那些不合时宜的风俗习尚，致使此期风俗的演变时常凸现一种除旧布新的剧变状态。

当然，大一统的隋唐王朝的强权政策体现于风俗方面，主要还是在于布新。封建王朝可以通过行政手段来倡导和推广自己认为适宜的社会风尚。而天下大统一的社会环境又为风俗文化的广泛传播提供了便利条件。譬如，正月与五月、九月合称为“善月”，这是因为唐高祖诏天下曰，“每年正、五、九月不行刑，所在公私宜断屠杀”，“后人不知其原，遂有吉凶禁忌之疑”。又，中和节是唐代由朝廷颁诏提倡的一个节日。③二月初一这天，皇帝应给在京的大臣赐宴，各地官员在当地宴享属官；上司要给下属赠刀、尺，表示为政要审慎裁度，地方官员要向上级献农书，表示不忘农事；老百姓亲友、邻里之间要用青袋子装着优良的谷物、瓜果种子互相赠送，表示关心农业生产；村社都要提前酿“宜春酒”，到二月初一这一天祭祀勾芒神（五行神中的木神），以祷丰收。这类由统治者亲自推行的习俗，带有鲜明的社会功利目的，可以获得良好的社会效益。因此，其流行的区域非常广泛，为大江南北不同地区的百姓共同传承、实施和恪守。与魏晋南北朝时期相比，隋唐风俗的演变具有一种广泛性和普遍性特征。

另外，任何时代风俗的形成、演变都不可避免地带有民族和地方特

① 《隋书·柳旦传》。

② 《隋书·柳彧传》。

③ 乔继堂：《中国岁时礼俗》，80页，天津，天津人民出版社，1991。

色，隋唐两代亦不例外。一统天下的两个封建王朝疆域广阔，各地自然地理环境和气候差异，产生不同的植被区和物产，而不同的物产又带来不同的饮食、服饰、生产、游艺、祭祀等习尚。唐代杜佑就对各地风俗进行了历史的直观描述：关陇道之多尚武节，荆州之善贾趋利，山东之人性缓尚儒仗气任侠，山西人之勤俭，河东文学之兴盛，扬州人性轻扬而尚鬼好祀；以及岭南不知教义以富为雄等。[1] 此外，从大量的方志地理书和笔记中还可查到更丰富的例证，以供考察这种习俗的地区差异。[2] 隋唐风俗，不唯南北，每区域都有着显微不等的区别。

隋唐风俗的流变，既有广泛的同一性，又有恒常的地方性和变异性；即便是同一风俗事象，尽管它在不同地区都有流传，但其具体的表现形式也是有差异的。

隋唐两朝是我国封建社会经济高速发展，各种封建政治制度不断完善的时期，这一阶段风俗演变相应地也趋于不断完备、定型和成熟。

地方风俗是传承性文化，承袭过去的因素是风俗形成的显著特征。毫无疑问，隋唐基本上也是沿袭了前代的风俗习尚。但是，有些风俗只有在这一相对安定、富足的社会状况中，才能逐渐成为普遍的社会时尚，演变得更为兴盛和规范化，正是由于这一主要原因，此期的物质风俗、人生礼仪及游艺风俗才展示出多彩多姿的外观。这些风俗事象历经300多年的传承演化，不仅具备了程式化的外在表现形式，而且其内涵也基本确定了下来。

隋唐风俗发展的一个明显趋向，是经历了一个风俗事象的规范化、礼仪化的过程。如果说隋唐前期的风俗文化承袭魏晋，更多地表现为广纳并蓄，异彩纷呈的话，那么，中、晚唐的风俗文化则更显整合、收敛的态势。仅以婚礼为例，虽然唐玄宗开元二十年修成的《大唐开元礼》是当时社会礼俗的准绳，它规定：从品官至庶人均应仿《仪礼·士昏

---

① （唐）杜佑：《通典·州郡典》，《四库全书》本。

② 参见《元和郡县志》《唐书·地理志》《太平寰宇志》等。

礼》之程序，行六礼而成婚姻，但它成书后并未广泛推行，而且它主要讲皇室和各级官吏遵循的礼制，与一般庶民习俗并不吻合。从《大唐开元礼》规定的婚仪来看，基本上以《周礼》为蓝本，因而这种官方规定的礼制与实际的社会生活之间存在较大距离。加上大量北方少数民族婚姻习俗的渗入，“闺门失礼之事不以为异”①，婚俗一时呈现纷繁杂乱的局面。然而，唐代的风俗文化毕竟是以两京为中心向外呈辐射状的复合体，婚俗在大一统的广袤大地上的演进必然使得其地域差异愈益缩小，且更加完备划一。这样，诸如“乘鞍”“障车”“催妆”“打婿”“安帐交拜”等北方少数民族的婚习，到了晚唐，便基本被纳入汉族婚礼范畴。《苏氏演义》卷上曰：“婚姻之礼，女坐于马鞍之侧，或谓此北人乘鞍马之义。夫鞍者，安也，欲其安稳同载者也。……今娶妇家，新人入门跨马鞍，此盖其始也。”从苏鹗的记载来看，唐朝末年这种习俗已经在民间广泛流行了。再有催妆，《酉阳杂俎》卷一载曰：“北朝婚礼，必用青布幔为屋，谓之青庐。于此交拜，迎新妇。夫家百余人夹车俱呼曰：‘新妇子，催出来。’其声不绝，登车乃止。今之催妆是也。”封演《封氏见闻记》曰：“近代婚家有障车、下婿、却扇及观花烛之事，原有下地安帐拜堂之礼，上自皇室下至士庶，莫不皆然。”整合同一的婚俗不仅品官俱齐遵循，且为庶人接纳，成为全国上下普遍认同并施行的礼仪规范。

隋唐风俗的丰富而又整一，开放中有收敛，很大程度上得益于佛教的输入。正如胡汉文化在魏晋南北朝展开冲突而在隋唐逐步完成了整合而自成一体一样，东汉末进入中国文化圈的南亚佛教文化，亦在魏晋隋唐经历了输入、扎根，依附于中国文化到全然中国本土文化的整体运动历程。文化交融的结果，不但使作为外来文化的佛教纳入了中华文化发展的主旋律之中，更重要的还在于，它促使本土文化在一个新的起点上获得了新生。与其说隋唐文化的一大特色是融合了儒道佛文化，毋宁说

① （宋）朱熹：《朱子语类·历代类三》。

是它在融合儒道佛的基础上进行了文化的再造与创新。当然，这种融汇、再造与创新，是经历了渐进的漫长过程，才逐步达到自然天成的程度。在这种意识形态的大背景下，隋唐的风俗文化也就绝非死气沉沉，而是生机勃勃的。儒道佛思想演绎而成或包容了这三教思想的各种风俗事象、生活现象不断互相交合、融汇，结出一批批更具生命力的风俗文化硕果。至于风俗文化融汇与创新的成熟程度，隋自不同于初唐、初唐自不同于中唐、中唐自不同于晚唐，展示了风俗文化发展过程中必然经历的递进和演化的阶段特征。

隋唐佛教音乐的发展趋势恰好印证了这一点。佛教音乐的主要功能在于以音乐形式“赞佛功德”，弘扬佛法。为此不得不“知时众”，适应俗众好习：“若为出家五众，则须切语无常，苦陈忏悔；若为君王长者，则须兼引俗典，绮综成辞；若为悠悠凡俗，则须指事造型，直谈闻见；若为山民野处，则须近局言辞，陈斥罪目。”毫无疑问，在此种“投其所好”的改造中，佛曲必然抛弃从母胎中带来的形式与内容而趋向中国化、民族化，因此，佛教音乐的大众化、通俗化、普及化也就是汉化、民族化。而此种大众化、通俗化、普及化在盛唐时达到了高潮，其气势与规模皆前所未有。韩愈《华山女》曰：“街东街西讲佛经，撞钟吹螺闹宫庭。”姚合《听僧云端讲经》诗曰：“远近持斋来谛听，酒坊鱼市尽无人。”逼真地描述了其时俗讲之盛，这些佛教音乐活动也确实受到俗众的热烈欢迎。所谓“听者填咽寺舍”，所谓“士女观听，掷钱如雨”，所谓“未及吐言，掷物云奔，须臾坐没”，皆反映了俗众狂热的程度。正宗佛统维护者道宣曾对此种“得惟随俗”的佛曲改造表示强烈的不满，以为“声吹相涉，雅正全乖”。[①] 岂不知这正是外来文化在中国文化土壤中存身和发展的必然途径。感应佛曲中国化、民族化的大势，唐玄宗于天宝十三载（754）七月十日勒石太常，宣布更改《龟兹佛曲》《急龟兹

① （唐）释道宣：《续高僧传·杂科声律篇》。

佛曲》等佛曲的胡名为汉名，如《龟兹佛曲》改为《金华洞真》，《急龟兹佛曲》改为《急金华洞真》。唐玄宗此举明确地标示了外来佛曲在经历了脱胎换骨的文化改造后，已以彻底中国化、民族化的面目展示于世。① 除佛曲外，与宗教有关的隋唐舞蹈、美术、戏剧、体育亦都经历了一个世俗化亦即再造、创新的历程，从上层社会下到庶民社会，成为百姓喜闻乐见的娱乐风俗形式。

三、奢靡、享乐风气的膨胀

隋唐是中国古代从未有过的一个风流、浪漫与自信的时代。四夷臣服、物阜民安、政治开明的盛世现实，引起了文化心理氛围的变化。隋唐风俗在经历了一个由放而收的时间历程的同时，并非变得死板一块，毫无生气，相反，由于其演变较少受到传统儒家礼教的束缚，流向更为符合人类本性的要求。

人们尽情地享受、尽兴地追求、消受着现世的乐趣，追求着奢靡的满足。这种时代气氛导致了人们美感意识、进取信念和世俗肉欲的全面复苏，使整个社会心理变得开朗、闳放起来。加上魏晋时的越名教而任自然，摆脱礼教束缚，追求个性自由放任不羁的社会思潮余波未消，导致整个政治环境和社会环境任意有余而收敛不足。处于这种气氛中的风俗文化，也相应会得到更为随意和自由的演进。

张亮采在《中国风俗史》中，把汉魏、隋唐五代，均列入浮靡时代，认为民风之奢之浮之靡在我国历史上莫过于这个时代，而隋唐尤甚。他列举唐人食品、服饰之华美，名目之繁多，说明当时社会风气之腐败。其实，隋唐风俗的奢靡还有多方面的表现。譬如，“隋唐婚娶之习，大约务奢侈”，“至于丧葬，唐人尤奢侈不堪，仪仗之盛，前世所无也。其葬，每盛升明器，游行街衢，而陈于墓所，奏音乐，张帷幕，设盘状，

---

① 周积明：《魏晋——盛唐文化总体性论》，载《河北学刊》，1989（4）。

以造花、人形，饮食施路人，殆如祭祀。然奢风已成，虽有法令，不能抑止。”① 又如李肇《唐国史补》卷下曰：“长安风俗，自贞元侈于游宴，其后或侈于书法图画，或侈于博弈，或侈于卜祝，或侈于服食，各有所蔽也。”

隋唐尤其是中唐以后的风俗奢靡特征，多集中表现在奢侈性消费这一点上。中唐以后，占统治地位的地主阶级的创业精神进一步衰退了，代之而起的是唯财是取，以呈己欲的生活追求。史载“时风侈靡，居要位者尤纳贿赂，遂成风俗”②，便是这一态势的反映。晚唐咸通年间任宰相的据《唐会要》载有22人，即令狐绹、白敏中、萧邺、夏侯孜、蒋伸、杜审权、杜悰、毕诚、杨收、曹确、高璩、萧寘、徐商、路岩、于琮、韦保衡、王铎、刘邺、赵隐、齐瞻、萧倣、崔彦昭。但令狐绹、白敏中和萧邺在懿宗即位之初便被免职，赵隐、萧倣和崔彦昭是在咸通末上任，夏侯孜、蒋伸、萧寘、齐瞻和高璩任相时间很短。在咸通时较有影响的是杜审权、杜悰、毕诚、杨收、曹确、徐商、路岩、于琮、韦保衡、王铎和刘邺。在这些宰相里，以奢侈著名的就有数位。路岩，“既承委遇，稍务奢靡，颇通赂遗”③；王铎，“世贵，出入裘马鲜明，妾侍且众”④；韦保衡，“先是，杨收、路岩、韦保衡皆以朋党好赂得罪”⑤；杜悰，“位极人臣，富贵无比”⑥。其中最奢靡的要算杨收。关于他奢侈豪华的记载和传说相当多。《旧唐书》本传曰：“居位稍务华靡，颇为名辈所讥。……用严撰为江西节度，纳赂百万。”《通鉴》曰：“收性侈靡，门吏、僮奴多倚为奸利。”据《太平广记》载曰：杨收“率爱奢侈”，家

---

① 中华文化基金会、黎明文化事业公司编：《中华文化百科全书》，3册，100页，台北，黎明文化事业公司，1983。

② 《旧唐书·宋申锡传》。

③ 《旧唐书·路岩传》。

④ 《新唐书·王铎传》。

⑤ 《旧唐书·郑畋传》。

⑥ 《旧唐书·杜悰传》。

中“厅馆铺陈华焕，左右执事皆双鬟珠翠”，“饮馔极水陆之珍”，屋内有“缕金案”，用“白角碟子”“盛一漆球”，其中燃的是“宾国香”；手中常把玩的是于阗王内库所出的“玉婆罗门子”；女儿出嫁时，“资装丰厚，什器多用金银”。①

侈靡之风不仅在宫廷和大臣宅第里鼓荡，还通过地主阶级扩散到其他阶级和阶层中去，甚至连那些为政清廉、崇尚名节的官僚士大夫也不免受其染习，如杜佑、白居易、李德裕等人，亦竞相以“广陈妓乐”，购置“竹木池馆”，追求“树石幽奇”为乐。② 其余“贵官清品，溺其赏宴而游，不惮清议”③ 者，更是不乏其人。在上层集团这种生活风气的诱导之下，豪饮、嗜赌、雕饰、厚葬等奢华之习尚极盛一时，如“长安坊中，有夜栏街铺设祠乐者，迟明未已”④，游乐活动通宵达旦地进行。各地夜市中，酒肆娼楼是生意最兴隆的行业之一。长安“两坊市间行不事家业，黥刺身上、屠宰猪狗、酗酒斗打，及僦构关节、下脱钱物、樗蒲赌钱人等”⑤，多有所见。长安妇女侈于服饰，头梳高髻，耳坠步摇（耳环），还配以纱披（肩巾）。长庆中，京城妇人首饰，有“以金碧珠翠，笄栉步摇，无不具美，谓之‘百不矢’”⑥。“凡货贿之物，侈于用者不可胜记。丝布为衣，麻布为囊，毡帽为盖，革皮为带……天下无贵贱通用之”⑦。奢侈之风延及一般城市居民中，就连时人也不得不感叹“人杂五方，淫巧竞驰，侈伪成俗”⑧，可见中唐之后的社会风俗奢靡到何等程度。

---

① （宋）李昉：《太平广记》卷二三七《杨收》；卷一六五《裴坦》。

② 《旧唐书·杜佑传》《白居易传》《李德裕传》。

③ 《旧唐书·王锷传附王稷传》。

④ （宋）王谠：《唐语林》卷二《政事下》。

⑤ 张邻：《唐代的夜市》，见朱东润等主编：《中华文史论丛》，1 辑，上海，上海古籍出版社，1983。

⑥ （宋）王谠：《唐语林》卷六《补遗》。

⑦ （唐）李肇：《唐国史补》卷下。

⑧ （唐）杨虚受：《全唐文》卷二《请戒恶钱》。

再以受儒家封建礼教思想严重束缚的婚嫁习俗而言，虽然自魏晋以来的讲求门第和以财帛论婚姻的影响尚在，但女性主动勇敢地追求爱情、自由婚嫁的事，在隋唐两代终究是较以前任何时代为多的。此期婚姻的一个显著特色是贞节观念淡薄，离婚、改嫁较为普遍；未婚少女私结情好，已婚女子另觅情侣，女子与情人私奔的事在当时屡见不鲜。法律允许夫妻协商离婚。在保存至今的离婚文书中，竟有“解怨释结，更莫相憎，一别两宽，各生欢喜”和祝愿女方再嫁的词句。更有甚者，由于胡人礼法观念淡薄，以至在婚姻制度上并后、匹嫡的情形颇为流行。如北魏陆丽、陆定国父子皆娶双妻，“嫡妾不分”。① 北周时竟有五后并立，称为“天元大皇后”“天大皇后”“天左大皇后”“天右大皇后”“天中大皇后”。② 其性观念亦自由开放，“女儿自言好，故入郎君怀”，“朝朝围山猎，夜夜迎新妇”。所谓姐妹兄弟相为婚姻，母子叔嫂递相为偶皆习以为常，此种被中原儒学斥为“淫风”的风习随胡人入主中原而播扬内地。《魏书·郑义传》曰：“自灵太后豫政，淫风稍行，及元义擅权，公为奸秽，自此素族名家，颇多乱杂。”胡人的社会风习始入中原多为其自己施行，自隋唐后则流贯于整个社会。《隋书·高祖本纪》有诏曰：“九品以上妻，五品以上妾，夫亡不得改嫁。”这诏令尽管只是针对统治阶级而言的，但在强大的自由开放社会风气的冲击下，很快变成了一纸空文。《隋书·李谔传》曰：“谔见礼教凋弊，公卿薨亡，其爱妾侍婢子孙辄嫁卖之。”隋炀帝的妹妹兰陵公主仍是“初嫁王奉孝，后来嫁柳述”。这种限制再嫁的诏令，不但未能“治国”，连“齐家”都未能达到。到了唐代，上层妇女更是不以再嫁为耻，据《唐书·公主列传》的记录，当时再嫁的公主有28人，其中嫁过两次的占25人，嫁过三次的也有3人。统治阶级如此，民间百姓亦然。《酉阳杂俎》卷下载曰：“……忽听船上哭泣声，皓潜窥之，见之少妇，缟素甚美，与简老相慰，其夕，简老忽

① 《魏书·陆定国传》。

② 《北史·后妃传下》。

至皓处，问君婚未？某有表妹嫁于某甲，甲卒无子，今无所归，可事君子，皓拜谢之，即夕其表妹归皓。”再婚再嫁的难易和贞节观念的强弱，是衡量婚嫁风俗开放的一个主要标志。除此以外，隋唐婚嫁风俗的开放还表现在青年男女择偶的相对自由、男女关系比较随便以及民族婚姻频繁等方面。读唐人笔记小说，可见大量“乘间欢合”“相许以私”的记录，亦可见颇多夫妻各自婚外偷情，“不相禁忌”的故事。皇室中“乱伦”也屡见不鲜，如高宗以其父太宗的才人武则天为昭仪；玄宗以其子寿王妃杨玉环为贵妃。凡此种种，足见隋唐风俗的发展，全面地挣脱了封建礼教的樊篱，更趋向于符合人们的意愿和心理欲求。这在精神风俗及物质风俗方面皆有突出的表现。这种婚嫁状况与前朝的“从一而终”和后代的“饿死事小，失节事大”形成鲜明的对照。

奢靡风气有其生长的基础和社会条件。人有追求享乐的天然欲望，在毫无节制的情况下，这种欲望会愈益强烈。社会经济在和平安定的环境下，总是不断增长的，因此，享乐欲望的增强不一定是坏事，但如果其增强幅度大于经济增长的速度和社会经济的承受能力，就成了对社会有害的奢侈。这一道理人们很早就知道，所以戒奢崇俭一直是一个严格的道德规范。但道德的约束常常抵不住享受欲望的冲击，每当封建王朝从动乱走回平定，从萧条走向繁荣时，奢靡之风便悄然而兴。在唐前期就已经呈现了这一过程。武德、贞观时，天下俭朴。高宗武后至玄宗朝，奢侈之风便愈益浓烈。神龙二年（公元706年），有敕云：“三品以上听有女乐一部；五品以上，女乐不过三人。皆不得有钟磬。”① 这反映官僚中蓄女乐者很多，逾越了旧制，故申明制度加以约束，但事实上没起什么作用。天宝十载九月，又有一敕云：“五品以上正贞清官、诸道节度使及太守等，并听当家蓄丝竹，以展欢娱，行乐盛行，覃及中外。”② 说明官僚普遍蓄养女乐的潮流已无法控制。这只是一个说明奢靡之风渐长的

① （宋）王溥：《唐会要》卷三四。
② （宋）王溥：《唐会要》卷三四。

例子。奢靡之风的膨胀必然破坏生产与消费的平衡，破坏社会关系的稳定，从而使封建统治受到强烈的冲击。

以上从宏观上梳理了隋唐时期汉族风俗发展的轨迹和脉络。一个时代风俗的流变受到政治、经济、哲学、宗教等各种因素的影响，情况极为复杂。经济繁荣、政权统一、生活安定、内外交流频繁、佛道二教兴盛以及科举制度的建立，酿就了隋唐风俗鲜明的时代风格，开放、奢靡、胡化、务实，是此期风俗的主要特点。简而言之，隋唐风俗和同时代的其他文化现象一样，得到了充分的展示和传承，闪烁出绚丽多彩的耀眼光芒。

（原载《思想战线》2003 年第 1 期）

民国的风俗变革与变革风俗

民国时期的风俗文化是多样性和复杂性的，具体地说，整个国民的生活表现为在封建文化的基础上吸收了一些现代文明的成分。中国的芸芸众生是在千百年来积淀下来的封建的生活方式下成长起来的，是封建生活方式的塑造者，但随着清末最后一个皇帝被驱出皇宫，随着西方文明和生活观念的不断涌入，传统的生活方式和风俗习惯遭遇到从未有过的挑战，尤其是那些不合时宜的风俗事象，尽管流过了漫长的历史，也被无情地抛弃，而更多的则是表现为在封建的内涵上雕铸起现代的外壳。不稳定的社会滋生了不稳定的风俗，使之带有明显的过渡性质。

民国初期之所以成为中国风俗演进的一个分水岭，是与20世纪初资产阶级风俗变革运动分不开的，它为民国时期风俗的全面革故鼎新作了铺垫。

清末资产阶级是一股朝气勃勃的政治力量，他们渴望按照自己的阶级意志改造中国，不仅建立资产阶级的政治制度和意识形态，还要以资产阶级精神改造人们的生活，建立起新的社会生活秩序。他们把陋俗恶习视为导致国家衰弱的重要因素，坚信要救国，挽救民族危亡，就必须改良社会，废除陈规陋习。于是，他们提出了改良风俗的社会任务。还在戊戌变法时期，康梁维新派就提出了“戒缠足，兴女学”的进步口号，并成立了“天足会”“戒缠足会”“戒鸦片烟会”等改良风俗的团体。他们的活动，多少起到了启迪民智、开通风气的作用。比如，熊希龄、谭嗣同等在湖南倡立的延年会，就有其独特之处。所谓延年，不是要人们“以有尽之年，而欲延之使无尽”，而是要人们“延于所得之年之中”，“延年于所办之事”。就是改革无谓耗费时间的不良习俗，注重时效，崇尚精简，使“一日可程数日之功，一年可办数年之事”。对于虚文酬应等陋习，也在免绝之列。在一个浸透着封建陈规腐习的社会，这些倡导自然属于文明之风。

清末对社会产生相当影响的移风易俗，是关于女权问题。妇女要跟男子平等，头一件事是革除摧残妇女的缠足陋习。资产阶级思想家和知识分子指出，缠足陋习是封建妇道的结果，中国妇女“襁褓未离，而‘三从’‘四德’之谬训，‘无才是德’之警言，即聒于耳而浸淫于脑海，禁识字以绝学业，强婚姻以误终身，施缠足之天刑而戕贼其体干焉，限闺门之跬步而颓丧其精神焉”①。这种恶俗造成了严重危害，一方面残害妇女自身，使妇女“终身为废人，亦足悲矣”；另一方面影响到下一代的健康成长，因为“缠足之母，运动不灵，血脉停滞，人人皆病夫；所生儿女，亦瘠弱夭昏，多不获其天年，其得成立者类多病夫”。这就严重损害了国民的身体素质。所以资产阶级知识分子大声呼吁，必须废除缠足，以保护广大妇女的身心健康。

---

① 《女子家庭革命说》，载《女子世界》，4期。

与女权问题有关的另一个有力的举措，是倡办女学。20世纪初年的中国社会掀起了一股兴办女学的热潮。1903年《奏定学堂章程》将女子学习归入家庭教育法，1905年设立学部时，女学仍归家庭教育部门管理。1906年初，慈禧太后面谕学部建置女学，女学始单列入学部职掌。1907年正式颁布《女子师范学堂章程》39条、《女子小学章程》28条。中国女子教育终于取得了合法地位，女子学习文化知识技能的合法权利得到官方和社会的承认，“女子无才便是德”的传统观念被击破，这对几千年来一系列残害妇女的传统习俗是一次巨大的冲击。

除此之外，清末资产阶级思想家和知识分子还抨击了其他一些社会恶俗，试图解除套在人们身体和精神上的种种枷锁，树立良好的社会风气。他们坚决反对吸食鸦片，指出：“中国鸦片之害，弥漫已臻极点，始焉禁卖、禁吸、禁种，终于无效。近年来以财政紊乱，倒行逆施，反从而劝之，土捐膏捐，所在皆是，岂复有人礼乎！”① 买卖人口和蓄奴是封建社会等级制度的产物，成为社会上的恶习。其萌生归因于经济问题，“女流而富者，则谓太太，谓之小姐；女流之清苦者，则奴婢也”。她们之间的荣辱贵贱，“一听乎钱神之指挥而已”。故而改良者们认为，必须进行社会变革，实现自由平等，清除买卖人口、蓄奴之弊端，有人说：“买卖人口之陋风，实文明世界之玷，实人道之蟊贼。由今以往，不可不取此陋风一扫而空之。”“买奴者，弊风也，恶德也”，所以“奴婢不可以不废止也！”② 留发辫也是当时的精英们力图铲弃的习俗，他们认为发辫习俗已不合乎时代精神，而且还包含着屈辱的成分，甚至把剪辫与否视为顽固和进步的标志。

资产阶级思想家和知识分子在对传统陋俗进行全面批判的同时，还有意识地触动了一些根深蒂固的习俗观念。在社会习俗方面，首先，他们否定了“父母之命，媒妁之言”的传统婚姻观，指出：“中国婚姻之

① 《改良风俗论·下》，载《东方杂志》，1卷8期。

② 《奴婢废止主义》，载《河南》，9期。

全权，实在于父母，而无子女容喙之余地，此其弊最大者也。”① 其次，他们批判并否定了等级森严、男尊女卑的家族制度，指出：广大的妇女“奴隶于礼法、奴隶于学说、奴隶于风俗、奴隶于社会、奴隶于宗教、奴隶于家庭，如饮狂泉，如入黑狱，成为受人压制的三重奴隶”。② 必须挣脱男尊女卑、“三从四德”的家庭关系，建立男女平等的新型家庭组织，让妇女走向社会，使广大妇女剔除“依赖男子之劣根性，各自努力于学问，以成救国之女豪杰，夫而后中国或有可望也”。③ 最后，改良的先驱者们批判了早婚早育、多子多福的生育观，深刻断言：“早婚之俗，为弊至大……要之，此两事者，一则为中国女子失权之所由，一则为中国人种日劣之大原。”④在精神习俗方面，他们看到了迷信流行及其造成的危害，认为迷信的盛衰与国民之智愚成反比，精辟地论述道：“中国风俗之弊，固言之不能悉数，若迷信则其一端也。佞佛媚神，耗金钱于无益之地，此其害之中于经济上者也。思乞灵于杳冥，幸心生则人力不尽，此其害之中于智能上者也。僧尼巫瞽，半有淫盗之媒，为其诱惑，常因之酿出荡检逾闲之事，此其害之中于道德上者也。”⑤ 因此，他们利用自己所掌握的科学知识，对封建迷信展开了全面的批驳，掀起了中国历史上第一次破除迷信的高潮。

清末资产阶级推行改良风俗决心不可谓不猛。然而，这种急功近利的行为更多的是带有一相情愿的意味。资产阶级的风俗改良不可避免地宥于封建性和落后性，急于破旧立新，突出强调了社会习俗的时代性和变异性以及改良风俗的政治意义；却忽视了传统习俗中的合理成分和优良传统，无视社会习俗的传承性和自身的演变规律，对社会习俗自身的特性认识不足。因而他们提出了改良社会习俗的任务，却没有找到改良

---

① 《婚姻改良论》，载《留学女子学会杂志》，1期。
② 《哀女界》，载《女子世界》，1期。
③ 《论中国女学不兴之害》，载《女子世界》，2期。
④ 《论婚礼之弊》，载《觉民》，1～5期合本。
⑤ 《〈留学女子学会杂志〉题辞》，载《留学女子学会杂志》，1期。

社会风俗的途径；在改良风俗的手段上，显得比较急躁，更多的是主张用行政措施强行革除旧俗，大有章太炎所谓“旧俗之俱在，即以革命去之”之势。这种冒进的做法及心态，根本无法完成移风易俗的任务。

不过，清末的风俗改良运动又确为民国风俗的革新作了理论上、宣传上乃至实践上的准备。可以说，民国风俗的演进正是清末风俗改良的自然延续及深化。由于有了清末资产阶级改良主义者风俗改良的大力倡导，辛亥革命之后，一股改革不适应民主共和制度的社会习俗的潮流蔚然兴起，其深广的意义又远非清末任何一个时期的风俗改良可比。当时“改良”二字，已成为一般人之口头禅，有人描写“这种新的社会潮流”说：

> 共和政体成，专制政体灭；中华民国成，清朝灭；总统成，皇帝灭；新内阁成，旧内阁灭；新官制成，旧官制灭；新教育兴，旧教育灭；枪炮兴，弓矢灭；新礼服兴，翎顶补服灭；剪发兴，辫子灭；盘云髻兴，堕马髻灭；爱国帽兴，瓜皮帽灭；爱华兜兴，女兜灭；天足兴，纤足灭；放足鞋兴，菱鞋灭；阳历兴，阴历灭；鞠躬礼兴，拜跪礼灭；卡片兴，大名刺灭；马路兴，城垣卷栅灭；律师兴，讼师灭；枪毙兴，斩绞灭；舞台名词兴，茶园名词灭；旅馆名词兴，客栈名词灭。①

上述兴灭的内容，涉及政治、经济、文化和人们日常生活的礼仪等方面，可见这股革新潮流所涉及领域之广，显示了民国初年民间习俗的新变化、新气象。曾亲身经历了辛亥革命的黄炎培先生道出了辛亥革命前后风俗变化的情况：

---

① 《新陈代谢》，载《时报》，1912－03－05。

社会风俗人心，在某些部分看来，辛亥以后和以前大大改变了。所有卑贱、颓废、放荡行为，有些减少，有些完全消失了。让我具体来说：辛亥以后，(1) 很少见口头上、书面上被称或称人“大老爷”“老爷”“少爷”；(2)“磕头”“三跪九叩”“打请安”没有了；(3) 男子一律剪辫子，女子裹脚从此解放了，已经裹的放掉了，已经裹小的也放大，社会上很自然地一致认定，民国纪元以后生下的女儿，一概不裹脚；(4) 鸦片风没有一时消灭，但较辛亥以前渐减，大家认为这不是一件体面的事（辛亥以前一般认为鸦片瘾越大，越体面）；(5) 满族倡始而渐及汉族的男妓，辛亥后逐步地消灭。总之，辛亥革命无数头颅所换得来的，除推翻封建帝制外，广大民众的体格、品格相当提高了。①

在民国的历史中，风俗的演进是一个现代化的过程。既然外国侵略者打开中国社会对外封闭的大门，带进资本主义生产和生活方式，带进社会现代化的诸种因素，那么中国民间风习的演进，朝新的方向转变，就会不以包括外国侵略者和中国统治者在内的任何人的意志为转移。传统风俗的现代化是中国风俗发展的必然趋势。为此，辛亥革命以来的无数社会精英，在风俗的革故鼎新方面作了大量的主观努力，加速了民国风俗现代化的进程。民国风俗的现代化是以其民主化、文明化为标志的，明显透示出以下三条延伸的轨迹。

一、风俗的革故鼎新集中体现了对人的尊重

民国风俗发展史，贯穿了一个有目共睹的现象，就是对人的身心健康有损的风俗在逐渐减少，反之，被大力倡导并获得广泛流播的风俗，

---

① 黄炎培：《我亲身经历的辛亥革命事实》，见中国人民政治协商会议全国委员会文史资料研究委员会编：《辛亥革命回忆录》，1 集，68 页，北京，文史资料出版社，1961。

都把人置于至高无上的地位。

在中国长期的封建社会里，人们的个性受到君权、神权、族权、夫权的严重压抑，谈不上个人的人格。所谓“君要臣死，臣不得不死”，“父母在，不敢有其身，不敢私其财”等。这反映了以封建小生产方式为基础的高度中央集权的政治要求。辛亥革命之后，资产阶级以西方自由、平等、博爱的理性原则为依据，要求恢复人生的平等权利和地位，重新认识人的价值。南京临时政府成立后，颁布了一系列革除“旧染污俗”的政令，推进社会风俗的改良。其目的是为了捣碎束缚人们个性发展的封建锁链，提高人的地位和尊严。与此同时，宋教仁、蔡元培等发起成立了社会改良会，发表了宣言及章程，力主“以人道主义去君权之专制，以科学知识去神权之迷信”，在章程中更把它具体化为三十六条：

> 一、不押（狎）妓；二、不置婢妾；三、提倡成年以后有财产独立权；四、提倡个人自主不依赖亲朋；五、实行男女平等；六、提倡废止早婚（男子十九岁以上，女子十七岁以上始得嫁娶）及病时结婚之习；七、提倡自由结婚；八、承认离婚之自由；九、承认再嫁之自由；十、不得歧视私生子；十一、提倡少生儿女；十二、禁止对儿童之体罚；十三、对于一切佣工不得苛待（如仆役、车夫、轿夫之类）；十四、戒除拜门、换帖、认干儿女之习；十五、提倡戒除承继、兼祧、养子之习；十六、废跪拜之礼，以鞠躬、拱手代之；十七、废大人、老爷之称，以先生代之；十八、废缠足、穿耳、敷脂粉之习；十九、不赌博；二十、在官时不受馈赠；二十一、一切应酬礼仪宜去繁文缛节（如宴会、迎进之类）；二十二、年节不送礼，吉、凶等事不为虚靡之馈赠；二十三、提倡以私财或遗产补助公益善举；二十四、婚、丧、祭等事不作奢华迷信等举动，其仪节本会规定后会员皆当遵守传布；二十五、提倡心丧主义，废除居丧守制之形式；二十六、戒除迎神、建醮、拜经及诸迷信鬼神

之习；二十七、戒除供奉偶像牌位；二十八、戒除风水及阴阳禁忌之迷信；二十九、戒除伤生耗财之嗜好（如鸦片、吗啡及各种烟酒等事）；……三十三、不可有辱骂、喧闹、粗暴之行为；三十四、提倡公坟制度；三十五、提倡改良戏剧及诸演唱业；三十六、戒除有碍风化之广告（如卖春药、打胎等）及各种印刷品（如卖春画、淫书等）。[1]

这三十六条涉及“旧染污俗”的各个方面，概而言之，就是主张用人道主义和人本主义去替代那些相沿成习的非人道的、戕害人性的陋俗恶习。就其本质而言，旧染污俗是对人性的压抑，而人道和人性则体现了人生存平等的权利以及对人的生存价值的尊重。尽管民初改革社会风习并没有最终完成这种对人性的解放，但它毕竟在久旱之后洒下了第一阵甘霖。

之后的北伐战争，抗日战争和解放战争，目的是要把民众从水深火热中拯救出来，战争期间自然也就伴随着种种文化革命，其中之一就是以人道主义反对封建专制主义，废除各种野蛮落后的习俗，恢复人的地位与尊严。有相当多的蹂躏、摧残人性和压抑人格的陈规陋习，在20世纪40年代的解放区，已得以真正根除。因为中国共产党所要建立的新文化（自然也包括风俗文化），是以中国人民大众的根本利益为旨归，“站在中国人民的立场，我们所要建立的新文化，就一定是新时代与新中国的。是新中国的，所以我们反对全盘西化，因为那是等于在文化上受人奴役。是新时代的，所以我们也反对中国本位，因为若无条件接受旧传统，就等于向封建势力投降。更进一步说，也只有站在中国人民的立场，以中国人民为原动力，新时代的中国文化才能建立起来”。[2] 只有当民众

---

① 《社会改良会章程》，见郭汉民编：《宋教仁集》，下册，378～379页，长沙，湖南人民出版社，2008。

② 冯契：《中西文化的冲突与汇合》，见辽宁大学哲学系编：《中国现代哲学史资料汇编》，4集，1册，25页，沈阳，辽宁大学哲学系，1982。

真正翻身做了主人，政治上和经济上获得独立地位，以人为至上至尊的风俗事象才能植根于广大的民间。

二、风俗的革故鼎新始终贯穿了对迷信的涤荡

迷信，是从诸多原始信仰活动中残留下来的意识和行为，它表现了人类对大自然种种现象的迷惑、恐惧以及由此而引起的崇拜和幻想，也表现了人类反抗自然，求福避祸的本能和愿望。进入阶级社会后，由于统治者的提倡，迷信更挟行政的力量而泛滥，形成形形色色的迷信习俗。辛亥革命后，随着破除封建观念习俗活动的开展，反对神权迷信的斗争也出现高潮。许多移风易俗团体，以攻破神权迷信为急务，提倡“婚、丧、祭等事不作奢华迷信等举动”，“提倡心丧主义，废除居丧守制之形式”，“戒除迎神、建醮、拜经及诸迷信鬼神之习”，“戒除供奉偶像牌位”，“戒除风水及阴阳禁忌之迷信”，“一切应酬礼仪宜去繁文缛节”等，并且认识到“我国素以道德为教义，故风俗之厚轶于殊域，而数千年君权之影响迄今未泯，其与共和思想抵触颇多”，主张以科学反对迷信。科学是破除迷信之利器。民初各改良风俗团体均十分重视宣传科学知识，普及文化教育。有些团体，如女子国学会、群学会、国民教育实进会、通俗宣讲社等，就以提倡科学、反对迷信作为第一职志。它们喊出的“以人道主义反对封建专制，以科学知识反对神权迷信”的口号，后来被五四运动的勇士们因袭与发展，成为唤醒中华民族的“德先生”与“赛先生”。

破除迷信一直是民国移风易俗的一个主要内容，也是这一时期风俗发展的一条基本线索。到了 20 世纪二三十年代，迷信的地盘已日趋萎缩，人们的迷信心理已相对淡漠。据民国二十二年（1933 年）刻本《闽侯县志》，福州共有已知修建年代的寺庙 95 所，而兴建和重修于民国以后者，竟无一所。据民国十三年（1924 年）旅沪同乡会铅印本《定海县志》记载，定海有修建年代的庙宇共 146 所，其中修建于光、宣时期的

29所（占19.87%），而修建于民国以后的仅8所（占5.48%）。在民国各地的方志中，常可见到“僧道祈禳之风渐息”，“偶像之拜，形家之言，巫蛊之祸，日见消灭”，“禳灾祈福，祠祀鬼神渐废”之类的记载。作为各种神像置放场所的寺庙，在信仰者心目中本应视为圣地，可是，民国期间的许多寺庙被毁或改作他用，并没有激起信仰者的义愤，也没有出现群众性的护庙运动，这不能不视作民间传统迷信心理式微的表征。

民国时期连年不断的炮火，不仅在轰毁军阀统治及蒋家王朝的顽固堡垒，同时也在击垮民众坚厚的迷信心理的屏障。没有科学就意味着落后，就得挨打，鬼神并不能保佑民众挣脱苦海。这一铁的事实，直接导致了民众鬼灵信仰及偶像崇拜等迷信活动的逐步终结。例如，民国初期各大城市仍普遍存在的同乡组织，往往都保存了传统的乡土神的崇拜。有的是关岳，有的是祖宗，有的是城隍，对这些乡土神的崇拜是同乡中心理认同的重要标志。可是，自从“科学的光明射透了神道的神秘圈，贡献给人群以更能控制自然和人事的手段与技术，使人群不再乞灵于神，而非笑者畴昔的蒙昧，新的功令也在社会新意识的觉醒或先或后革故鼎新的颁布着，推行着。而同乡组织所崇为集体象征的‘乡土神’也便在这个新局面之下，遭受了激荡，如摧枯震落般的崩溃下来”①。

凡带有宗教迷信、盲目信仰性质的旧节令习俗，在民国各地也逐渐式微或被废除。迁安县“七月十五，为‘盂兰盆会’。向年有僧道荐醮，投放河灯，以救溺鬼，近数年其例废除”。完县“三月二十日，祀雹神（庙在北坎，旧日演剧四班，今渐衰落）。三月二十日，祀城隍（今改建设局、祀事久废）……四月二十八日，祀药王（庙在关东，今久废不行）……五月十三日，祀关帝（旧于是日必演剧致祭，改革以后，迄未举行）”。新河县“十月朔日，祭祖先。是日城隍辇出巡游（此举今废）”；“清明日，士女头戴柳枝，拜扫祖茔。城隍是日出巡，会末人异

① 张静如主编：《北洋军阀统治时期中国社会之变迁》，351页，北京，中国人民大学出版社，1992。

之游郊外（此举今废）”。昌黎县“三月三日……官请城隍神像出门，祭于厉坛……不举行矣”；“七月十五日，是日为‘中元日’，官祭厉坛，如清明。民国亦不举行矣”；“十月初一，城隍出巡，官祭厉坛，今亦废矣”。临晋县“申月十五日，为‘中元’，清制于此日祀厉坛，今废”。义县“五月五日，是日清晨，邑令偕同班房等诣城隍神前拈香毕，用轿舁城隍木像出巡，游行街市，邑令等步从于后，返归木像于神所，礼毕皆散，今废”。[①] 不仅是节令习俗，其他类型习俗中的落后、迷信内容也被科学、文明内容所代替。破除迷信、解放思想是民国风俗现代化的必要途径和主要内容。

然而，民国风俗在涤荡迷信的道路上并不是一帆风顺的。在五四前后的统治者和一部分知识分子中仍流行着“祀天、信鬼、修仙、扶乩”等迷信活动，有的还出版杂志宣传这种迷信；宣称“鬼神之说不张，国家之命遂促”，甚至说鬼神之存在能用“科学”方法证明。竟有一些知识界人士自称“平日主有鬼论勘”，断言“鬼之存在至今日无丝毫疑义”。[②] 著名作家许地山曾对扶箕迷信作了专门研究，深有感触地说：“数十年来受过高等教育的人很多，对于事物好像应当持点科学态度，而此中人信扶箕的却很不少，可为学术前途发一浩叹。”[③] 知识分子尚且如此，遑论没有文化的百姓，“男子且然，何论妇女”。可见当时社会上迷信习俗仍大有市场。

但民国风俗演进的总趋势是向着唯物、健康的方向发展，各种迷信势力一抬头，就会遭到新文化运动的倡导者和拥护者的抨击。当时在社会上影响最大的杂志《新青年》，常常登载以科学辟迷信的文章，如第

---

① 分别见民国《迁安县志》《完县新志》《新河县志》《昌黎县志》《临晋县志》《义县志》。

② 胡绳：《论五四新文化运动中的民主与科学》，见龚书铎主编：《近代中国与近代文化》，495页，长沙，湖南人民出版社，1988。

③ 许地山：《扶箕迷信底研究》，影印本，107页，上海，上海文艺出版社，1988。

三卷第四号“读者论坛”上发表了徐长统的《论迷信鬼神》一文，指出破除迷信的方法有二：“一曰壮其胆力也”，“二曰多求知识也”。作者举例说：“人皆以风为神物所呼吸，雷为天神之击鼓，而曾学天文者，必知其妄矣。人皆以磷光为幽灵所燃火，地震为鳌鱼之转身，而曾学地文者，必知其诬矣。”这就是说，人们掌握了科学知识后，鬼神迷信便不攻自破。新文化运动的先驱者们用普及科学知识来破除鬼神迷信，通过破除鬼神迷信的宣传来普及科学知识，对广大民众迷信观念的淡化起了潜移默化的作用。当然，民国时期的移风易俗并不能完全达到破除迷信、解放思想的目的。这是一项极为艰巨的工作，直至今天，社会工作者及民俗学者们仍在为彻底清除迷信思想和迷信行为而努力。

三、风俗的革故鼎新抹上了鲜明的政治色彩

还是在20世纪初期，资产阶级就认识到社会习俗与政治的相互关系，认识到改良社会习俗在政治进步中的作用，所以他们得出一种共识，那就是改良风俗必须成为社会全面变革的一部分，必须把政治变革和移风易俗结合起来。有人指出：“我国近十年来，举国上下，竞言变法，揭其纲目，不外政俗二端，摘其要旨，则曰改良，上之所操者政，下之所习者俗。变政而不变俗，则政无由施；变俗而不变政，则俗无由此。盖政与俗，决不能相离而论也。”① 不仅如此，资产阶级思想家和知识分子还具体论述了某些具体习俗改革与政治进化的关系。有的把改革婚姻家庭习俗视为政治革命的起点，认为“欲革政治命，先革家族命”；② 有的把改革发式、服饰习俗作为推翻清王朝的组成部分，认为“盖欲除满清之藩篱，必去满洲之形状（指发辫、满服——引者），举此累赘恶浊烦恼之物，一朝而除去之，而后彼之政治乃可得而尽革也”。③ 这样就强调

---

① 《论改良政俗自上而下之难易》，载《东方杂志》，2卷1期。

② 《家庭革命说》，载《江苏》，7期。

③ 《论发辫原由》，见《黄帝魂》。

了风俗改良的政治意义。

这种将移风易俗政治化的思路和做法，在民国时期得到了继承和发扬。南京临时政府成立后，为了尽快革除封建社会遗留下来的种种弊端，造成有利于资产阶级统治的新的社会风气，将改良风俗作为一项重要的政治任务来抓。在短短两三个月内，先后颁布了“废除贱民身份，许其一体享有公民权利”“禁止买卖人口”“革除前清官厅称呼”“晓示人民一律剪辫”以及禁赌、禁烟、禁唱淫戏等一系列的法令与命令。在革命政府的领导与号召下，移风易俗很快发展为一场政治色彩浓郁的群众运动，各类改良风俗的团体，自然也就应运而生了。

革命党人亦视移风易俗为一项政治事务。孙中山在任临时大总统期间，曾复书“女界共和协济会”，赞扬该会为妇女解放而尽力，并拨款5000元，“为该地扩充公益之用”。① 随后，他又与“中华国货维持会”书信往来，讨论服装改革问题，以挽回当时因崇尚西服而导致洋货倾销，国货受挤的不良倾向。② 民国元年（1912年）三月，他在禁烟通令中号召“各团体讲演诸会，随分劝导，不惮勤劳，务使利害大明，趋就知向，屏绝恶习，共作新民”。③ 除孙中山外，黄兴对于移风易俗组织，也采取热情支持的态度。民国元年九月，他在北京万国改良会所举行的欢迎会上演讲：“吾国现在社会上宜改良之点处处皆是，惟以数千年相传之风俗习惯，积重难返。今贵会不辞劳瘁，提倡改良，曷胜欣盼。”④ 几天后，他又在正乐育化会的欢迎会上宣称：“解决现在之社会问题，莫如从风俗

① 孙中山：《复女界共和协济会函》，见《孙中山全集》，卷二，53页，北京，中华书局，1982。

② 孙中山：《复中华国货维持会函》，见《孙中山全集》，卷二，62页，北京，中华书局，1982。

③ 孙中山：《严禁鸦片通令》，见《孙中山全集》，卷二，154页，北京，中华书局，1982。

④ 黄兴：《在北京万国改良会欢迎会上的演讲》，见湖南省社会科学院编：《黄兴集》，269页，北京，中华书局，1981。

上着手。然欲风俗之良，又必有多少机关鼓吹。据鄙人看来，能改良风俗尽鼓吹之能力者，伶界诸君是也。”① 以孙中山、黄兴为代表的革命党人对移风易俗工作的重视以及对于该类组织的鼓励赞助，表明革命党人已把这项工作提高到了政治的高度，视其为政治生活中的一个不可缺的内容。

中国共产党成立后，亦一直沿袭了孙中山领导的革命党的做法，把移风易俗纳入革命的总体框架之中，要使广大民众不仅从政治上、经济上获得解放，而且还必须冲破封建陋俗这张无形的网，挣脱几千年来摧残人性的迷信思想的桎梏，从而真正获得全面的翻身。20 世纪 20 年代，中国共产党在全国各地领导组织的农民运动，其中一个重要内容，就是要推翻族权、神权及夫权，“所有一切封建的宗法的思想和制度，都随着农民权力的升涨而动摇”。② 中国第一个苏维埃政权——广东海陆丰苏维埃的所在地海丰，被誉为“小莫斯科”，当地农会不仅替农民办学校、医院和合作社，而且还帮助农民组织妇女解放协会、婚姻问题研究会等团体，开展移风易俗活动。共产党人彭湃为了教育农民破除迷信，写了一首题为《铲除迷信》的诗：

> 神明神明，有目不明，有耳不灵，有足不行，终日静受人奉迎。奉迎无益，不如打平。打平打平，铲个干净。人群进化，社会文明。③

1926—1927 年，湖南成为全国农民运动的中心，农民自己组织起来

---

① 黄兴：《在北京正乐育化会欢迎会上的演讲》，见湖南省社会科学院编：《黄兴集》，276 页，北京，中华书局，1981。

② 毛泽东：《湖南农民运动考察报告》，见《毛泽东选集》，2 版，1 卷，32 页，北京，人民出版社，1991。

③ 中共海丰县委党史办公室、中共陆丰县委党史办公室编：《海陆丰革命史料：1920—1927》，1 辑，642 页，广州，广东人民出版社，1986。

的农会成为乡村社会的首脑机构，有很大的权威性。农会利用这种权威性禁止一些陋习，其中禁得最严的便是牌、赌、鸦片三者。对此，毛泽东在《湖南农民运动考察报告》有详细描述，“牌：农会势盛地方，麻雀、骨牌、纸叶子，一概禁绝，湘乡十四都地方一个区农会，曾烧了一担麻雀牌。跑到乡间去，什么牌都没有打，犯禁的即刻处罚，一点客气也没有。赌：从前的‘赌痞’，现在自己在那里禁赌了，农会势盛地方，和牌一样弊绝风清。鸦片：禁得非常严。农会下命令缴烟枪，不敢稍违抗不缴。醴陵一个劣绅不缴烟枪，被捉去游乡。”① 大革命时期的陕西，农会领导的农民运动搞得轰轰烈烈。在陕西第一次全省农民代表大会上通过的《农村妇女决议案》，要求把农村妇女组织起来，开展斗争。同时规定：婚姻须得女子同意，反对买卖制度及聘金制；严禁虐待童养媳和媳妇，禁止给女孩包脚；再婚妇女在社会上须一律待遇，不得歧视；妇女如愿再婚，其家人不得干涉；凡会员均不得虐待其妻女。② 这次农民代表大会上还通过了《严禁烟赌决议案》，请政府严令禁止农民种烟、吸烟、赌钱，违者重惩。要求农协所在之地，严拿吸烟、赌钱之徒，酌量处罚，以儆效尤。在抗日战争和解放战争时期，延安是革命圣地，边区各级政府也用法令的形式推行改革社会陋习的措施。例如，1939 年 8 月 1 日，边区政府民政厅发给各县、区、乡训令，令饬严行放足运动，限 6 个月内完成全边区妇女放足任务，并随令颁发禁止妇女缠足条例。1942 年元月，成立边区禁烟督察处，颁布边区查获鸦片毒品暂行办法。1939 年 4 月 4 日公布了《陕甘宁边区婚姻条例》，规定男女婚姻遵照本人之自由意志的原则，实行一夫一妻制，禁止纳妾，禁止包办、强迫及买卖婚姻，禁止童养媳、童养婚（俗名“站年汉”）等陋习。这一切，

---

① 毛泽东：《湖南农民运动考察报告》，见《毛泽东选集》，2 版，1 卷，35～36 页，北京，人民出版社，1991。

② 中共陕西省委党史资料征集研究委员会编：《大革命时期的陕西地区农民运动》，48 页，西安，陕西人民出版社，1986。

为风俗的改革提供了法律依据。

从孙中山到毛泽东，从20世纪20年代的农会组织到三四十年代的边区各级政府，都认识到风俗习惯在民众翻身求解放的道路上所起的作用，并积极领导和参与了涤除封建恶习的活动。因此，使得民国风俗的演化渗入了浓重的政治意味。移风易俗的政治化，或者说是政治化了的移风易俗，这是民国风俗发展过程中的一个突出特点。故而此期间风俗的嬗变也就较之其他时代更为迅速，更为剧烈，更为深刻。

民国时期是我国历史上社会风尚大变革的时期。在这一时期，不仅上层阶级大规模有意识地改良风俗，除旧布新，而且民间社会也自觉行动，参与移风易俗，并取得明显效果。可以说，我国风俗史上的古代与现代之划分，是以这一时期为标志的。此后，我国风俗的现代意味才逐渐增浓，不断得到强化。民国时期风俗的现代化，一方面是无情地革除戕害人性的封建陋俗；一方面是大量国外习尚的直接植入。如此，出现了民族性习俗与国际化时尚并存的局面，二者的逐步融合恰恰是民国风俗现代化的进程。

（原载《西北民族研究》2002年第2期）

禁忌民俗

禁忌与文学、法律及其他

——万建中访谈录

廖明君（以下简称廖）：继《解读禁忌——中国神话、传说和故事中的禁忌主题》出版后，你又推出了《禁忌与中国文化》一书。为什么这些年来要把学术精力集中于禁忌方面？

万建中（以下简称万）：后一本书其实是前一本书的副产品。我一直在寻找研究民间叙事文学的切入点，很幸运，遭遇了“禁忌”。这应该感谢导师钟敬文先生，他给了我明确的提示和指导。钟敬文先生在为清水编民间故事集《太阳和月亮》所作的序中说：“在原始人的生活中，所谓‘禁忌’（tabu）这种东西，至少和在我们所谓‘文明人’的生活中的道德、法律等，有着同样重要的意义。所以在远古的和现在的原始人的现实生活中和反映现实生活的文艺中，很自然地要表现出这种观念和行为。”①

禁忌，国际学术界统称为“塔布”（taboo 或 tabu），是文化人类学、民俗学、宗教学等学科通用的词语，也是这些学科研究的热点课题之一，与民间信仰、民众心理、伦理道德、古代地方史及地方习惯法都有联系。民间叙事文学包括神话（myth）、传说（legend）和民间故事（folktale）。我翻阅了大量的民间叙事文学作品，又经过长时间的“田野作业”，发现禁忌作为一种古今极为常见的生活文化现象，大量出现于民间叙事文学之中。

《解读禁忌——中国神话、传说和故事中的禁忌主题》把中国民间口头叙事文学（包括神话、传说和故事）中表现的禁忌，从作品中提出，作为一个主题进行专门研讨，这是前所未有的，从一个侧面把民间叙事文学的研究导入更为广阔的天地。就研究的内容和对象而言，这是跨越了民俗学和民间文艺学两个领域的课题。含有禁忌主题的民间叙事文学作品极为丰富，禁忌本身的内涵又极其深远；就学科的角度而言，这是既重大又棘手的课题。这一前人未有论述的课题，拓宽了民间文学的研究思路和空间。

廖：你从一个独特的角度发现禁忌的意义。据我所知，在国际学术界，研究禁忌的历史非常清晰，从19世纪初一直延续到现在。你受钟先生的启发，强调并论证了禁忌与民间口承文学的密切关系。请你谈谈为什么会有这种关系，这种关系密切到何种程度？

万：禁忌的传播需要借助口承文学的力量，这是由禁忌本身的弱点决定的。首先，禁忌的真正原因必然是“无意识的”。禁忌的各项禁令既很难找出它们的根据，也不知道它们的起源。禁忌风俗渗透民众生活的方方面面，对民众的言行作种种千奇百怪的限制，而这些限制本身又无任何客观上的需求。“禁忌最主要的特征之一是这种禁规无论怎样也不

---

① 钟敬文：《中国神话之文化史的价值——序清水君的〈太阳和月亮〉》，载《钟敬文文集·民间文艺学卷》，407页，合肥，安徽教育出版社，2002。

可论证”。[1] 唯一刺激禁忌民俗萌生和传袭的因素便是“切勿激怒魔鬼”。禁忌的本质隐藏在更深的层面，即人的心理之中，“它们是起源于一种人类最原始且保留最久的本能——对‘魔鬼’力量的恐惧”。禁忌的起源只有一个：“当心魔鬼的愤怒！”[2] 而这“魔鬼”却是人们刻意虚构的。也即是说，禁忌对人们言行的约束往往是无谓的，并不能产生现实的益处。其次，禁忌的目的在于要避免不希望得到的结果。这不希望得到的可怕的结果也并非真的由于触犯禁忌才出现。如果那个设想的不幸必然要跟随犯忌而到来，那么禁忌也就不成其为禁忌，而是一种劝人行善的箴言或普通的常识了。最后，禁忌民俗的实质是诉诸人的心理，而不是人的言行，似可称之为心理民俗，或说是一种社会心理层面上的民俗信仰。常态下的禁忌是无外在行为表现的，缺少直观的模仿性。禁忌的传承只能在心意体悟的状态下进行，全然没有其他民俗传播的优势。

正因为禁忌民俗的生存存在上面的“内弱”性，这恰为禁忌进入民间口承文学提供了契机和土壤。禁忌作为“无外显行为”的风俗，一旦不为人们所实施，其自身便完全无以“出现”，顿时消失得无影无踪。原本那些表述禁忌的简洁的所谓“民俗志”话语也变得毫无意义。然而，只要禁忌进入到了民间口头文本之中，故事便不会将其轻易抛弃。因为禁忌情节为整个故事的有机组成部分，具有和其他情节一样重要的结构意义和审美功能。即便在现实生活中相应的禁忌习俗消失了，故事中的禁忌情节仍会被倾听和阅读。而且，民间故事对禁忌的表现皆是相当生动的，它们把禁忌的生成、违禁及守禁过程演绎得或形象逼真，或感人至深。同时，它们对禁忌又是百分之百的忠实，对禁忌的诠释绝不会歪曲禁忌的原义，当然，更不会掩盖或模糊禁忌的真相。相反，故事

---

① ［苏联］谢苗诺夫：《婚姻和家庭起源》，蔡俊生译，70页，北京，中国社会科学出版社，1986。

② ［奥］弗洛伊德：《图腾与禁忌》，38～39页，杨庸一译，北京，中国民间文艺出版社，1986。

无一例外会将仍“活”着的禁忌拽回民众生活之中，让生活本身成为禁忌的上下文。

廖：是不是所有禁忌事象的传播都要得到民间口承文学的支持？

万：我们不能夸大民间口头叙事文学对禁忌传播的作用。禁忌毕竟是可以自我繁衍的文化现象。对大多数禁忌事象来说，它们所凭依的绝不是口头文学，而是早已程式化了的诸多的民俗活动。但对一部分禁忌而言，脱离了民间口承文学，将是它们的重大损失。可以说，那些与全社区成员性命攸关的禁忌，社区中人对其表述决不会是轻描淡写的，不会像民俗学者们那样用短短的一两句话进行概括。把禁忌引入民间口承文学之中，是社区中人的一种信仰行为，是他们对内对外张扬禁忌的最佳手段。这些禁忌唯有在口承文学的怀抱之中，才会不断滋生生存的营养乳汁。

廖：记得卡西尔在《人论》一书中说过：“（禁忌）是人迄今所发现的唯一的社会约束和义务的体系，它是整个社会秩序的基石，社会体系中没有哪个方面不是靠特殊的禁忌来调节和管理的。”① 当下社会生活中是否也处处存在着传统禁忌？

万：禁忌是零碎的，散布在生活的方方面面。有些禁忌进入到仪式领域，但不可能被仪式化。禁忌是一切社会规范中最古老的社会规范。越是处在人类社会的早期，禁忌的威力越强，对社会的作用越大。随着历史的发展，人类生产力水平的提高，这种恐惧感会逐渐减弱，也即是说，禁忌民俗自身的流布能力是有限的。当下社会人们的思想观念更新急促，许多传统的东西似乎正在以前所未有的速度丢失，而许多新鲜事物又似乎和传统没有关联。禁忌作为一种极为古老的传统，同样也被不断地遗弃，而且遗弃速度较之其他类型的传统民俗要快得多，这是由禁忌本身的弱点造成的。

---

① ［德］恩斯特·卡西尔：《人论》，甘阳译，138页，上海，上海译文出版社，1985。

廖：研究禁忌的学术意义是不言而喻的。既然大量的禁忌事象已远离我们的生活，那么其现实意义何在呢？

万：其实，大量的禁忌事象已远离我们的生活，这只是表面现象。表象只是传统的外衣，而不是传统的本质。传统是结构，是符号，是思维和阐述的模式。被遗弃只是生活事象，随着时代的发展，禁忌本身的结构形态“禁令—违禁—惩罚”反而从民间传统延续到现代社会生活之中，它使得人们的行为和思想越来越理性化。在某种意义上，政治体系、法律体系、思想体系、行政体系和教育体系其实都是在演变或深化禁忌的结构形态，只不过这些“禁令”不再来自民间自控又自动的系统，而主要由上层权力话语系统发布。“禁令”的目的由为了民众生活的利益飙升至为了国家政治的利益。同样，违禁者将遭受的惩罚以及惩罚的最终落实，也不取决于民间规矩，由民众自行完成，而是依据明确的法律和政治条文，由相关权力机关参照条文或惯例执行惩处。

英国文化人类学家埃德蒙·罗纳德·利奇在《语言的人类学：动物范畴和骂人话》中说：“无论禁忌为何，它都是神圣的、重要的、有价值的、有力量的、危险的、不可触犯的、猥亵的、不直言说的。”① 这句话中的一连串表语构成了禁忌的对象和意义，它适合远古时期的禁忌，也适合当下社会的禁忌。当下社会禁忌的对象与远古时代并没有本质的差异，只不过对“神圣的、重要的、有价值的、有力量的、危险的”等的判断和确定，由民间转向了官方。或者说，过去民众认定和恪守的禁忌主要出自自己对生活的认识和祈愿，是出于对虚拟的“魔鬼力量”的恐惧，现在民众所接受和恪守的禁忌主要来自政治宣传和权力威慑。当然，古代的禁忌和现代的禁忌都是社会所必需的。“禁令—违禁—惩罚”的结构模式一直在刺激着我们祖祖辈辈的每一根神经。人们的生活和行为历来都离不开禁忌。禁忌是每一时代的要求，没有禁忌就没有行为秩

---

① ［英］埃德蒙·罗纳德·利奇：《语言的人类学：动物范畴和骂人话》，载史宗主编：《20世纪西方宗教人类学文选》，343页，上海，上海三联书店，1995。

序、思想秩序和社会秩序。

廖：禁忌一般指宗教禁忌和世俗禁忌，你前面谈的当下社会的禁忌实际上超越了传统禁忌的范围，两者有本质的一致吗？可以从禁忌的角度来理解法律和政令吗？

万：当下社会禁忌的异体实际上是法律意识。在整个社会控制管理系统中，禁忌和法律、政令有许多相似之处，都是“禁止”的行为。在任何一个社会，要求得稳定和安全，首先是要确定和告诫人们“不能做什么”，在这一前提下进一步宣扬该有的行为。法律和政令显然是继承了禁忌的结构模式，只不过将口承形式置换为书面形式。远古时期对大自然的禁忌、对性的禁忌、对图腾的禁忌等，曾经对社会的稳定和发展发挥了重大作用，在现今社会早已转化为相关的法律、政令。可以说，法律、政令以及种种的乡规民约都是禁忌在文明社会的变异存在。禁忌和法律、政令共同排除和预先制止了可能给社会或人们的身心带来危害的行为。

禁忌和法律的制定都是出于人类基本的生存需要，两者本质的一致就是在抑制人的本能欲望。欲望，是人的本能要求，但作为“社会的人”便要对欲望进行某种抑制。例如，“食”“色”是人之大欲，但不能“随心所欲”，这种对欲望的抑制，便是禁忌和法律产生的客观因素。如果没有欲望，也就无所谓禁忌和法律；而有了禁忌和法律，并不意味着欲望的消失。在弗洛伊德看来，“这些禁制可能和具有某种强烈意愿的活动相互关联。它们一代一代地留传下来……有一点可以肯定的是，随着禁忌的维持，那种原始的，想从事禁忌事物的欲望依然继续存在着。他们对禁忌事物必然采取某一种矛盾的态度。在潜意识中，他们极想去触犯它，可是，却又害怕这么做；他们恐惧，正因为他们想做，只是恐惧战胜了欲望罢”。[①] 人们很可能已经觉察不到与禁忌和法律相对应的欲

① ［奥］弗洛伊德：《图腾与禁忌》，杨庸一译，48页，北京，中国民间文艺出版社，1986。

望，因为它们已被深深地嵌入潜意识当中。一旦禁忌和法律瓦解，那么欲望就会穿破意识层次而付诸行动。禁忌和法律条文可能是一代一代流传下来的，也有可能只是社会权威遵循传统和满足当下社会安定的结果。但是久而久之，它们很可能被“组织化”而成为一种积淀的心理素质。无论是固有的禁忌和传统的法律，还是通过教育而培养的禁忌和法律意识，只要人们继续保持禁忌和法律，想从事禁忌事物或破坏法律的欲望就依旧存在。无论何时何地，人们对禁忌事物、法律条文始终保持着那种矛盾的态度，即在潜意识中，他们极想去触犯它，可是却又害怕这么做。

另外，禁忌和法律皆超越于道德与情感之上。作为禁忌和法律，“不能做什么”已不是一般意义上的建议，无所谓合理不合理，无所谓可能与不可能被接受。这是一种行为规范，不是一种可选择的对象。禁忌和法律作为一种行为规范，一直是弱于怀疑态度，尽管人们恪守它们，但并不意味着总能信任它们。事实上，人们对禁忌和法律的可信性深藏质疑，只是由于本能的惰性，不去追究罢了，或者说究根问底本身并没有实际益处。对于某一禁忌事象圈中的民众以及法律受众者而言，禁忌和法律的问题绝不是“为什么应该如此行为”，也不是“是否应该如此行为”，而只能是“必须如此行为”。当然，禁忌和所有的法律条文，有其自身的生存逻辑和道理，但这些只是在其生成过程中才呈现出来，一旦其被确定，便悄然隐去了。

廖：法律意识根源于禁忌意识，但法律毕竟不是禁忌。你认为禁忌的起源只有一个：“当心魔鬼的愤怒！”这个“魔鬼”还在我们周围游荡吗？

万：现在我们还有对“魔鬼”力量的恐惧。禁忌民俗的内容极为繁杂，尽管在人类进入了文明社会之后，由于生产力的提高和人们认识世界、改造世界能力的增强，禁忌民俗已不再具有原先的在人类发展史上所起的作用，一些远古的禁忌在人们生活中渐渐地消逝了，但是形形色色的禁忌仍然渗入人们生活的方方面面，甚至产生的契机更为五花八门。只要人们信奉的超自然力还存在，禁忌就不会泯灭。禁忌民俗传承的历史源远流长，不同的社会土壤滋生出不同的禁忌民俗。有的禁忌民俗只存在于一定的社会发展阶段，像图腾禁忌观念和民俗，就只出现在人类对生儿育女还茫然无知的时期。而形形色色的人为的宗教禁忌，则是在阶级出现后方会出现。有的禁忌民俗风行于近现代，但仍可在原始初民的生活中找到其踪迹。

廖：传统意义上的禁忌事象继续在广大乡村蔓延，而在都市生活中，传统禁忌事象生存的空间已急剧萎缩。现代都市生活延伸了禁忌的基本结构，即“禁令—违禁—惩罚”的思维和行为模式，但现代都市会产生新的禁忌事象吗?

万：如果我们不是从宗教的角度，而是从结构的层面来理解禁忌的话，答案是肯定的。埃德蒙·罗纳德·利奇发展了列维-施特劳斯关于人类思维结构的本质是二元对立的观点，由于这一本质特点，那些不能被明确划分为二元对立中某一极的事物就成为禁忌。比如讲，二元对立的两极分别是A和B，有一些事物既不能划分到A中去，也不能划到B中去；这些既非A又非B，或者既有A也有B的事物，处于模棱两可的状态，就成为人类焦虑的目标。他们焦虑的是居然无法将这些事物明确地分类，而这是违反人类思维本质的。于是，干脆将它们列为禁忌，成为了“魔鬼”力量。利奇说：“人体的排泄物或分泌物普遍的构成严格禁忌的对象，尤其是粪便、尿、精液、经血、剪下的头发、指甲屑、体垢、唾液、母乳等。这是符合这一禁忌理论的。这些物质在最根本的方面是模棱两可的。……既是自己的又不是自己的。由此形成的禁忌极为强烈。”“人形化的神灵、圣母、超自然的半人半兽妖怪，这些边缘性的、模棱两可的东西被赋予介乎神人之间的力量。有关他们的禁忌最为强烈，甚至超过了神灵本身。”“是模棱两可的范畴引起人们给以极大的关注，并抱以最强烈的禁忌情感。"[1] 英国另一位文化人类学家玛丽·道格拉斯也认为凡处于模棱两可状态的动物便是不洁的、禁忌的；属于禁忌范围的物体都是带有两义性的因而无法明确归类的东西。[2] 但她在这种"两义性=禁忌"的基础上再向前深入了一步，力图考察人类分类体系与社会秩序的关系。所禁忌之物并非在于它们本身是污秽的或圣洁的，而在于它们的"位置"。它们是混淆了人类采取分类体系或与之矛盾的结果，也就是说禁忌物是社会分类系统的产物。而分类活动又是使社会秩序合法化的主要途径，不仅加强了社会实在的结构，而且也加强了道德情感的结构。

任何分类体系都不能将所有的事物涵盖进去，总有一些事物处于边缘的模棱两可的状态。过去是这样，现在是这样，将来还是这样。就人本身而言，比如说，中性人或说阴阳人、同性恋者、心理变态者、外星人、克隆人等皆属于分类体系中的另类，他们是人，可又不是完全"正常"的人，是介于正常与非正常之间的"怪人"。尽管这些"怪人"不具有"神"性，由于受宣传和传说的影响，他们也被赋予某种邪异的力量，在许多人的心里产生恐惧之感。故而他们便成为禁忌的对象。

廖：毋庸置疑，把禁忌物纳入分类体系的做法，是禁忌文化研究中的一大突破。但对禁忌对象的认识割裂了历史和排斥具体的文化语境，这是其致命的弱点。

万：的确是这样。利奇的这种结构主义的分析方式，完全泯灭了思想结构（仪式）与社会结构（社会类别）之间的明确区别。他把这两个方面视为是一个单一的相互作用的整体，都能被单独地进行逻辑分析。而事实上，任何禁忌的发生都有自己独特的文化背景，这种文化背景不

---

① ［英］埃德蒙·罗纳德·利奇：《语言的人类学：动物范畴和骂人话》，载史宗主编：《20世纪西方宗教人类学文选》，343～344页，上海，上海三联书店，1995。

② ［英］玛丽·道格拉斯：《〈利未记〉的憎恶》，载史宗主编：《20世纪西方宗教人类学文选》，326～330页，上海，上海三联书店，1995。

可能在孤立的条件下得到理解。

其实，任何禁忌都有其历史文化根源。前面列举的禁忌之人有一共同点，就是都背离了传统的关于“人”的标准和看法。对“怪人”的禁忌，是要努力维护人的正常性。试想，如果我们的周围有许多禁忌之人，那是多么可怕的事情。这些禁忌之人似乎与法律、道德无涉，也就是说，法律和道德并不排斥和诋毁他们的存在，而禁忌的存在，却使人们和他们保持距离，唯恐自己与他们为伍。尽管我们提倡同情与关爱，但禁忌则迫使他们竭力隐瞒自己的身份，在客观上限制了他们生存的空间。

廖：请你用一句话概括一下禁忌在当代社会的意义。

万：禁忌的结构模式凝固于每个人的心里，影响到每个人的言行。

（原载《民族艺术》2002 年第 3 期）

禁忌民俗的式微

——以民间叙事文学为考察对象

作为一种历史文化现象，各种禁忌事象都处于一个自在的演进过程之中。在人类社会的早期，禁忌成为约束人们言行的主要“习惯法”。进入文明社会之后，有些禁忌因不合时宜而渐渐失去其原有的生存土壤。另外，禁忌的本质是虚妄的，即违禁并不会遭到事实上的惩罚。当某一禁忌的虚妄为大家所识破和认定，那么这一禁忌便到了末日，不再具有“魔鬼的力量”，不再为人们所惧怕，并渐成为历史的沉积。

然而，有些禁忌的生命力并不是戛然而止的。当一部分人对某一禁忌事象已极度藐视的时候，另一部分人仍身陷其中不能自拔。那么，这一苟延残喘的禁忌事象便因同时得到两部分人的关注而很可能被拽入民间叙事文本之中，成为被嘲讽的对象。民间叙事文学禀赋激活禁忌习俗的功能，同时它也不会对“穷途末路”的禁忌习俗不闻不问，甚至网开一面。既然一种禁忌失去了其应有的生存价值，那么民间叙事文学就有义务“落井下石”，加快其“寿终正寝”的速度。

一、禁忌守护者的愚蠢表演

一般而言，在传统与反传统的对抗中，孰胜孰败难定，但就禁忌而言，禁忌的维护者则注定败北，因为他们寻觅不到任何必然发生的事实依据。他们是在为恪守而恪守，理由则是拥有传承惯性力量的传统。每一项禁忌风俗都自行构筑了一个开放式的禁忌“场域”。早已从某一禁忌“场域”的禁锢中挣脱出来的禁忌的破坏者以及已知晓此禁忌但并未为“场域”所困的“场域”外人士则可以一身轻松地注视着此禁忌的守护者固执而又愚蠢的表演，并发出智者的嘲笑。

避讳，是禁忌的一种，即在日常生活中对尊长不得直称其名或说出与名字同音的字。宋代周密《齐东野语》卷四“避讳”一节记载，宋朝宣和年间，有一人名叫徐申干，任常州知府，自讳其名。州属某邑的一位县宰一日来禀报，说某事已经三次申报州府，未见施行。因话里有一个申字，于是徐申干暴跳如雷，大声呵斥说：“作为县宰你难道不知道上级知州的名字吗？是不是想故意侮辱我？”谁知这位县宰是一位不怕死的人，他马上大声回答说：“如果这事申报州府而不予答复，我再申报监司，如仍不见批复，我再申报户部，申报尚书台，申报中书省。申来申去，直到身死，我才罢休。”① 他不管犯不犯讳，雄赳赳地说了一连串的申字，然后长揖而去。表面上，故事说的是下级不畏上级的强暴，却隐含着深刻的传统与反传统的对峙。当一种传统文化被某些人利用为私欲的目的，成为提升个人社会名望和地位的媒介时，便会遭到另一群人的鄙视和嘲讽。这一文化现象便时常处于社会矛盾的焦点，为转化和建构

① 周密：《齐东野语》，25页，北京，中华书局，1983。

故事中的矛盾冲突提供大量的契机。

冯梦龙《古今笑史·迂腐部》:“柳冕为秀才，性多忌讳。应举时有语‘落’字者，忿然见于词色。仆夫犯之，辄加箠楚。常谓‘安乐’为‘安康’(因‘乐’音近‘落’，故避而曰‘康’)。闻榜出，遣仆视之。须臾仆还，冕迎门曰:‘得否?’仆曰:‘秀才康了。’”《迂腐部》还有一则类似的故事:“湖友华济之常言其郡守某，忌讳特甚，初下车，丁长孺来谒贺，怒其姓，拒之再三，涓人解其意，改丁为千，乃欣然出见。”① 因为从“丁”字会联想到“丁忧”(即守丧)，所以忌讳。

这两个守禁人之所以遭到民间故事的大肆讥讽，并不在于他们恪守的禁忌早已过时，而是这些禁忌的利益纯属个人，而且这种完全出于私利的个人禁忌却又必须强加于周围人身上，才能达到真正的守禁，可是周围人往往没有义务，也不情愿为之守禁（因他们“心”处所守禁的“场域”之外)，这样，守禁之人当然要被众人当成笑柄。

有些人的守禁并未关涉他人，与他人无干；而守禁又不可能独自秘密进行，避人耳目，一旦守禁者的行为让“场域”外人感到迂腐到了不可理喻的程度，人们便情不自禁地捧腹大笑。1931 年 1 月 26 日《北京晨报》登载了一则名为《旧历害人》的故事。

> 乡人有迷信者，事无巨细，辄断以占卜。家一历书，日摩娑不释手。裁一衣，或值火日，则必曰不利，终将被焚。又或访一友，适值不宜出行日，则虽坚订亦爽约。其父佣于田，一日，偶不慎，为覆墙所压，毙道左，邻人归告之，乡人大哭。奔而出，刚及门，忽如醒，亟返，觅书阅之，即蹙眉而叹曰:“今日不宜出行，曩已告吾父，父不信，遂罹是难；今吾若去，必将踵吾父之后，是覆吾嗣也。不孝孰大焉。”遂不往。翌日，父尸被野狗所噬，残缺不全。亟

① 刘英民:《古今笑史》, 131 页、158 页，石家庄，花山文艺出版社，1985。

舁归，将以敛，为造衣衾，复取阅历书已，顿足而哭曰："今日为火日，脱不避忌，则柩必焚，吾所不忍也；明日为木日，木能生火；又明日为金日，金克木，木又生火，是与火无异也；再明日为水日，水与火虽不同，然吾若坐视父柩之漂没，心何能安？故必为土日，乃合于归土之义，吾心亦滋慰矣。顾非一星期不可，吾其待之矣。"意遂决。家人劝谏，皆弗纳。时溽暑，炎威炙人，不日而尸腐且臭，既而蛆生焉……①

另一则《不能动土》的笑话，意同上。

风水先生要出门，先看皇历，但皇历说"不能出门"。于是就从墙上爬出去，墙倒，被压。人欲刨之，他又急止之曰："看看皇历再动"，一看"不能动土"，只好等明天再说。②

这两则故事对禁忌的嘲讽，矛头似乎指向守禁之人，而非禁忌事象本身。守禁者的极端化的恪守表演之所以令人捧腹，是由于恪守的结果不仅未能避灾，反而于事更为不利；即使如此，守禁者仍执迷不悟，仍以禁忌为唯一的行为准绳。然而，禁忌的原则从未要求人们应"适当"地守禁，某一禁忌事象对某一行为的约束是无条件的、彻底的。这就是说，"迷信者"及"风水先生"的守禁是对禁忌原则的真正遵循，守禁者的迂腐肇起于禁忌的不合时宜。"老皇历"这一民间极为流行的表述，鲜明地露出皇历所载的禁忌已过时，不再有效。有些故事则以人物的肆意违禁更为直接、痛快地对禁忌进行讨伐、鞭挞。有则《讨吉利》的笑话便是如此：

---

① 转引自江绍原：《中国礼俗迷信》，21页，天津，渤海湾出版社，1989。

② 转引自段宝林：《中国民间文学概论》，83页，北京，北京大学出版社，1981。

一财主盖了新房，为讨吉利，他让仆人请几个人来贺新居，说几句吉利话。来了四个人，一个姓赵，财主问："莫非是'吉星高照'的照吗？""不是，是消灭的消字去了三点，再加上一个逃走的走字。"第二个姓常，"可是'源远流长'的长吗？""不是，是当铺的当字头，下边加个吊死鬼的吊字。"第三个姓屈，"先生可是'高歌一曲颂太平'的曲吗？""不是，我是尸字底下加一个出殡的出字。"第四个姓姜，"莫非是'万寿无疆'的疆吗？""不对，我姓姜是王八两字倒着写，底下再加个男盗女娼的女字。"财主大骂仆人不该请这些人来，仆人却火上加油，撇着嘴说："他们一个个都像死了爹娘奔丧一样，我能挡得住吗？"①

这则笑话由于讽刺的是迷信禁忌的财主，就不仅是对禁忌的否定，而且表达了阶级的憎恨感情。财主及前面的风水先生、迷信者，在故事中都以"反角"的身份出场，他们所竭力维护的禁忌自然也有陋俗之嫌。而且他们维护得越努力，百姓对此禁忌的逆反心理就越强烈。通常，禁忌对所有的"场域"内人都是一视同仁的，即所有的人都必须恪守禁忌，以避免遭遇不必要的意外灾难。而一旦禁忌的主体意识超越了这一基本的目的层次，以禁忌为媒介宣泄个人的纳福（讨口彩）私欲，那么，此禁忌的边界便被从内部突破，禁忌即沦落为缺乏威慑力的一般习俗。其实，"讨口彩"的心态在民间尤其是逢年过节等特殊场合，仍十分风行，而故事中的守禁者却被锁定为少数"极端"分子，这是故事叙述的艺术策略。被注入了讽刺意味的故事，会给传播者带来颠覆权威（社会的特殊人物）和传统的快感。

① 申俊：《民间笑话三百则》，207页，上海，上海文艺出版社，1985。

二、禁忌破坏者的反传统行为

尽管一些禁忌习俗已是苟延残喘，但仍依附于人们普遍存在的祈福心理而存活着，一些无名的反传统的文化英雄纷纷走向故事的“前台”，展示着口承语言的睿智。

冯梦龙《古今谭概》“谈资部”收录了这样一个故事①：明代李空同任江西提学副使期间，恰好有一位读书人与他同名同姓。李空同把他找来，问他说：“你没听说我的名字吗？怎也冒犯？”这位读书人回答说：“名字由父亲所定，不敢更改。”李空同想了很久，见他说得有理，只好说：“我出一副上联，如果你能对出下联，还可以宽恕。”这副上联是：“蔺相如，司马相如，名相如，实不相如。”字面意思是两人虽都叫相如，但德才并不“相如”，实际上是借此讽刺与他同名同姓的读书人。这个读书人的才学却是十分了得，他只是稍微考虑一下，立刻对出下联：“魏无忌，长孙无忌，彼无忌，此亦无忌。”他借魏无忌、长孙无忌两人名字都叫无忌，指出同名同姓用不着忌讳，对得十分巧妙。李空同只有苦笑一声，让他离去。这类故事的字里行间渗溢出民间文化英雄们高超的语言应变智慧和才能。这种才能完全可以和文人津津乐道的“推敲”境界相提并论，也充分显示了民间口头文学的语言艺术魅力。

一般来说，风俗的传播遵循着“上行下效”的规律，可是，上面故事中，当权者对语言禁忌的畏惧和恪守不仅没有起到传播语言禁忌的示范及促进作用，反而被当成嘲讽的素材，成为口耳相传的笑柄。禁忌面前人人平等，当权者的“过分”守禁实际造成了面对同样的语言禁忌的上层与下层的不平等。他们凭借手中的权力，实行语言禁忌霸权，让周围人皆为之守禁。而这一点，下层百姓是没有条件做到的，也就是说百姓不可能要求统治者（当然，也无权要求周围所有的人）为自己守禁，

---

① （明）冯梦龙：《古今谭概》，205页，上海，上海古籍出版社，1993。

民间的语言禁忌网络随时会被戳得千疮百孔。因此，统治者与百姓之间原本就存在的对立和不平等便延伸至禁忌领域。禁忌习俗作为民间自发形成的行为规范，客观上是一种与官方法令相对的权威表征。人们自觉恪守禁忌和传说禁忌故事，也有这一因素。而一旦百姓意识到统治者利用禁忌来显示权威，禁忌无法得到真正落实，他们就会对统治者的守禁表演大肆展开攻击，以此来表示对官方禁令的不满和漠视，以谋求心理的平衡。禁忌具有约束力，并不是“在某些条件下，对某些人有效”。任何禁忌都不会保护了某些人的利益而同时却损害了另一些人的利益。就某一社群而言，在禁忌面前人人平等，心态一致，禁忌方可畅行无阻。另外，它本身也不涉及道德问题，“某些事情必须回避，某些行为必须回避——我们在这里发现的是各种禁令，而不是道德和宗教的要求”。① 禁忌无所谓善与恶，善与恶只在禁忌实施的过程中时有显现。事实上，当一种禁忌事象为某些别有用心的人所“玩弄”而无法在“场域”中得到真正落实的时候，此禁忌亦即到了穷途末路，其应有的“魔鬼力量”即荡然无存。这样，在故事中，统治者对其认认真真的恪守行为自然显得荒唐可笑，与此同时，反传统、反权威的文化英雄也得到了有力的塑造。

破坏某一语言禁忌，很容易。而要破得巧妙，则需要幽默和讽喻才能。《不打官司》的笑话说，徽州人连年打官司，甚是怨恨。除夕，父子三人议曰：“明日新年，要各说一句吉利话，保佑来年行好运，不惹官司何如?”儿曰：“父先说。”父曰：“今年好。”长子曰：“晦气少。”次子曰：“不得打官司。”共3句11字，写一长条贴中堂，令人念诵，以取吉利。清早，女婿来拜年，见此条贴在墙上，分为两句上五下六念云：“今年好晦气，少不得打官司。”② 这则笑话虽然在题目下提示说是：“笑说晦气话的”，实际是嘲笑了禁忌的信奉者。主人满怀希望地营造了吉祥

① ［德］恩斯特·卡西尔：《人论》，甘阳译，138页，上海，上海译文出版社，1985。

② 何迟：《笑话一百种》，47页，天津，天津人民出版社，1956。

喜庆的新年气氛，却被一句不经意的念诵破坏殆尽，精心设计好的“讨口彩”，被一句插科打诨式的话语搅得异常晦气。人们不得不为故事精妙的构思拍案叫绝。

语言禁忌提供了民间百姓施展语言才华的契机。倘若没有语言禁忌的文化传统，没有一部分人至今仍对语言禁忌的至诚信奉，那么，浓烈的喜剧性讽喻情愫就不可能从故事的尾部喷薄而出。这种令人喷饭的讽喻艺术，在一则名为《不多说话》的故事中展示得更为淋漓尽致。

> 有一个人特别爱说话，亲友们对他这个毛病都很讨厌，因为他该说的也说，不该说的也说，和他一块出门儿办事儿，不知丢了多少次人。因此，同族爷们儿谁家有了喜恼事都尽可能地不让他参加。一次，他的堂妹生了个白胖小子，家里人要去庆贺一番，他是这个孩子的舅舅，理所当然地要去。可是，大伯怕他跟着再加些难堪的事，说些丢人的话，同族爷们都请了，唯独没有请他。他急了，找到大伯，千求百告，并发誓不多说一句话。大伯见他诚心诚意，也没办法不答应了。那天，到了堂妹的婆家，他除了吸烟，便是拼命地吃菜、喝水，果真连一句话也不说，必要的寒暄也没有了。别看这样的失礼，但大伯和所有人都比较满意，心里暗暗夸奖着他。饭后离开堂妹婆家时，全家人急忙出来送客，他突然很亲热地又像是非常委屈地抓住妹夫的手大声说：“兄弟，今天我可没有多说话，你的小孩死了，可不能怪我啊！”闻之，在场的所有人都惊呆了。①

这则笑话的所有意蕴凝结于“爱说话的人”唯一冒出的颠覆性反讽的快乐话语里。周围人在传统禁忌背景的基础上临时精心编织好的禁忌之网，就这样轻易地被戳了一个大窟窿。我们可以断定这张破碎的禁忌

---

① 尉迟从泰：《民间禁忌》，142～143页，郑州，海燕出版社，1997。

之网是再也无法补缀的。

中国民间故事中往往把嘲弄传统习惯的“莽汉”描绘成大智若愚的形象。这样既可淡化对抗的火药味，又增添了故事的趣味性。如果说这位“爱说话的人”对浓郁的忌讳习俗的抗击仅是出于性格本能，而非自觉的思想意识的话，那么下面名为《避忌》的故事中的少年则可称得上反传统的文化英雄。这则故事用归谬的讽喻方法构思而成：一人多避忌，家有庆贺，一切尚红，客有乘白马者，不令入厩。有少年善诙谑，以朱涂面而往，主人讶之。生曰：“知翁恶素，不敢以白取罪也。”满座大笑，主人愧而改之。① 这则笑话在否定迷信禁忌的同时，还对民间善于讽喻、善于诙谑的人物进行了直接褒扬。

三、语言禁忌之网的残破

按反映论，文学来自生活，又高于生活，但就禁忌故事而言，决不会超越禁忌生活，提前为某一存活的禁忌风俗吟唱哭丧歌。我们收集到的所有民间口承故事文本（不论是典籍上的还是口承的）都是针对日常语言禁忌的，这说明此类禁忌已徒有虚名，变异为一般的习俗语言，或成为一个仅供学者研究的符号空壳。

究其原因，大致有三：一是其他禁忌事象有着相对明确的边界，即不应做什么及所受惩罚皆有现成的交代，人们只需照“章”行事，便可进入禁忌系统的良性运作。而语言禁忌则很难自行构筑起外延的区域框架，凡涉及吉凶祸福的日常言语都可能成为禁忌的对象。另外，语言禁忌又是极个性化的，每个家族、家庭及个人都可能有自己独特的忌讳语言，而这外人又不可能尽知，因此，语言禁忌乃防不胜防。既然如此，那么“防”即形同虚设。禁忌一旦失去了完全的“禁”和“忌”，对人的言行便不再有任何的约束力。有人仍奉之为戒律，那也是他觉得应该

---

① 徐慧弟：《笑话》，81 页，上海，上海文艺出版社，1956。

这样行事，而非不得不为之。二是语言禁忌破坏了人们的日常生活。这种禁忌的具体操作就是人们在一些场合和日常交往中及时回避凶语恶词，而人与人之间的交流又经常遭遇“不吉”的词汇，因生老病死乃生活的重要内容，倘若因避讳而将之统统省略，信息的传输就不完整，甚至会出现障碍。生活的一切存在都需要直接的表述，任何人为的限制都将遭到人为的抵制，日常语言禁忌的全面崩溃实乃现实生活使然。三是这种禁忌最初可能得到超自然力坚强的支撑，如图腾崇拜中的语言禁忌，后来，便逐渐远离了信仰和仪式，从神圣转而为“世俗”的功利，再也没有违禁后的惩罚为之护佑；又由于人们的大肆滥用而变得失效。这样，日常禁忌语言即成为有着自己独特形成史及文化背景的习惯用语，“禁忌”只是徒有虚名而已。故此，可以说这类故事矛头所向，不仅是禁忌习俗本身，因为这类语言禁忌早已被现实生活所解构，无须故事再为之狠狠地踏上一脚。故事嘲弄的主要是守禁之人，这些人死死抱着“老皇历”不放，奉之为玉律，做出种种令人啼笑皆非的举动。他们的守禁不是为了拯救或推行行将就木的禁忌语言，而是试图借用这种腐朽的文化传统满足个人的生存奢求和欲望，因而其守禁的惨败未给人丝毫的悲凉之感。

嘲讽禁忌的故事文本都是针对某个人及某一日常语言禁忌事象的，但由于语言禁忌事象极为琐碎而难以归类，又具有完全一致的禁忌性质和内涵，因此，这些故事对日常语言禁忌的轰毁便具有整体效应。可以说，在所有的禁忌领域，只有日常语言禁忌系统正面临彻底的瓦解。人们的日常语言交流已变得随意而自由，因而，此类型的故事委实功不可没。语言禁忌构成了这一类型故事的中心话语，完全是由于语言禁忌的现实处境所致。还有另一条建构这一类型故事的路径，那便是行使禁忌的主体常会被分割为“场域”内人和“场域”外人。任何禁忌的势力范围都有局限性，它不可能放之四海皆准。禁忌所作用的主要是“场域”内人而非“场域”外人。就某一项禁忌而言，“场域”内人与“场域”外人对之的态度形成鲜明的对比。在“场域”内人唯恐冒犯某一禁忌事象的同时，“场域”外人却可以毫无顾忌地践踏这一禁忌，而禁忌对此却无能为力。只有禁忌的“场域”外人才具有蔑视禁忌的勇气和胆识，这是由禁忌的原理所决定的。倘若某一禁忌场内人敢于以身试“禁”，就说明此禁忌面临着生存危机。我们再看一则引自《艾子杂说》一书的鬼故事。

> 艾子行水，途见一庙，矮小而装饰甚严。前有一小沟。有人行至水，不可涉，顾庙中，而辄取大王像横于沟上，履之行而去。复有一人至，见之，再三叹之曰：“神像直有如此亵慢！”乃自扶起，以衣拂饰，捧至坐上，再拜而去。须臾，艾子闻庙中小鬼曰：“大王居此为神，享里人祭祀，反为愚民之辱，何不施祸以谴之？”王曰：“然则祸当行于后来者。”小鬼又曰：“前人以履大王，辱莫甚焉，而不行祸；后来之人敬大王者，反祸之，何也？”王曰：“前人已不信矣，又安祸之！”艾子曰：“真是鬼怕恶人也。”①

前者故意践踏神像，犯了大忌，却因不信鬼神而远离了鬼神禁忌的约束，逃脱了灾祸。艾子最后一句话是对鬼神信仰和禁忌的辛辣鞭挞。不信鬼，就不可能怕鬼，有关鬼的诸多禁忌又何以左右人的生死祸福？鬼神的禁忌就如鬼神一样，信则有，不信则无。这一故事无情地揭露了鬼神信仰的荒谬及鬼神禁忌的虚妄。

此故事中出场的两个人物，一为“场域”内人，一为“场域”外人，前者守禁，后者违禁。“场域”外人的违禁必然会遭到“场域”内人的抵制。然而这种抵制往往是无力的，不可能阻止“场域”外人的违禁行为。现实生活中，任何禁忌随时随地都有可能受到“场域”外人的侵犯，但只要不是发生于禁忌场内，就难以构成矛盾冲突。所有的禁忌

---

① 王利器：《历代笑话集》，67页，上海，上海古典文学出版社，1956。

都不是孤立存在的，它们或依附于某种信仰，或派生于某一祭祀仪式，或显示于某些特殊的时间、场合，亦即是说，民俗传统为其锻铸一条坚固的“禁忌链”。对禁忌的肢解就必须撼动整个民间文化的根基，而“场域”内人对身边禁忌的呵护（即守禁）又是不遗余力的、无条件的。因此，尽管“场域”外人可以无所不为，可以视鬼神如粪土，而鬼神禁忌对之亦无可奈何，但是，鬼神信仰仍旧盛行。鬼神禁忌并未因“场域”外人的“恶意”攻击而失去对“场域”内人的作用。

融入整个民间风俗之中的禁忌自行建构的防御系统足以抗拒外来的文化暴力和侵犯。这大概是嘲讽禁忌的故事文本极难寻求的主要原因，而语言禁忌的情况则较特殊。概括地说，其之所以全面败落，主要是所控制的局面太大。语言禁忌充斥于人们日常生活的各个方面，而且，大多处于孤零零的生存状态。尽管语言禁忌根植于一定的文化语境，但文化语境还不足以垒砌一道坚韧的文化屏障。一般而言，日常语言禁忌的社区的空间限定又不明显，并没有或极少享受到社区文化凝固力量的庇护，因而语言禁忌本身就为人们提供了违禁的可能性。或者说，其孕育先天就有缺陷。另外，相对而言，控制人“说”比控制人“做”更困难。所有这些，大概是此类故事主要局限于日常语言禁忌的根源。

日常语言禁忌引来了民间故事的猛烈抨击和某一禁忌事象的“场域”外人毫无顾忌地对某一禁忌事象肆意挞伐，是此类故事主要的攻击态势。从所能找到的故事文本看，此类故事还没有找到其他攻击禁忌的突破口，这既表明了此类故事的题材局限，也透示出民间口头叙事文学与禁忌民俗所偏重的亲和互动的关系。嘲讽禁忌的故事是民间文学中为数不多的颠覆风俗文化的典型样本，然而它却没有充分释放自身能量的空间。这似乎可以用来作为推而广之的一个参照。从总体上看，民间口头叙事文学对其所承载的风俗文化，阐发和宣扬多于和大于鞭挞和揭露。

（原载《北京师范大学学报》2001 年第 6 期）

禁忌与道德之关系

在人类社会最早的民俗——禁忌中，隐藏着道德的胚胎。禁忌作为原始人的信仰表征，它不依靠经验就先天地把某事、某物或某人说成是危险的。但是，“事实上，那些东西在某种意义上并不是危险的，把它们看作危险物的信仰是不合理的。然而，如果那时不存在那种信仰，那么也就没有现在的道德……”① 所谓道德，是以善恶分析为基础，借助于社会舆论，通过个体良心和自由意志来制约其行为的规范类型。从词源上考察，英语中的“moral”（道德）一词，源于拉丁语中的“mores”，而“morest”即有民俗、惯习的含义。最初的道德与民俗，尤其是禁忌民俗的联系，由此可见一斑。不能否认，禁忌民俗中包含一定的道德成分，两者之间有着较深的关系。以下从三个方面对

① ［法］恩斯特·卡西尔：《人论》，甘阳译，138页，上海，上海译文出版社，1985。

此展开论述。

一、禁忌的道德教化功能

禁忌的基本叙述模式是不要做什么，否则，就要受到惩罚。这与民间善恶报应及佛教的因果观念十分切合。在整个社会控制管理系统中，禁忌和一些道德规范有许多相似之处，都是“禁止”的行为。在任何一个社会，要求得稳定和安全，首先是要确定和告诫人们“不能做什么”，在这一前提下进一步宣扬该有的行为。因此，禁忌常被作为道德教化之用，以增强制止胡作非为的威慑力。而禁忌要发挥其道德教化的效能，必须使其“故事化”。即在一个具有神圣性的场合，带着特定的意图，用特定的方式，讲述含有某种教化意味的似乎是曾经发生过的某一事件。一些小孩因做“坏事”而受“神罚”的故事，常是父母们训导其子女的绝妙教材。人们祖以传父，父以传子，子以传孙；由家庭而邻里，由邻里而社会，所闻莫非“违禁”，所睹无不“受惩”，“坏事”尽披禁忌的外衣。在中国历史上，禁忌事例在劝导民众弃恶扬善、笃守伦理纲常方面发挥了特殊的作用。

伤天害理即为禁忌，为之则罹致天谴。禁忌一旦演绎为故事，善恶、因果、报应与禁忌便糅合得浑然一体。“善有善报、恶有恶报。不是不报，时候未到。”本来纯粹为人们的祈愿，在民间的口述文本中却变得实实在在起来。其“劝惩”的效果，是任何伦理教化的形式都难以企及的。

虐待双亲即为禁忌，违禁者而受阴谴、遭雷击、被虎食以及变成犬畜者，简直史不胜书。据《独异志》卷上和《履园丛话》卷十七记载，唐代和清代都有一个不孝村妇，以狗屎和鸡粪给盲姑吃，都在盲姑食后不久，苍天忽发霹雳，一个脑袋变成狗，一个全身变成猪。变狗者被官府牵着游行，人称“狗头新妇”；变猪者入厕食粪，围观者每天数千人。《续夷坚志》说：金代有一个不孝之子，报尻骨生尾，痛痒不可耐，想割去吧，痛贯心髓，炙也是一样。只在他人来观看时，痛痒才稍止。

悖逆亲尊，擅改父讳，夺母寿棺，不送亲终，乃至操刀市残杀亲生父母等，更属严重的禁忌，惩罚最为惨烈。大多是雷劈火烧，猛虎吞食。《辍耕录》卷二十八所载一故事尤奇：元代杭州汤镇一凶徒，性情暴戾，素不孝于父母，老婆更是他经常凌虐的俎上肉。一次，妻子失手将丈夫所爱的三岁儿子跌伤，害怕丈夫回来知道后被打死，想去投河自尽，被其姑劝阻，答应说是她的过失，并暂居小姑家，以避锋芒。不料这个逆子寻至小姑处，把刀预藏半路，被母亲好言劝回。回到原来藏刀的地方，即凶相毕露，要把母亲杀掉。不想藏刀不见，却有一条巨蛇挡道，畏惧退缩间，双足陷入地中，很快没至大腿，七窍流血，伏地求饶。母亲无计可施，走报于妇。婆媳俩奋力救助，却是随挖随陷，直没至胸。不敢再挖，只好每天送饭喂食，三天后死去。围观者每天数千人，无不拍手称快。

耐人寻味的是，讲述这类故事的往往是长辈，他们显然有着深远的生活阅历及生存智慧的背景，年岁本身就昭示了他们历经的沧桑和饱含丰富的生活知识。“事件的结局不仅张扬了《孝经》第一章所谓的‘夫孝，德之本也’的儒家思想，而且以生与死的‘事实’，肯定了长辈们生活知识及阅历的价值。‘孝’不单是伦理道德的问题，更是合理生活范式的要求。”①

对不法之徒，本应绳之以法，可是过去民众对法律、政令似乎并不怎么清楚，也不怎么信任，百姓宁愿将缺德的无道行为视作禁忌，让超自然力去惩罚违禁者。民间口头传说故事对这类禁忌作了有根有据、最具震撼力的演绎。它们是民间自我进行伦理道德教化的独特话语，产生了对因果报应观念宣扬的最佳效果，反衬出民间对政府权威及封建法律的蔑视。

---

① 万建中：《解读禁忌——中国神话、传说和故事中的禁忌主题》，176页，北京，商务印书馆，2001。

几乎所有的恶劣行径都曾被纳入禁忌的领域。妇女因忌妒而虐待以至杖杀婢妾的残忍之举亦不例外。龙明子《葆光录》卷三记载：吴地有一个姓胡的妇女，性忌妒，用熨斗烙婢妾的脸，皮肉焦烂，犹来快意。后来患病，遍身疮痍。正当三伏天，稍一转侧，肌肤粘连床席，体血模糊腥秽，直折磨到肉尽骨出才死。

民间口头文学最大的优势是可以将禁忌事件化、事实化，可以将违禁的恶果血淋淋地展示出来，让试图违禁或已违禁者不寒而栗，心惊胆战。连那些无所畏惧、靡所不为的恶棍也要慑于报应的神威。这些人在多次为非作歹之后，不时通过种种传说故事看到某些作恶者“受到神灵惩罚”，使之对自己的罪恶感到越来越严重的惊恐。这种惊恐不断积累，引起心理与精神的失衡，最终导致这些人令人莫名其妙的歇斯底里的总爆发。钱泳在《履园丛话》卷十七中说：康熙年间，我家乡有个叫黄君美的人，喜欢结交胥吏捕役，无恶不作，被其害者不可数计。一天忽然发狂，手持利刃，赤身裸体跑出家门，在人群中自割其肌肉，每割一处辄自言，此某事报。割其阴，说：“这是淫人妻女报。”割其舌，说：“这是诬人妇女良善报。”……这样折腾了一两天，最后以刀割腹，至心而死。

道德力量的释放往往是在故事的讲述中完成的，讲述者和听众共同营造了神秘的训诫和警示的氛围。“故事中的事件被看作他们生活的一部分，而不是与他们分离的或者是发生在别人身上的。我们每个人的身上都存在善和恶的潜能，因此每个角色体现了一个完整的人的某一部分。”① 故事戏剧性地表现了这些部分，用形象来提醒人们：应该如何行为举止，可能在哪里误入歧途。故事讲述完后，在场的人会有一番交流和讨论，这种讲述空间、故事和故事之后的讨论都是一个完整过程中的要素。在这个过程中人们（尤其是年轻人）认识到道德的生命意义，从而使人们行为都符合道德规范。

---

① ［美］麦地娜·萨丽芭：《故事语言：一种神圣的治疗空间》，叶舒宪、黄悦译，载《广西民族学院学报》，2003（5）。

二、道德规范的禁忌化

禁忌作为一种准宗教现象，并不直接与伦理道德关联。后者本身即为一套独立的社会整合的体系，践踏伦理道德者会遭到社会的谴责。而触犯禁忌者，则不会受到实际的确定的惩罚。或许正是由于这一点，才提供了人们施展丰富的想象力以构筑禁忌传说故事的广阔天地。人们宁可将伦理道德的话语用禁忌传说故事的形式表达出来，或者用禁忌事象的形式呈现出来。这样既可省却许多说教的麻烦，又能让伦理道德真正刻骨铭心，还在一定程度上消除了由伦理道德中掺杂的政治倾向和阶级利益引发的行为偏差。

道德规范的禁忌化，实际是借助了超自然的神力，或者说给道德规范注入了宗教情结，这无疑增添了道德的威慑力量。而有些禁忌事象本身即带有道德的意义，属于道德教化的内容。禁忌与道德有时互相杂糅，互为表里。例如，在藏族宗教禁忌中，“不许杀生造罪”“不能偷抢大于针线的财物”“不能邪淫”“不许谎言”“不许挑拨人”和“不可恶言咒骂”“不许散布流言”等，这些禁忌的内容其实就是日常道德规范。同样，在藏族礼仪方面的禁忌中，要求人们出门行路时，忌抢行于别人之先；若途中相遇，须以礼相让；尤其在敦煌古藏文《礼仪问答写卷》中，含有“禁戒性”的道德规范更多。诸如告诫人们“见到别人之牲畜财产，勿歆羡询问：‘牲畜好否？’见到自己眷属与份产勿立即表态云好云坏之类无意义之词。勿称颂自己，亦勿卑视自己。骤然产生信念或自己需要某物，无论其获得、丢失与否，若已违背戒律，勿想‘最好人不知’。若仅己知，也勿想别人不知不好之念”。“不能因出身低贱，其貌不扬而轻视之。”“未懂他人之言，勿存羞意应再请教。”“勿沾染恶习，勿做无理之事。”“不必做之事则不做，不必说之话则不说，不与偏心人为友。”“于家庭之中，勿过于专横，勿过于滋扰下属。做事勿拖沓，勿使下属不满。”对年轻人、奴仆之辈，“对之勿似对土、石一般遗忘。勿对之不爱惜、粗暴、作恶”。对犯有过错的人“不宜揭短，好好相待不失面子”。“不孝敬父母、上师，即如同畜牲，徒有‘人’名而已。”“任何时候，对不甚好者，勿过分仁爱。对无罪者，勿过分愤恨。自己内心虽憎恨对方，但口中勿谓‘不喜欢、讨厌’为是。”“对歹人贪者勿依靠而结交，任何时候都勿留下怨仇。”选择女人作配偶，“若为人不厚道，无论多么美貌，也不要（与她）相结合”。对于财物，“勿做无谓之浪费”。与人交往，“勿轻易应诺别人托付之事”，“勿轻易与人盟誓”，“勿说假话”，“勿争辩”，等等。① 这些都说明禁忌和道德规范确实是“你中有我，我中有你”，如果不悉心辨析，是很难把它们区分清楚的。

英国文化人类学家玛丽·道格拉斯认为，禁忌至少在四个方面维护了社会道德：第一，当某种状态在道德上难以确定时，禁忌的信仰（特别是有关不洁或污染的信仰）提供了一种规则，人们借此可以确定自己的行为是否得当；第二，当道德原则陷入冲突时，禁忌的规则可以减少其混淆；第三，当一种在道德上的错误行为没有引起道德的义愤时，对于违犯禁忌会带来灾难的信仰可以加重问题的严重性，从而将舆论集中到正义的方面；第四，禁忌的信仰与惩罚的强制性对犯错误者形成一种威慑力量。②

从时间上看，禁忌先于道德规范。“禁忌，我们必须假设，是在远古时代的某一个时期里，外在压力（某些权威）所附加于某一原始民族的禁制；它们为上一代的长辈所强迫接受。”③ 然后通过代代传承，变成一种“遗传性”的心理特质。禁忌究竟产生于何时何地，已不可考，但无疑是“人类最初的社会意识”，也是“不发达的原始时代思维所特有的

---

① 王尧、陈践：《敦煌古藏文〈礼仪问答写卷〉译解》，载《西北史地》，1983（2）。

② 金泽：《宗教禁忌研究》，184页，北京，社会科学文献出版社，1996。

③ ［奥］弗洛伊德：《图腾与禁忌》，杨庸一译，48～49页，北京，中国民间文艺出版社，1986。

观念的综合”。① 因此可以断定，在初民时代已经逐渐形成并产生了各种禁忌或禁规。这些禁忌或禁规实际上是道德和宗教思想的先天原则。最初的禁忌包含着大量的后来称之为道德的内容。禁忌中的某些规范正好为道德规范的形成起到了“铺垫”的作用。说没有禁忌就没有道德规范，似乎太绝对，但道德规范确是沿着禁忌的轨迹形成、发展的。这种先天的亲缘关系必然导致后两者关系的密切。

禁忌与道德有时密不可分，还在于它们都涉及人们物质生活及精神生活的方方面面，有着许多共同的关注对象，而且它们产生的结果有着本质的一致性，即凡是具有禁忌意义的事物，就会被认为是不好的、有害的，因而也就是恶。凡是具有肯定性意义的事物，就会被认为是好的、有益的，因而也就是善的。如果说道德规范主要是属于“应然性”规范的话，那么禁忌则主要是属于“禁戒性”的规范。无论是属于哪种规范，其对象都是针对人们的思想和行为，都带有约束和限制的意味在内。“应然性”规范是要求人们“应该怎么做”，“禁戒性”规范是要求人们“不应该怎么做”。“应该怎么做”的同时包含着“不应该怎么做”；“不应该怎么做”的同时也包含着“应该怎么做”。实际上，这就是“肯定里面有否定”，“否定里面有肯定”。

三、禁忌与道德的差异

远古时期对大自然的禁忌、对性的禁忌、对图腾的禁忌等，曾经对社会的稳定和发展发挥了重大作用，在现今社会早已转化为相关的道德规范。可以说，当下的道德规范大都是禁忌在文明社会的变异存在。道德规范显然是继承了禁忌的结构模式，禁忌本身的结构形态“禁令—违禁—惩罚”从民间传统延续到现代社会生活之中，它使得人们的行为和思想越来越理性化。在某种意义上，道德体系其实是在演变或深化禁忌

---

① ［苏联］伊·谢·康：《伦理学辞典》，王荫庭等译，187 页，兰州，甘肃人民出版社，1984。

的结构形态。只不过这些“禁令”不再来自民间自控又自动的系统，而主要由上层权力话语系统发布。①

然而，作为两种不同的社会意识形态，禁忌与道德的差异还是十分明确的。第一，两者的成因不同。禁忌的产生，是与“某种可怕的，极端危险的，同时也是有诱惑力的，神圣不可侵犯的东西的恐惧感联系在一起”，并以此为前提的。对于这种恐惧，无须作任何解释或说明，也不需要人们去加以理解和论证。② 一旦违反了禁忌，潜在的危险就会变成现实的危险，不仅威胁着犯禁者本人，同时也威胁着他所在的整体。因此，禁忌总是与恐惧感相联系，违反了禁忌，即使没有外来干涉，没有人猜疑他的罪行，他也会产生唯恐被惩罚的忧郁心理，从而导致生病，甚至死亡。

恐惧来自于神秘，使得禁忌成为无理性的社会意识。正如英国学者罗素所说：在禁忌产生的阶段，“人们的动机不再是出于支配的目的，而是进入了无理性的忌讳的范畴”③。这样，禁忌“作为要求抑制社会上的危险倾向所表现出来的道德上最古老的形式，它以自己的非理性和缺乏任何论证明显区别于稍后的宗教、道德和法律上的禁令”④。道德规范则是在现实社会的生产关系和社会关系中产生的，排除了神秘感和恐惧感等迷信、宗教方面的因素，而具有客观现实的、特定的内容。道德规范除了集体和他的成员以外，并不以别的东西为存在前提。道德的产生，是由于人类多少明确地意识到自身需要的结果，违反道德，通常要造成现实的多少可以看得见的有害后果。道德规范在向人们提出自己的规范

① 万建中：《民俗的力量与政府权力》，载《北京行政学院学报》，2003（5）。

② ［法］恩斯特·卡西尔：《人论》，甘阳译，138页，上海，上海译文出版社，1985。

③ ［英］伯特兰·罗素：《婚姻革命》，靳建国译，65页，北京，东方出版社，1988。

④ ［苏联］伊·谢·康：《伦理学辞典》，王荫庭等译，388页，兰州，甘肃人民出版社，1984。

要求的同时，还附加上了许多说明和解释，并尽可能地加以阐述和论证，以说教和讲道理的方式使人们接受，并使之变成人们自觉遵守的行为准则。而禁忌一般超越于道德与情感之上。作为禁忌，“不能做什么”已不是一般意义上的建议，无所谓合理不合理，无所谓可能与不可能被接受。这是一种行为规范，不是一种可选择的对象。与禁忌相比，道德规范不带强制性或恐惧感的成分，因而是人们理性认识的一种反映。

在动因方面，禁忌的虚妄与道德规范的实在有着明显的差异。

第二，禁忌成因的非理性导致了其实施过程的非理性。破坏禁忌者不论是好心还是恶意，是主动的还是被动的，是有意的还是无意的，这一切都是一样的，都要同样地受惩罚。禁忌的惩罚对违禁犯忌者的道德、意图、情感丝毫不加甄别，不予分辨，它只是机械地给予惩罚。禁忌强调的是行为的结果，违犯禁忌必然遭到惩罚。禁忌以制裁为前提，而且是一种神秘的、不可避免的惩罚。比如，每当小孩子说了不吉利的话，人们就要说一声“说破不灵”以禳解，至于为什么要这么做，却是知其然而不知其所以然。再如对日月星辰的信仰和禁忌，原始时代已有，而奴隶社会时期的春秋，不但深信地震乃鳌鱼翻身，彗星现则天下乱，而且还加上许多事例和解释。直至今天，许多地方还盛传用手指虹则会烂手指、坠毁一颗星会死一个人的忌讳。但若问其为何避忌，大概都说不出其中奥秘。

道德与之不同，道德强调当事人的动机。尽管某人损害了他人，但动机是善意的，并向受害者作了补偿，这个人便不会受到惩罚。违背道德规范者所受的惩罚，来自社会舆论的谴责。这种社会舆论能够形成很大的社会压力，使个人陷入十分窘迫的境地。结果，或者促使犯错误的个人改弦更张，重新做人，或者把屡教不改的人物摒弃于社会群体的认同之外，为人们所不齿，所唾弃。

触犯禁忌后施行的惩罚是超自然的力量通过多种方式进行的，而不是社会的或人为的对触犯禁忌的对象施行惩罚。禁忌的惩罚只是人们主观上想象的存在，而不是客观上实际的存在。如春节时，人们忌言鬼、杀、病、灾、死等不吉利的字眼儿，否则，会遭魔鬼纠缠或遇病、杀、死等灾难。这种遭魔鬼纠缠或遇病、杀死等灾难，都不过是人们根据语言、行为或人主观上作出的一种想象而已，客观上是根本没有办法证实它的存在的。

在具体实施方面，禁忌的虚妄与道德规范的实在同样有着明显的差异。

第三，禁忌与道德规范在适应的地域范围方面亦有差异。禁忌事象作为民俗的组成部分之一，从属于上层建筑的范畴。它与人们所处的自然环境和经济生活有关，不论哪类禁忌习俗都必然要受到这些因素的制约，带有不同的地方色彩。

禁忌的这种地方性使它仅仅在一个群体或一个氏族内部有效，而对这个群体以外的人，则毫无禁忌。任何禁忌总是在一定的时空里面发生作用，它对禁忌圈外的人而言，是无能为力的。例如，在密克罗尼西亚的加罗林群岛上，持续 6～8 个星期的整个捕鱼季节，渔民们必须严格遵守性禁忌，他们无权与妻子住在一起，连看她们一眼都不行。但与此同时，在每个男子的住宅里，都住着一两个妇女，并且丝毫不禁止与她们发生性关系。原来，这些妇女都是从别处抓来的俘虏。另外，在性禁忌期间，妇女们也有权进犯任何一个不属于本村的男子。这种进犯丝毫不触犯生产期间的性禁忌，因而也不会受到谴责。“这个例子向我们揭示了原始社会的一个特征。这就是，每一个人类集体都有其自身的道德，这种道德规范仅仅对它自己的成员有效。而对集体以外的人，则无论集体中的肯定规范还是否定规范，都一律无效。”① 而道德规范在适用范围上尽管也表现出区域性的特点，有所谓“七里不同俗，十里改规矩”，但人们总是以自身所遵守的行为规范来对待外人，即使在行动上不一致，

---

① ［苏联］谢苗诺夫：《婚姻和家庭的起源》，蔡俊生译，154～155 页，北京，中国社会科学出版社，1983。

在道德评价上一般也不会两样。

更何况关于劝善弃恶、忠孝仁爱、知恩图报等道德主张（实际上也是一种规范要求）带有普遍的人性因素，对我国各民族而言，都是共同的生活准则。而这种具有如此广泛区域性意义的禁忌，似乎是没有的。血缘婚禁忌大概是我国所有禁忌事象中施行范围最广的一种。但在我国许多地区，曾经热衷于表亲婚，并称之为“亲上加亲”，认为是喜中之喜。后来，新的婚姻法有了近亲不得结婚的规定，才逐渐改变了这种习俗。

撇开禁忌的地域性不谈，禁忌的对象也是有局限的，或针对妇女，或针对孕妇，或针对寡妇，或针对鳏夫，或针对所谓的神圣者，或针对不洁、不祥者……倘若某一事象针对的是一定空间区域内的所有的人，那么这一禁忌事象就不可能生存下来。而道德的对象绝没有如此多的分别。恰如法律面前人人平等一样，道德面前也是人人平等的。只是对于不同层次的人而言，道德境界的要求不同而已。

第四，禁忌与道德规范还有时效性的区别。我国南方许多民族在春节过后，不许对歌、不许吹笙，总之，禁忌一切男女交际的节日行为。随着秋季收获的到来，这种节日的性禁忌开始解除，封存的芦笙又开始吹响，封禁的山歌又开始唱起，男女狂欢的节日也开始恢复。性禁忌与性开放随着生产而轮流交替，就构成了这些民族族民全部生活的主要节奏。

道德规范就不一样了，它一经形成并被人们概括出来，就具有相对稳定性的特点，无论何时何地都要求人们“应该怎样做”和“不应该怎样做”，基本上不受一维性时间观念的限制。如“孝敬父母”这一道德规范，并非是指某一时间内应该孝敬父母，而在其他时间内就可以不孝敬父母。禁忌总是在一定的时空中才能显出其威力，而道德尽管也会打上时代的烙印，但它在时空中所受的局限较之禁忌要少得多。

（原载《宝鸡文理学院学报》2006 年第 1 期）

民间禁忌的功能

宗教禁忌在宗教学、人类学上是一个不容忽视的话题。“禁忌”这个词，国际学术界统称为“塔布”，源于中太平洋波利尼西亚群岛土语，音译为“taboo”或“tabu”，我国也音译为“塔布”。现在已成为人类学、宗教学通用的词语。波利尼西亚人信仰和崇拜一种被称之为玛那（Mana）的神秘力量，相信凡是具有“玛那”的人或物都是危险的，不可接触。否则必将受到超自然的灾难性惩罚，轻者危及个人，重则祸延民族。1816—1824 年，埃利斯在太平洋群岛居住了 8 年，并于 1829 年出版了《波利尼西亚研究》一书，对波利尼西亚人的“塔布”做了系统而翔实的描述。从此，大量的田野（实地）调查报告相继问世，人们认识到决不是只有太平洋群岛的人才有宗教禁忌。迄今所知世界上所有的民族无不具有宗教禁忌。

德国文化哲学大师恩斯特·卡西尔在他的

《人论》一书中说："禁忌体系尽管有其一切明显的缺点，但却是迄今所发现的唯一的社会约束和义务的体系。它是整个社会秩序的基石。社会体系中没有哪个方面不是靠特殊的禁忌来调节和管理的。统治者和臣民的关系，政治生活、性生活、家庭生活，无不具有神圣的契约。这同样适用于整个经济生活。甚至连财产在一开始似乎也是一种禁忌制度：占有一个物或人——占有一片土地或同一个女人结婚——的最初方法，就是靠一个禁忌号来标志他们。"① 禁忌是建立在对超自然的灵力崇信的基础上的，后世出现的大量禁忌，也是迷信的产物。但不论怎样，禁忌又是顺应历史和当时人们生存心态的要求而出现的，并且以其最严厉的最有效的方式规定着人与自然相互关系、神圣的时间秩序和社会分类体系以及支持对于族群的认定。

一、维护神圣的时间秩序

时间是人们把握世界的维度之一。时间本身并无质感，时间是一个不能用感官感受却又能体验到的实在。我们对时间的把握只有通过特殊的标识才能实现，正如英国人类学家埃德蒙·R·利奇所说："其实我们是通过创造社会生活的分隔来创造时间的。"② 宗教禁忌就是中国人创造的独特的时间分隔方式之一。时间禁忌体现了传统中国人对时间的民间理解和体验，也是民众对时间的一种特殊表述方式。传统社会中的人文时间，属于心时范围，它有着主观的现成的时间边界，它们各自具有不同的时间品质。时间有"宜"与"忌"、"吉"与"凶"、"良时"与"恶日"等。禁忌正是为了明确和强化这种界限而出现的。宗教禁忌是世界"格式化"的最原始、最基本的形式；凡是有神圣与世俗之界限出

---

① ［德］恩斯特·卡西尔：《人论》，甘阳译，138页，上海，上海译文出版社，1985。

② ［英］埃德蒙·R·利奇：《从概念及社会的发展看人的仪式化》，见史宗主编：《20世纪西方宗教人类学文选》，498页，上海，上海三联书店，1995。

现的地方，就有禁忌这个忠诚的卫士，在时间领域也不例外。

神圣的时间，归根结底体现的是自然秩序的神圣性。神圣与禁忌如一对孪生姐妹，形影不离；没有禁忌，神圣就有沦丧的危险，没有神圣，禁忌就很可能失去表达的机会。神圣的时间是时间序列中各种不同的关节点，它们虽然有不同的流逝路线和划归角度，但只要这些时间关节点按照其固有的顺序前后相继，就表明自然秩序的神圣性没有受到任何侵害。“越是重要的时间关节点禁忌越多，其功能之一就是要强化自觉遵循神圣秩序的意识。”① 处于时序关节点上的禁忌，把非常时间与正常时间区别开来。

正常时间为平常的世俗的时间，非常时间为神圣的年节时间。神圣的年节是最容易“出事”的时间，故而皆需要采取一些防范措施。如寒食节禁火就是渊源于古代禁火习俗，《周礼·秋官司寇·司烜氏》记载司烜氏“仲春以木铎修火禁于国中”。倘若追溯禁火习俗，与古代原始火崇拜有关。经过一冬的干燥，林木容易引起火灾，加之春季多雷雨，更易引起失火。古人对此自然火灾缺乏科学认识，就提倡禁火冷食，后来被统治阶级纳入礼仪中，又形成礼俗固定下来。又如每年春季，正是瘟病与流行感冒易发生的季节，因此古代人要在这个时候祓禊防疫，这就是上巳节（后来固定为三月三日）的来历。所以最早对上巳节的记载均与巫术祓禊相关，如《风俗通·祀典》云：“按周礼，女巫掌岁时以祓除疾病。禊者洁也，故于水上盥洁之也。巳者祉也，邪疾已去，祈介祉也。”在古代，尽管对流行病缺乏必要的研究，但是在发病季节，已认识到应讲究清洁、注意健康卫生还是值得称道的。祓禊讲究盥洁，这同南方傣族泼水节颇有类似之处，只不过加上了巫术迷信色彩而已。

旧历五月五日端午节，是我国夏季最重要的传统节日。五月正是炎热酷暑将临之时，也正是流行病、瘟瘴疫疠将发之际，用现代医学观念

---

① 金泽：《宗教禁忌研究》，154页，北京，社会科学文献出版社，1996。

来看，乙型脑炎与脑脊髓炎此时发病率也最高，古人认为这是一个恶月。《礼记·月令》云："是月也，日长至，阴阳争，死生分。君子斋戒，处必掩身，毋躁，止声色，毋或进，薄滋味，毋致和，节耆（嗜）欲，定心气。百官静事毋刑，以定晏阴之所成。"五月是阴气与阳气、死气与生气激烈争斗的时节，人们在这一时段要保持身心的安定，要禁绝各种情欲，尤其是色欲；行政事务亦应采取"无为"的治理方式。同样，九月九日重阳，要远游登高，以避疫疠，其原因也是如此。

总之，古代节日都有所禁忌，当我们对这些现象进行探索时就会发现，古代大部分节日都是单日，尤其是单月单日，如一月一日元旦、三月三日上巳节、五月五日端阳节、七月七日七夕节、九月九日重阳节等，中国人喜欢讲双月双日、成双成对为吉利。为何节日大多是单月单日呢？如果仔细考究，这些所谓节日并不像后世演化得那么欢天喜地，称"佳节良辰"，而都是些极不吉利的日子，各有所禁忌，非"凶"即"恶"。人们年复一年恪守禁忌，便使得这种区别得以明确和记忆，让时间的流逝有节奏有规律地进行，神圣的时间秩序得到民间宗教强有力的维护。

二、强化社会分类体系

20世纪中叶，人类学家运用结构主义的方法，对这一宗教禁忌给予新的诠释。英国人类学家埃德蒙·罗纳德·利奇说："人体的排泄物或分泌物普遍的构成严格禁忌的对象，尤其是粪便、尿、精液、经血、剪下的头发、指甲屑、体垢、唾液、母乳等。这是符合这一禁忌理论的。这些物质在最根本的方面是模棱两可的……既是自己的又不是自己的。由此形成的禁忌极为强烈。""人形化的神灵、圣母、超自然的半人半兽妖怪，这些边缘性的、模棱两可的东西被赋予介乎神人之间的力量。有关他们的禁忌最为强烈，甚至超过了神灵本身。""是模棱两可的范畴引起人们给以极大的关注，并抱以最强烈的禁忌情感。”① 英国另一位文化人类学家玛丽·道格拉斯也认为凡处于模棱两可状态的动物便是不洁的、禁忌的；属于禁忌范围的物体都是带有两义性的因而无法明确归类的东西。② 但她在这种“两义性 = 禁忌”的基础上再向前深入了一步，力图考察人类分类体系与社会秩序的关系。所禁忌之物并非在于它们本身是污秽的或圣洁的，而在于它们的“位置”。它们是混淆了人类采取分类体系或与之矛盾的结果，也就是说禁忌物是社会分类系统的产物。而分类活动又是使社会秩序合法化的主要途径，不仅加强了社会实在的结构，而且也加强了道德情感的结构。

就个人而言，每个人在一生中都必经几个生活阶段，出生、成年、婚姻、死亡即为人生的重要关节点。这些关节点与平时有着完全不同的社会文化意义。每个人的社会属性主要是通过这些关节点不断确立起来的。在这些人生转变的重大关头，禁忌乃是一个必不可少的保障因素，或者说，每个人要顺利通过这些人生旅途的转折点，就必须遵守一些禁忌。

法国早期的民俗学家范根纳普在《通过仪礼》一书中，把人生仪礼分为三个阶段，即分离、过渡、聚合。在最初的分离阶段中，仪式的行为总是象征着某个人或某个团体与原先社会地位的脱离；在过渡阶段，作为仪式主体的当事人（如新成员、新郎或新娘）正处于从一种社会状态向另一种社会状态转变的过程中，既不具有原来状态的基本特征，也不具有未来状态的基本特征，呈现出“模棱两可”的特点；在聚合阶段，转换前的角色转化为转换后的角色。处于这三个阶段的人的社会位置是极不稳定的，关于他们的禁忌自然最为强烈。对此，金泽先生曾有

---

① ［英］E·R·利奇：《语言的人类学：动物范畴和骂人话》，见史宗主编：《20世纪西方宗教人类学文选》，343～344页，上海，上海三联书店，1995。

② ［英］M·道格拉斯：《〈利未记〉的憎恶》，见史宗主编：《20世纪西方宗教人类学文选》，326～330页，上海，上海三联书店，1995。

过较为具体的论述：

> 从胎儿到出生后的一段时间，从参加成年礼到该仪式结束，从姑娘出嫁离开娘家到拜天地入洞房后的若干天之后，从人停止呼吸到丧葬仪式结束，或者是当事人（以及当事人的近亲，如婴儿的父母、死者的儿女等）离开社会群体，到某一神秘之地（如诞生或成年）借助某种仪式度过这段时光，或者在当事人不能离开的情况下周围的人对之举行某种仪式并保持某些宗教禁忌（如婚礼或丧礼）而使之顺利地完成这种转换。①

孕期中的妇女、刚刚出生的婴儿、成年礼的参加者、新婚夫妇、尚未入葬的死者，处于这种状态中的人都是禁忌的对象，因为他们都具有模棱两可的性质。禁忌的作用在于将他们纳入“另册”，并使之游离于正常的文化秩序之外，和其他正常人的文化行为区分开来。

三、支持对于族群的认定

族群内的人们除了完成众所共有的民俗仪式程序之外，还要求有一些特殊的、他地没有的民俗事象来作为群体互相认同的文化符号。这是强化群体凝聚力的内在因素之一。因而有些宗教禁忌的地方性特别强。禁止食用狗肉是一些民族构筑的一道鲜明的文化边界及他们相互认同的文化符号。文化边界“把他们自己同邻近民族区分开来”，尤其是与他们不同血缘的邻族。当这些民族受到外来文化的侵袭，更需要这一文化符号作为他们族性的标记。

不食狗肉的禁忌流行区域相对狭小，这一事象在局外人看来是再平常不过的，从不视之为不可为，甚至被局外人视为奇风怪俗并故意加以

① 金泽：《宗教禁忌研究》，162页，北京，社会科学文献出版社，1996。

鄙视和冒犯，进而对局内人产生引诱，萌生触犯禁忌的欲望。这类禁忌相对于其他的禁忌往往具有更重要的社会功能，维护禁忌成为族群整合的主要手段之一。因此，这类禁忌迫切需要传说为之伴随、阐释和呵护。为保持这一符号的神圣性及神秘性，这些民族也都让这一禁忌附会在一个“真实可信”的传说之上。

历史的“真实”显然夯实了禁忌的虚妄，人们恪守禁忌在很大程度上不是惧怕某种惩罚，而是因为有一段可歌可泣的历史。而这段历史是传说提供的，似乎是先有历史事件，才引发出禁忌风俗，至少当地民众这样认为。当问起这一禁忌来历时，当地人肯定会讲述传说。传说为相应禁忌最直接的也是唯一的注脚。

传说和禁忌一样，都有特定的生存时空。对传说的认识，不应像一般的文学样式那样，拘泥于文化内涵的揭示和艺术形式的把握，而应把它置于更为现实的族群（ethnic group）关系中加以考察。传说的“势力范围”大都非常明确，而且关涉到传说圈内的每一个成员。因此，它在坚固族群关系方面显然是一种不容忽视的力量。马克思·韦伯有一篇较短的文章，题目就是《族群》（*The Ethnic Group*），该文说：“如果那些人类的群体对他们共同的世系抱有一种主观的信念，或者是因为体质类型、文化的相似，或者是因为对殖民和移民的历史有共同的记忆，而这种信念对于非亲属社区关系的延续是至关重要的，那么，这种群体就被称为族群。”① 为某一禁忌提供证言的传说，恰恰是一个群体（并不一定具有血缘关系）对相似性认同的一种主观的信念（subjective belief），一种在特定的社区范围内的“共同的记忆”（shared memories）。当然，这种“共同的记忆”并不是关于“殖民和移民的历史”，但却是与村落祖先和英雄生死攸关的一个历史事件（当然并不一定就是历史事实）。而且“共同的记忆”并非永远滞留于记忆的形式，还为族群构建了一个外

① 转引自乔健：《族群关系与文化咨询》，见周星、王铭铭主编：《社会文化人类学讲演集》，482页，天津，天津人民出版社，1997。

显的极易辨认的文化符号和标志，诸如不食狗肉等。传说同所宣扬的禁忌事象一道，共同使一族群与其他族群判然有别。可以说，这类传说和禁忌是族群在认同过程中找到的最佳的族史表现方式之一，它最大的作用就是支持对于族群的认定。

传说和禁忌之所以得到群体的认可并不断流传下来，主要是浇铸了深入人心的祖先及英雄崇拜的意识。这样，已具威慑力和权威性的禁忌传说便成为族群内成员相互（主要是年长的对年轻的）训诫的宗教式话语。超越了祖先及本族英雄崇拜辐射的区域，这话语便不起作用。甚至还有这样的情况，尽管族群成员的理性与智慧的程度足以使他们认识到食狗肉决不会招致事实上的惩罚，但他们对祖先及英雄生而有之的情感和敬畏也足以使他们负担不起亵渎祖先、英雄的罪名。如果说禁忌本身带有宗教性，那么，其与祖先和英雄的复合则肯定使这种宗教意味得以强化。

（原载《民间文化论坛》2004 年第 6 期）

饮食文化

中西饮食文化差异论

首先应该指出的是，中国人对西餐有些误解。譬如，大大小小经营牛排为主的西餐厅遍布京城，导致许多中国人谈起西餐时，往往将其等价于不同种类的牛排。牛排固然可以浇上各式各样的汁儿，做成三分熟或者八分熟，但吃起来终究是牛肉的味儿，因此在此基础上认为西餐口味单调是可以理解的，就如相当长一段时间内中餐在发达国家都被等价于酱油炒饭。殊不知牛排在大多数西方人生活中出现得并不频繁，即使是偏爱牛排的美国人，也多是过节时偶尔吃一次。比起牛排，西餐的大量日常饮食文化常常被忽略，而后者才是西餐调味的精华所在，也就是说调味不是只有中餐厨师才会做的事，西餐厨师做菜时和中餐师傅一样靠“感觉”，而不是量杯和天平。同样一道匈牙利牛肉汤，不同的厨师做出来也会有不一样的味道。法国美食是西餐的代表之一，丰富的食材、严格的烹饪要求、历代厨师对味觉的不断拓展，奠定了法国美食在世界的地位。例如，法国被称为“奶酪之乡”，法文有句自豪的话这么说道“la France aux 1000 fromages”，意即法国有一千种奶酪。不同品种的奶酪在气味、口感等方面差异明显，这点和牛肉不同。如此丰富的食材品种，加上厨师的精心烹调，法国菜的味觉丰富程度可见一斑，也足见国人对西餐口味的误解。

尽管如此，相对于饮食在中国文化中的地位，饮食文化在西方的确不够发达，不能典型地反映其文化的特点。但这种不发达本身也是一种文化发展的结果，所以对中西饮食文化的具体比较仍有意义。

一、两种不同的饮食观念

谁也不会否认，西方的饮食观念是一种理性饮食观念，不论食物的色、香、味、形如何，而营养一定要得到保证，讲究一天要摄取多少热量、维生素、蛋白质等。即便口味千篇一律，甚至比起中国的美味佳肴来，简直单调得如同嚼蜡，但理智告诉他：一定要吃下去，因为有营养。说得不好听，就像给机器加油一样。西方人对饮食的判断往往借助于实验和理性分析，侧重于“理”，认为饮食就是满足人体的生理需求。

这一饮食观念同西方整个哲学体系是相适应的。形而上学是西方哲学的主要特点。西方哲学所研究的对象为事物之理，事物之理常为形上学理，形上学理互相连贯，便结成形上哲学。这一哲学给西方文化带来生机，使之在自然科学上、心理学上、方法论上实现了突飞猛进的发展。但在另一些方面，这种哲学主张大大地起了阻碍作用，如饮食文化，就不可避免地落后了，到处打上方法论的形而上学痕迹。在宴席上，可以讲究餐具，讲究用料，讲究服务，讲究菜之原料的形、色方面的搭配；但不管怎么豪华高档，从洛杉矶到纽约，牛排都只有一种味道，毫无艺术可言。而且作为菜肴，鸡就是鸡，牛排就是牛排，纵然有搭配，那也是在盘中进行的。一盘“法式羊排”，一边放土豆泥，旁倚羊排；另一边配煮青豆，加几片番茄便成。一道“红焖鸡”做好后放几块在盘子一边，其他几处再放黄油炒面条、煮青豆、炸土豆条、红菜头丝和生菜叶，再加两枚刻鸡蛋花（熟鸡蛋刻上花纹），各占一方。色彩上对比鲜明，但在滋味上各种原料互不相干、调和，各有各的味，简单明了。

西方烹调不以吃味为目的，而且有些吃法极不利于吃味，比如西方人善饮，而酒，特别是烈酒是极影响品味的。再如，西方人都比较喜欢吃凉一点的食物，尤其在冰箱大量行销之后，绝大部分食物都与冰冻结了不解之缘。西方人秉承游牧民族的特点，养成了好吃冷食的习惯。因为游牧民族逐水草而居，漂浮不定，给食物加热带来很大不便，对食物的选择便逐渐趋于凉食。在西方，冰淇淋是常年不缺的食物，冰水更是不离口的饮料，这究竟是好是坏，我们无从置评，但就饮食的滋味讲，恐怕是有欠理想的。食物菜品，若想有滋味，味道好，第一件事，就是离不开“热”。

中国则是一种美性饮食观念。人们在品尝菜肴时，往往会说这盘菜“好吃”，那道菜“不好吃”；然而若要进一步问一下什么叫“好吃”，为什么“好吃”，“好吃”在哪里，恐怕就不容易说清楚了。这说明，中国人对饮食追求的是一种难以言传的“意境”，即使用人们通常所说的“色、香、味、形、器”来把这种“境界”具体化，恐怕仍然是很难涵盖得了的。人们多从味觉、视觉、嗅觉、触觉等方面直观地把握饮食文化，而不论营养是过度，还是不足，也不论食物的各种营养成分是否搭配得当，只要口味好（这是最重要的），色彩美，造型佳，便乐意享受这口福。

中国饮食之所以有其独特的魅力，关键就在于它的味。孙中山先生在阐明烹调与文明的关系时，亦着重强调了“味”，他说：“烹调之术本于文明而生，非深孕乎文明之种族，则辨味不精。辨味不精，则烹调之术不妙。中国烹调之妙，亦足表明进化之深也。”有一突出的例子，就是中国人对美味的追求竟然包括臭味在内。世界上，除了中国人，不知道还有哪儿的人喜欢吃臭味食品。西方人的奶酪似乎和臭味沾点边，不过，与中国的臭豆腐相比可差远了。中国的臭豆腐，闻起来臭，吃起来却有一种独特的怪香味，而且南北生产的臭豆腐口味不同。北方的臭豆腐一般作为调料，南方的臭豆腐已经是一道菜了，但不管哪一种，从选料到制作都极为考究、精制。

而美味的产生，在于调和，要使食物的本味，加热以后的熟味，加上配料和辅料的味，以及调料的调和之味，交织融合协调在一起，使之互相补充，互助渗透，水乳交融，你中有我，我中有你。这正如张起钧先生在《烹调原理》① 中，对上海菜“咸笃鲜”描述的那样：“虽是火腿、冬笋、鲜肉三味并陈，可是在煮好之后，鲜肉中早有火腿与笋的味道，火腿与笋也都各已含有其他两种因素。而整个说起来，又共同形成一种含有三种而又超乎三种以上的鲜汤。最典型的例子，莫如北京的溜黄菜，所用的材料是鸡蛋、鸡汤、芡粉、猪油和一点荸荠，但做好了以后，那就只是一碗溜黄菜，原来放的是什么一点都不知道，外行一点的，甚至不知道是鸡蛋，这就如交响乐中虽有多种乐器同时演奏，但奏出来的声音却是统一的。又如唱京戏，胡琴的声音必须把唱的声音包着才行，若是唱归唱，拉归拉的，那还算什么艺术。”中国烹饪讲究的调和之美，这是中国烹饪艺术的精要之处。菜点的形和色是外在的东西，而味却是内在的东西，重内在而不刻意修饰外表，重菜肴的味而不过分展露菜肴的形和色，这正是中国美性饮食观的最重要的表现。中国烹饪是从个体到整体的转变，体现着中国文化中“分久必合”“天人合一”的哲学思想。这与西菜由个体到个体那种体现西方文化的“自我形象”“自我实现”“自我选择”的“独”的意识，形成了鲜明的对照。

中国烹饪精湛的刀功古今闻名。《礼记》记载的周代八珍之一的“渍”，是古人讲究刀技的一个范例。其上云：“取牛羊肉必新杀者，薄

---

① 张起钧：《烹调原理》，北京，中国商业出版社，1985。

切之，必绝其理。”此中的“理”，指的就是牛羊肉肌肉的纹路。此菜的刀技不仅要求切得片薄如纸，同时讲究切断肌肉的纹理；达到“化韧”、烹调不变形的目的。中国菜经刀工后的原料，基本形态有块、丁、片、条、丝、米、粒、末、泥、蓉、球、段等。最细的几成发丝，最薄的几成棉纸。稍大的片、块，也要在表面剞出刀纹。这一切不光是为了形美，更重要的是利于味的渗透。至于整鸡，整鸭这样大的东西，中国厨师另有妙法，将其整料脱骨，使外形仍是一个完整的鸡（或鸭），但骨骼已全无。然后酿以各种馅料，经过烹调后，腹中馅料之味已渗入鸡鸭之中；而鸡鸭之醇浓厚味同样地和合到馅料之中。由于腹腔是密封的，烹调中生出的味，得以较多地保留。相比之下，西方菜肴则不大讲究刀法，多用大块原料。故而西方人用餐离不开刀叉。西方食品加工的机械化和标准化程度比较高，表现出简单粗放、机械大气、实用第一的特性。诸如西式牛肉菜，或切成大块，或剁成小块，或烤制牛排，或煮成肉汤，主料突出，技法简单。“牛排”“鸡排”如掌大，确确实实能填饱肚子，充实营养，但原料体积一大，味的渗透怎么也不会彻底。

中国饮食的美性追求显然压倒了理性，这种饮食观与中国传统的哲学思想也是吻合的。作为东方哲学代表的中国哲学，其显著特点是宏观、直观、模糊及不可捉摸。中国菜的制作方法是调和鼎鼐，最终是要调和出一种美好的滋味。这一切讲究的就是分寸，就是整体的配合。它包含了中国哲学丰富的辩证法思想，一切以菜的味的美好、谐调为度，度以内的千变万化就决定了中国菜的丰富和富于变化，决定了中国菜的菜系的特点乃至每位厨师的特点。盐放多少，不同佐料偏重的程度，两种以上菜料的搭配等，都有一个“度”的因素。还有火候，火候不到则生，才一过火就老，这不可能有硬性的时间标准，只能凭经验掌握。因此，火候是烹调中最重要的事，同时也是最难说明的事，真所谓是“道可道，非常道”。这种模糊性正是中国哲学的一大特点。

二、中西饮食对象及方式的差异

凡饮食都离不开菜。在中国“菜”为形声字，与植物有关。据西方的植物学者的调查，中国人吃的菜蔬有600多种，比西方多6倍。实际上，在中国人的菜肴里，素菜是平常食品，荤菜只有在节假日或生活水平较高时，才进入平常的饮食结构，所以自古便有“菜食”之说，《国语·楚语》：“庶人食菜，祀以鱼”，是说平民一般以菜食为主，鱼肉只有在祭祀时才可以吃到。菜食在平常的饮食结构中占主导地位。

中国人的以植物为主菜，与佛教徒的鼓吹有着千丝万缕的联系。东汉初年佛教传入我国，到南北朝时，佛教在我国的发展形成高峰。当时，南北各地广修佛寺，佛教信徒人数大增，“南朝四百八十寺，多少楼台烟雨中”，正是对这一史实的写照。脱俗为僧，入寺吃斋，他们视动物为“生灵”，而植物则“无灵”，所以，主张素食主义。中国人喜好素食的另一重要原因是古代帝王的禁宰政策。在周代，有资格吃牛肉的只有周天子。唐朝皇帝姓李，因“李”“鲤”同音，禁止百姓捕杀和买卖鲤鱼。宋徽宗属狗，诏令禁止屠狗吃狗。明朝皇帝姓朱，明武宗朱厚照竟诏令全国“豕牲不许喂养及易卖宰杀，如若故违，本犯及当房家小，发极边永远充军”。历代帝王的这些禁宰举措，客观上影响了中国百姓对食料的选择。

西方人好像没有这么好的习惯，他们秉承着游牧民族、航海民族的文化血统，以渔猎、养殖为主，以采集、种植为辅，荤食较多，吃、穿、用都取之于动物，连西药也是从动物身上摄取提炼而成的。西方人在介绍自己国家的饮食特点时，觉得比中国更重视营养的合理搭配，有较为发达的食品工业，如罐头、快餐等，虽口味千篇一律，但节省时间，且营养良好，故他们国家的人身体普遍比中国人健壮：高个、长腿、宽大的肩、发达的肌肉；而中国人则显得身材瘦小、肩窄腿短、色黄质弱。西方人以中西食物的差异来判定双方饮食营养的优劣是没有道理的。孙中山先生对饮食文化有深刻的研究和精辟的论述。孙中山在一次演讲中，谈到了“吃”的问题，他说：“人类谋生的方法，进步之后，才知道吃植物。中国是文化很古老的国家，有了四千多年的文明史，进化到农业时代，懂得了吃五谷，原是很久远的事情，应该说比欧美进步得多。”他还指出：“吃素是文明的表现。人类文明从生活方式的进化来看，可以分为四个时期：鱼类时代、畜牧时代、农业时代、工业时代。”他在《建国方略》中，详述了中西饮食现象的差异，并且得出结论：“中国常人所饮者为清茶，所食者为淡饭，而加以蔬菜、豆腐。此等之食料，为今日卫生家所考得为最有益于养生者也。故中国穷乡僻壤之人，饮食不及酒肉者，常多上寿。又中国人口之繁昌，与乎中国人拒疾疫之力常大者，亦未尝非饮食之暗合卫生有以致之也。”他还说：“中国素食者必食豆腐。夫豆腐者，实植物中之肉料也。此物有肉料之功，而无肉料之毒，故中国全国皆素食，也习惯为常，而无待学者之提倡矣。欧美之人所饮者浊酒，所食者腥膻，亦相习成风，故虽在前有科学之提倡，在后有重法之厉禁，如近时俄美等国之厉行酒禁，而一时亦不能转移之也。”孙氏之言科学地道出了中国饮食之利及西方饮食之弊。事实上，在生理营养科学上，中西已逐渐趋向双方之融合。西方餐桌上蔬菜的种类及分量明显在增加，而中国人随着生活水平的提高，肉类和牛奶及奶制品在饮食结构中的比重正在大大增加。

有人根据中西方饮食对象的明显差异这一特点，把中国人称为植物性格，西方人称为动物性格。反映在文化行为方面，西方人喜欢冒险、开拓、冲突；而中国人则安土重迁，固本守己。按照美国民俗学家露丝·本尼迪克特的“文化模式”理论，中国人的文化性格颇近似于古典世界的阿波罗式，而西方人的文化性格则类同于现代世界的浮士德式。的确，西方人如美国人在开发西部时，他们把整个家产往车上一抛，就在隆隆的辎重声中走出去了。而中国人则时时刻刻记住有“家”和“根”，尽管提倡青年人要四海为家，但在海外数十年的华人，末了还拄着拐杖回祖国寻根问宗，这种叶落归根的观念及人文精神，不能不说是和中国人饮食积淀相通合，它使中华民族那么地富有凝聚力，让中国的民俗那么地富有人情味。中国还有一句古语，叫做“嚼得菜根，百事可做”。菜根条件意味着艰苦卓绝的生活。中国人凭着“嚼菜根”的决心和气魄，创造了古老灿烂的文明。而当我们回过头来看的时候，古巴比伦、古希腊、古埃及这些食肉民族的文明，都已经消失或黯淡了。

中西方的饮食方式有很大不同，这种差异对民族性格也有影响。在中国，任何一个宴席，不管是什么目的，都只会有一种形式，就是大家团团围坐，共享一席。筵席要用圆桌，这就从形式上造成了一种团结、礼貌、共趣的气氛。文字学家王力先生在《龙虫并雕斋琐语》[1] 中指出：“圣人制礼作乐，关于吃这一层算是想得尽善尽美了。然而咱们的先哲犹嫌不足，以为食而不让，则近于禽兽，于是提倡食中有让……于是劝菜这件事也就成为‘乡饮酒礼’中一个重要项目了。”从中可见饮食上的“群享”不仅可以敦睦感情，促进上下左右的关系，而且可以培养人们“尊让契敬”的精神。

美味佳肴放在一桌人的中心，它既是一桌人欣赏、品尝的对象，又是一桌人感情交流的媒介物。人们相互敬酒、相互让菜、劝菜，在美好的事物面前，体现了人们之间相互尊重、礼让的美德。虽然从卫生的角度看，这种饮食方式有明显的不足之处，但它符合我们民族“大团圆”的普遍心态，反映了中国古典哲学中“和”这个范畴对后代思想的影响，便于集体的情感交流，因而至今难以改革。这种“聚餐”及“宴饮”的社会功效，在年节期间得到更为明显的表现。古人云：“饮食所以合欢也。”除夕、春节、元宵要吃“团圆”饭，端午节吃粽子，冬节吃汤圆，其他繁多小节，如观音节、灶王节等，也要蒸糕、改膳，用吃来纪念先人，用吃来感谢神灵，用吃来调和人际关系，用吃来敦睦亲友、邻里，并且进而推行教化。

---

① 王力：《龙虫并雕斋琐语》，北京，商务印书馆，2002。

尤其是吃火锅，全桌人共同涮出美好的情感。说起火锅，最具特色的莫过于川渝火锅，其麻辣的滋味令人垂涎。有人这样形容川渝火锅的外观：“火红的辣子，红火的汤，密密麻麻的花椒如繁星点缀，锅底沉淀几味害羞的香料。没有点火，这一袭红袍，正是亭亭玉立于余晖下的处子，静静的色诱着周围的人，光是这惊鸿一瞥，嘴还哪能包住口水的泛滥，只恨不得把自己也给烫了。”还有人这样形容川渝火锅的味道：“食之有味，味浓浓深藏在热辣辣之中；言之有情，情深深隐含于麻酥酥之外。”可见在人们眼里，川渝火锅是多么的美味诱人。大家团团围坐在一个红红的火锅周围，相互劝菜、敬酒最能展现中国人进餐时热烈而亲和的场面。中国饮食方式的选择是以“情”为主导的，趋向于价值选择而非真假的判断，着重于人们的心理、情感和行为的协调和融合。因为人们有着共同的饮食需求——感受一种心情。

西式饮宴上，食品和酒尽管非常重要，但实际上那是作为陪衬。宴会的核心在于交谊，通过与邻座客人之间的交谈，达到交谊的目的。如果将宴会的交谊性与舞蹈相类比，那么可以说，中式筵宴好比是集体舞，而西式宴会好比是男女的交谊舞。由此可见，中式宴会和西式宴会交谊的目的都很明显，只不过中式宴会更多地体现在全席的交谊，而西式宴会多体现于相邻宾客之间的交谊。西方饮食方式渗透着个人“独享”主义的思想和感情色彩。

与中国饮食方式的差异更为明显的是西方流行的自助餐。此法是将所有食物一一陈列出来，大家各取所需，不必固定在位子上吃，走动自由，这样做，吃是一个目的，但主要还是为了社交的需要，这种方式便于个人之间的情感交流，不必将所有的话摆在桌面上，也表现了西方人对个性、对自我的尊重。但各吃各的，互不相扰，缺少中国人聊欢共乐的情调。有人想把自助餐纳入中国的饮食文化，这是行不通的。张起钧先生在《烹调原理》中道明了其中的缘由：“第一，自助餐与饮茶不同，饮茶是把刚出锅的东西送到你面前请你选用，而自助餐则是大批做好陈列在那里，等你来时早就凉了。中国菜就要趁热吃，那落了滚了，还吃什么。第二，自助餐只能做些硬菜，实惠菜。然后才可大块小块的供你取用。而那些最代表中国烹调艺术的，娇嫩、清淡的菜，无法在此亮相。第三，自助餐只能做大锅炖，大锅熬的菜，任何精巧点的菜顶多一锅炒两份，哪里能一下做几十人份的堆在那里？因此势必不会好吃，谈不到滋味。在这种情形下，很明显的若采用自助餐，势必否定了中国的烹调艺术。”中国人是要通过同桌共食来表现和睦、团圆的气氛，抒发祈愿平安、幸福的心情，这就是为什么中国的大小节日都要以聚餐、会饮为主要内容的原因。而自助餐却打破了围坐欢饮的格局，将个人的独立、自主提到首位，这与中国传统的大家庭大一统的文化模式是背道而驰的。

三、中西饮食归属及性质的差异

饮食观念的不同，使西方饮食倾向科学、理性，中国饮食倾向于艺术、感性。在饮食不发达的时代，这两种倾向都只有一个目的——度命充饥。而到了饮食文化充分发展之后，这种不同的倾向就表现在目的上了：前者发展为在营养学上的考虑，后者则表现为对味道的讲究。有一明显的食例：我国将竹笋当作美味食物，西方人是不吃的，说它“没有营养”。他们看重的是蛋白质和热量，而把构成鲜味的氨基酸排除在外。而中国人发觉此物很鲜，不管它有没有营养，自古以来就吃竹笋。

烹调出自饮食。饮食原来是一个旨在维持生命的营养，因此，西方饮食的着重点仅仅是原始的饮食实用性的延伸。中国饮食对味的偏重，就把饮食推向艺术的领域。孟子说：“口之于味有同嗜焉”，这一“嗜”字，就点出营养发展到艺术的关键，而这嗜正是来自味了。在中国，吃，远不是为了营养，有时吃饱了，还要吃，这是超负荷的饮食。何故？说好听点，是欣赏烹调的艺术；说不好听点，是不胜其“味美”的诱惑，是在尽情进行味觉享受。这在西方理性食观看来，不仅是浪费，而且危害人体。其实，中医也反对暴饮暴食，主张“饮食有节”，但中医的辩证法又告诉人们，偶尔的“超负荷”，只要吃得舒服，也可以吸收、储存。气功师在不吃不喝的情况下精神饱满，虽体重下降，而对人体无损，便是对这种储存的消耗。中医还主张冬天加强营养，也是储存以保来年的精力旺盛。中国人的这种观点比西方一味反对超负荷饮食的主张更为辩证，更接近于科学的真理，且已受到数千年中医实践的检验。

从更高的层次讲，只注重营养，食物味道千篇一律，食之如嚼蜡，这就把饮食看成是生存的手段，只是更为合理的果腹充饥，而不是享受。心理学家斯宾诺莎说过：“欲望不是别的，恰恰是人的本质。”人类对美味的渴求，是人的本质的充分反映。在味觉的享受过程中，涌动着一股勃发的生命冲力。生命，不应该是一种桎梏，一种欲望的压抑，不应用绝对的理性来规范人的一切行为。就饮食而言，不能为了“科学”“营养”而将一些美味排斥于餐桌之外。只有美味的东西，才能满足人们的食欲，进而给人带来身心的愉悦。中国人的饮食从古至今表现为感性对理性的超越，致使中国饮食文化充溢着想象力和创造性。中国饮食活动中的感性是升华了的感性，渗透了理性的感性，是生命本质的实现。另外，味觉享受本是人类为之奋斗追求的主要目标之一，因此，中国饮食的艺术化符合人类历史发展的进程，比西方饮食的科学化更进步。正如张起钧先生在《烹调原理》中说的：“美国总算是空前富足的社会了，但到今天为止，本质上还是在‘食物充饥’的阶段，距离进入艺术境界，仍有一段距离。”在中国，饮食早已超越了维持生存的作用，它的目的不仅是为了获得肉体的存在，而且是为了满足人的精神对于快感的需求。它是人们积极地充实人生的表现，和美术、音乐、文学等有着同等的提高人生境界的意义。

西方饮食倾向于科学性，这种倾向使其日趋机械、规范，西方高度发达的科学技术，更助长了他们在饮食方面固有的理性分析倾向，使得他们在食物的搭配方面更侧重于营养成分的组合，甚至根据人的具体身体状况来配给饮食，而对于口味则置之不顾。

中国饮食倾向于艺术性，所谓艺术境界，其实也就是一种完成了由必然王国到自由王国的飞跃才获得的境界，它的特点就是随意性。比如同样一个菜肴，由于地区、季节、对象、作用、等级等的不同，可以在操作上做不同的处理。拿红烧鱼来说，冬天的色宜深些，口味宜重些，夏天则色和味均应清淡些；对于江浙一带的人来说，红烧鱼的调味中可加糖，如面对川湘顾客，则应多放辣。说到辣，使人想起川菜中辣味型菜肴，其实也并非单一而是多种多样的，有麻辣、酸辣、鱼香、怪味、家常、干烧等不同类的辣的味型。可见离开了随意性，就没有中国烹饪的变化多端，就会失去中国烹饪的独特魅力。而在西方，一道菜在不同的地区不同的季节面对不同的食者，皆为同一味道，毫无变化。譬如在美国，宴客最讲究最贵重的菜，便是大块牛排，一口口吃的，全是一道滋味的肉。即令是最高贵的宴席，也不过是餐具考究，布置华贵而已，菜仍旧一个样。

再说原料。西方人认为菜肴是充饥的，所以专吃大块肉、整块鸡等“硬菜”。而中国的菜肴是“吃味”的，所以中国烹调在用料上也显出极大的随意性：许多西方人视为弃物的东西，在中国都是极好的原料，西方人不吃动物内脏，这在中国是难以理解的；西方人因鸡脚食之无肉，故将其与鸡骨、鸡毛视为同列而弃之，而在中国，鸡脚则为鸡身上相当贵重的部位，美其曰“凤爪”。西餐、日餐吃鱼、吃鸡，大都要去头尾，去皮，动物内脏一概摈除。而中国厨师，用鸭掌可以做“金鱼鸭掌”，用鱼头可以做“砂锅炖鱼头”，用猪肠可以做“九转大肠”，用猪脚可以做“白云猪手”，连猪心上的血管，也可做“烩管廷”。平常的原料，外国厨师无法处理的东西，一到中国厨师手里，就可以化腐朽为神奇。足见中国饮食在用料方面的随意性之广博。有的外国人认为，中国人因为一向很穷，吃不起肉，所以连肠肚肝肺内脏头脚等一齐都吃。这显然是对中国饮食文化的无知，才会产生如此令人啼笑皆非的想法。

再如技巧，一个优秀的厨师，固然要能做复杂烦琐的大菜，但就是面对简单的原料和佐料也往往能信手制出可口的美味，这是技巧的随意性。表面上看，菜谱似乎是科学的，西方人总是拿着菜谱去买菜，制作菜肴。《海外文摘》1995 年第 1 期刊登了一篇题为《吃在荷兰》的文章，提及荷兰人家的厨房有天平、液体量杯、定时器、刻度锅，调料架上整齐摆放着大小不一的几十种调味料瓶，就像个化学试验室。这样一来，做饭的人实际上犹如一位自动流水线作业中的工作人员。这种境况与中餐制作相比起来，就显得机械了，在复杂的具体情况面前往往是无能为力的。当然这种机械的科学仍不失为科学，但却是原始的科学，不彻底的科学。中国烹调讲究艺术性，千变万化之中却符合科学的要求，可以说是一种超越科学的科学。西方食品的营养成分一目了然和绝少艺术氛围的特点，明显地区别于中国饮食的艺术境界。西方不少国家在中小学校都有营养师，以保证青少年的营养充足和平衡，而在中国营养师就不多见，即使是高级筵席也几乎从不孤立地去考虑营养组合。表面上看，中国饮食对营养科学是一种直观的模糊的把握，其实它是建立于对食物的营养成分及特性经验性的理解上，只不过这种理解不是纯粹理性及逻辑的理解罢了，其中有不少超前性理论（例如中医主张的忌嘴）有待于科学的研究论证。

中国饮食的艺术属性还表现在对饮食文化综合美的追求上。从近几年刚刚建立起来的中国烹饪美学学科所包含的内容看，饮食审美涉猎生理心理学；厨房和餐具涉猎技术美学、劳动美学；餐厅建筑装饰涉猎建筑美学、园林美学；食品加工涉猎工艺美学、实用美学；原料的运用涉猎自然美；筵席设计和餐厅服务涉猎社会美、伦理美（礼节、礼貌），乃至服务人员的风度、装束；餐厅的匾额、楹联，既是书法，又是文学；宴席的酒曲、酒令，既是音乐，又是文学……足见中国饮食这门艺术博大精深，是包罗非常广泛的艺术门类，这在西方是不可想象的。

中国饮食的艺术属性及西方饮食的科学属性表现在烹饪加工方面，便有技艺型和技术型之差。中国烹饪为了追求色香味形之美、之奇，在刀工、火候等方面具有特强的技艺性，其中绝大部分技艺为机械所不能代替，有的技艺也为科学所不能解释，还有的技艺是绝技、绝招。譬如我国加工技艺古今驰名，史料亦多有记载。《庄子·养生主》所记庖丁，世人熟知。庖丁解牛，用今人的烹饪术语则是分档取料，达到了神屠中音的地步。后来，“庖丁”成了褒技艺超凡的事厨者的代称。苏轼《老饕赋》用的就是“庖丁鼓刀，易牙煎熬”之语，以美技艺娴熟的割烹之出类拔萃者。唐段成式《酉阳杂俎》还记过一位操刀能手：“进士段硕，常识南孝廉者，善斫烩，谷薄丝缕，轻可吹起，操刀响捷，若合节奏，因会客炫技。”厨娘中的操刀能者，廖莹中《江行杂录》有记载，说是时京都厨娘从小培训，行厨时，“刀砧杂器亦一一精致”，“据坐胡床，缕切，徐起取抹批脔，惯熟条理，真有运斤成风之势”。这些技艺或散布于民间，或出入于宫廷，五彩缤纷，争奇斗艳，层出不穷，成为中华民族艺术宝库的一朵奇葩。而西方在这方面纯粹是技术型的，甚至投入机器生产，距艺术的殿堂相隔甚远。

中西方饮食性质的差异，与它们各自的生活方式及生活节奏是吻合的。在西方，流水线上的重复作业，实行计件工资制，生活节奏急促，人们有意无意地受到机械的两分法影响，信奉“工作时工作，游戏时游戏”的原则。生活的机械性导致了饮食的单一性或对饮食的单一熟视无睹，顿顿牛排土豆，土豆牛排，单调重复的饮食与其工作一样，以完成“件”数为目的，自然无兴趣、滋味可言。可以说，在西方，食客的目的宽容了烹调的停滞。中国则不然，在改革开放之前一直没有视时间、效率为金钱、生命，生产中往往伴随着其他活动，即便是在“大跃进”的年月也要学习文件。这种“游戏中有工作，工作中有游戏”的生活方式在饮食中显现出来。街上卖烧饼的师傅，揉面时喜欢用擀面杖有节奏地敲打案板；厨师在炒菜时，敲打马勺，注意烹炒的节奏感。这些自然不会对工作有什么便利，但却增加了劳动者的工作趣味，只有在这种气氛中工作才会有积极意义，才会有中国菜的创造性和艺术性。

（原载《民俗研究》1995 年第 2 期）

中国饮食文化的哲学省思

美国加州大学吴森教授曾说："哲学研究的对象，是人类经验（广义经验，和狭义专指感官经验的不同）的全部。'饮食男女，人之大欲存焉。'饮食烹调和男女关系是人类经验的重要部分，为什么研究哲学的人总对这些经验避而不谈呢?"① 如果说哲学是对人类生活经验反省与思考活动的话，那么，民以食为天，饮食也自然应为人类生活经验中极主要的部分，这种经验同人们的精神和物质生活皆有着密不可分的联系，其中所包含的民族文化的积淀因素非常丰富。可见，饮食这种文化，在实质上也体现着一个民族的哲学思维倾向。从饮食文化入手，研究中国哲学，不仅是可能的，而且是必要的。

---

① 张起钧：《烹调原理》，1页，北京，中国商业出版社，1985。

一、饮食中的阴阳五行学说

五四以前的中国古代文化，是以阴阳五行作为骨架的，阴阳消长、五行生克的思想，弥漫于意识的各个领域，深嵌到生活的一切方面，尤在饮食文化中表现得最为明显。

五行学说把人类古代物质的、精神的，现实的及理想的，一切一切的存在统统纳入一个齐整的结构模式之中，统统纳为润下、炎上、曲直、从草、稼穑等五种功能属性①，其他诸如“声不过五，五声之变不可胜听也；色不过五，五色之变不可胜观也；味不过五，五味之变不可胜尝也”②。“草生五色，五色之变，不可胜视。草生五味，五味之美，不可胜极。”③ 这一模式把宇宙看成是由形形色色的事物组成，同时又竭力要在众多的事物中去找出和确定那些构成宇宙万物的基本的东西。整个宇宙被看成是一定数量关系的基本要素所构成的合规律的整体，它有其内在必然的结构和规律，不是混乱不堪的东西。中国的饮食活动自然也被纳入这一结构模式。例如，把食物分为五畜（羊、鸡、牛、犬、彘）；五谷（麦、菽、稷、麻、黍）；五味（酸、苦、甘、辛、咸）；五香（花椒、八角、桂皮、丁香花蕾、茴香子）等，《尚书·洪范》还言：“润下作咸，炎上作苦，曲直作酸，从草作辛，稼穑作甘。”五行说认为水、火、木、金、土在口味上的属性分别是咸、苦、酸、辛、甘，合称五味。五味受五行统辖。

另外，原始五行说把自然现象和人的活动归结为水、火、木、金、土五种物质元素，并把饮食归于土的范畴，因为饮食中的基本成分是谷类食物，系土地所生，故属土。史伯说：“先王以土与金木水火杂，以成

① 《尚书·洪范》。

② 《孙子兵法·势篇》。

③ 《内经·素问》。

百物。"[1] 将"土"单独提出，表明了对土的尊崇。在稍后一点的《乐记》佚文中，更明白提出"土比于五行最尊"的说法[2]，把尚土说提到极致。这就把中国人特别重视饮食的生活观念高度理性化、哲学化了。

五行学说解释了宇宙的结构，但没有阐明宇宙的起源。阴阳学说解释了宇宙起源。阳字本指日光，阴字本指没有月光。到后来，阴、阳发展为指两种宇宙势力或原理，也就是阴阳之道。阳代表阳性、主动、热、明、干、刚等，阴代表阴性、被动、冷、暗、温、柔等。阴阳二道互相作用，产生了宇宙一切现象。任何事物都有阴阳两个方面，饮食亦不例外，如把饮作为阳，把食作为阴（《礼记·郊特牲》云："飨禘有乐，而食尝无乐，阴阳之义也。凡饮，养阳气也；凡食，养阴气也"）等。

既然中国饮食被框定在阴阳五行的模式中，那么饮食活动也必然要符合阴阳五行相生相克的运行发展规律。饮是阳，食是阴，但食之内若干食物为阴，还有若干食物又为阳。例如，用火烹熟的肉多半是阳的，而谷类食物则大多是阴的。由此出发，食物与盛食器皿的关系也被框入模式之中。在殷商时期，青铜器皿主要用于盛放谷粒食物和用谷粒作出来的酒。用于盛肉肴的最要紧的两种器皿，笾和豆都是用木头、编织物和陶器做的。何故？当时，为富人所用的祭祀菜肴中都是有肉的，而青铜器正是为了他们之用而制作的。金属器大概是阳的，而陶瓠则大概阴大于阳。按照阳与阴接，阴与阳合的基本规则，青铜器便不能盛属阳的肉类菜肴了，否则便同性相克。这就是《礼记·郊特牲》所说的："鼎俎奇而笾豆偶，阴阳之义也。笾豆之实，水土之品也。""郊之祭也……器用陶瓠，以象天地之性也。"

饮食一方面是为了充饥，另一方面是为了养生，饮食活动只有在不违背阴阳五行的生克规律的前提下，才能真正起到养生保健的作用。中医学认为，人的生命体内部充满着阴阳对立统一的辩证关系，所以说：

---

① 《国语·郑语》。

② 《太平御览》卷十七时序部五行条。

“人生有形，不离阴阳。”① 而“阴阳乖戾疾病生”，因此饮食首先必须做到阴阳配伍，如对于每顿正餐来说，必须主食（饭）、副食（菜）搭配适当。主食为阳，一般为米饭、馒头、窝窝头、饼或面条等谷物构成，作为一餐饭的这一半；副食为阴，以各种菜蔬或肉构成，作为一餐饭的另一半。即使从外观上看去，主、副食连成一器的一顿饭，如饺子、包子、馄饨、馅饼等，实质上其主、副两部分也不是掺合在一起的，它们各自仍然保持着适当的比例，皮为饭，馅为菜，主食、副食泾渭分明。中国人在饮食中遵从饭菜均衡原则确实是不分场合坚守如一的。例如，我们现在招待客人，即使满桌佳肴，吃得吃不下饭，主人还要谦虚地打招呼：“菜不多，饭要吃饱。”光吃菜，在不少中国人的观念中不算吃饭，这些人即使吃了很多菜，只要没进谷类饮食，心里总感不平衡，觉得不曾饱。当然所谓饭菜均衡并不是不分主从，正如阳主阴次那样，饭食总是多于菜食。旧社会即使家穷，家长教训小孩也是多吃饭，少吃菜。中国人碰面一般都问“吃过饭没有”，而从不说“吃过菜没有”。

中国饮食方式的阴阳观还进一步表现在对食物的合乎医学对生命体的认同上。这就是说，不但人的生命体合乎阴阳原则，众多的食物也各具阴阳禀性，同时，只有两者相配得当。才能维持生命体的平衡，保证人的康健。如果身体正常时过量的多吃了一种性质的食物，就会造成这一性质的力量过盛而超过另一种性质的力量，导致疾病。

食物一般有凉性和热性之分。也有称作去火的（解热）和上火的（升热）。火或热被认为是首先要考虑避免的。但是冷与热对比中，任何一种本身都不一定对人更有利或更有害。在中国人的传统信仰中，普遍地认为油腻和油炸的食物、辛辣、肥肉、油脂植物（如花生、芝麻）属于热性，而大部分含水植物，贝壳类动物（特别是螃蟹）和某些豆类（如绿豆）都是凉性。例如，生疮或不明原因的发烧可能是吃了过多的

---

① 《素问·宝命全形论》。

热性食物，而伤风感冒的人如果再吃凉性食物如螃蟹，就会加重了体内凉的强度，使病情加重。

另外，人体内脏组织与阴阳五行理论也形成有机的联系，这就是“四时五脏阴阳”的“藏象学说”。认为人体的精神气血皆由五味（酸、苦、甘、辛、咸）所滋生，五味与五脏，各有其亲和性，所以说五味入口不欲多偏，多则攻其脏腑，各有所损，即咸多伤心、甘多伤肾、辛多伤肝、酸多伤脾。故《素问·五藏生成篇》又说：“多食咸，则脉凝位而变色；多食苦，则皮槁而毛拔；多食辛，则脉急而爪枯；多食酸，则肉胝腋而唇揭；多食甘，则骨痛而发落。”这就告诉我们，饮食应注意其食物的性味，并要做到五味适宜，平时饮食不要偏嗜，病时更应注意饮食宜忌。

中国人不但把饮食视为一种养生保健预防疾病的行为，而且还利用五行相生相克的原理，通过人的饮食达到治病疗病的目的，这就是中国传统的以食代药的食疗法。《内经》说：“毒经攻邪，五谷为养，五果为助，五畜为益，五菜为充。”这既注意了饮食的滋味营养作用，又巧用食物阴阳五行的配伍特性，达到药石所不能奏效的治疗目的。中国有句古语叫“药补不如食补”，而食补的时令也要符合阴阳平衡的要求。具有滋补性的食物，如肉类、人参等皆属热性，因此就不宜在热气腾腾的夏天食用，否则，热上加热，反于身体不利。另外，民间还以为夏天多汗，滋补营养随汗流泄，不易贮存。这些在阴阳五行观支配下的饮食习惯符合一定的科学道理。

二、饮食中的“中和”观念

中国古典哲学的阴阳五行思想不仅确立了人们认识世界的思维定势，而且使人们深刻地认识到相对独立的种种存在的和谐统一是宇宙的本性。《中庸》第一章说：“喜怒哀乐之未发，谓之中；发而皆中节，谓之和。中和者，天下之大本也，和也者，天下之达道也。致中和，天地位焉，万物育焉。”宇宙万物唯有达到“和”的境界，方能获得永恒。同样，饮食也是把“和”作为自己最高的境界。“和”在饮食文化中，它的含义是适中和平衡，但这是在差异和多样的前提下实现的。

《左传·昭公二十年》中齐侯和晏子的一段话形象地说明了“和”的含义，“公曰：‘和与同异乎？’对曰：‘异。和如羹焉，水、火、醯、醢、盐、梅，以烹鱼肉，燀之以薪，宰夫和之，齐之以味，济其不及，以泄其过。君子食之，以平其心。君臣亦然。君所谓可而有否焉，臣献其否，以成其可；君所谓否而有可焉，臣献其可，以去其否，是以政干而不干，民无争心……若以水济水，谁能食之？若琴瑟之专一，谁能听之？同之不可也如是。’”晏子这番话，把深奥的哲学道理用人们日常的饮食现象浅显地表现出来了。烹饪要求“和”而不要求“同”，“同”是单一，也就必然单调乏味；“和”是谐调，是把多样而丰富的物质加以增减配合，使其适中，这种对饮食整体性的把握，也就体现了中国哲学的一大特点。值得一提的是，孔子在《论语·子路》中以此区别了“和”与“同”，并由此提出了“中庸”观念，他认为“过犹不及”，朱熹解释说：“过则失中，不及则未至。”中庸观念在中国文化史上产生了巨大而深远的影响。

在中国饮食文化中，“和”是体现在制作方面的总特点，概括地说，和就是在参与烹饪的诸多要素（如水与火，各种主原料、佐料、调料、主食与副食等）之中，寻求适中与平衡，以达到整体的最佳效应。《周礼·天官冢宰·内饔》所说的“割烹煎和”，前三者都是烹饪的局部过程，唯“和”是贯穿全过程的。要达到“和”的最高标准，必须经过谐调。谐调水与火候，如《吕氏春秋·本味篇》所说：“凡味之本，水最为始，五味之材，九沸九变，火为之纪。”谐调季节与味性，如《周礼·天官冢宰》所说：“凡和，春多酸，夏多苦，秋多辛，冬多咸，调以滑甘。”谐调肉食与五谷合膳的，又有“牛宜稌，羊宜黍，豕宜稷，犬宜粱，雁宜麦，鱼宜蓏”之说。总之，在中国古代的烹饪中，处处都在讲究谐调以达到“和”的境界。“和”是一种辩证法，是中国古代传统价值观与审美观的根基：政治上提倡“人和”；音乐上讲究“和乐”“唱和”；医学上主张“身和”“气和”等，都是在寻求一种适中与平衡。

古人还讲究不同季节的饮食偏重不同的味道，这也谓之“和”。古代以五行配五味，是以味在人体中起的作用作为求“和”的先决条件。如果剥开这神秘的五行外衣，可以看到古人已掌握了朴素的生理营养知识，因此，这种“和”就寓有饮食治疗的含义，并为后世药物医疗的营养调理的中医学治病理论的创立奠定了基础。

中国人的饮食不仅仅是遵循阴阳五行的和合平衡这一原则，在“乐而不淫，哀而不伤”的中庸哲学思想影响下，中国传统饮食习惯还包含一种“节制”观。“中庸”哲学竭力推崇者孔子说：“君子食无求饱。”[①] 管子也说：“凡食之道，大充（过于饱），伤而形不藏；大摄（过于饥），骨枯而血沍。充摄之间，此谓和成。”[②] 纵情吃喝是一种罪恶，甚至可以颠覆一个王朝。历史上，夏、商两代的覆亡都是由贪饮嗜食造成的。《战国策·魏策》记载仪狄作酒，进之禹，禹曰：“后世必有以酒亡其国者。”禹的预测，在桀、纣身上得到应验。

对个人来说，每餐饭的理想数量照中国做父母所说的叫作“七分饱”。只有常处在饱中饥、饥中饱的状态下，才最有利于身心。不能极饥而食，极渴而饮，所以，大渴不能大饮，大饥不能大食。唯恐血气失常，卒然不救，如荒年饿莩，饱食即死，就是验证。另外，饮酒更需节制。少则益人，过多则损人。少饮酒能引滞气，导药力，润肌肤，益颜色，通经络，辟秽恶；多饮酒则醉，使肝浮胆横，诸脉冲激，于是就会败肾，毁筋，腐骨，消胃，久之更会神散魄冥，不能进食，独与酒宜，便死到临头了。可见，饮食过量，背离“中庸”，便会损害身体。饮食的基本目的是为了养身，墨子说：“古者圣王制为饮食之法，曰：足以充虚继

---

① 《论语·学而》。

② 《管子·内业》。

气，强股肱，耳目聪明，则止。不极五味之调，芳香之和，不致远国珍怪异物。”① 墨子这里指出了饮食的第一个目的，就是强健身体，吸取营养。而嗜欲无度，则“忧患不止，精气驰坏”②，自然为日常生活之大忌，这是符合科学道理的。或许，孔子正是在饮食的这种科学规律的启迪下，才提出了“中庸”的哲学思想。要不，为什么“政”字在《论语》中出现过41次，而“食”字也出现了41次。这一方面说明孔子重视饮食；另一方面也说明传统饮食习惯及观念对孔子哲学体系的渗透。“节食欲”被纳入并上升为哲学高度后，便超出了生理保健层面而拥有更为深厚广泛的文化内涵。

中国哲学中“和”的概念所包括的范围是十分广泛的，甚至饮食方式也在其中。“淫”所以成为万恶之首，是因为它扰乱社群的和谐。在氏族社会为争夺异性而引起的断杀、战争，其结果可能导致整个部落的毁灭。相反地，食却具有一种“和合”的社会功能。古人云：“饮食所以合欢也。”中国人所以讲究和气一团，这里有津液交流、共享一席的关系。我之中有你，你之中有我，在共同用膳的过程中充满了“人情味”。因此，中国人对“人”的定义就是：“仁者，人也。”亦即是必须用“二人”才能去定义任何一个“人”。如果要对孔子的哲学核心——“仁”溯源的话，那么，中国自古已有的围火共食、席地聚餐的饮食方式，就是其最原始最直接的依据。反过来，也唯有“仁”，大家才能尽善尽美地共享同一饮食。虽然从卫生角度来看，这种饮食方式不太妥当，但它符合我们民族的心理，便于集体情感交流，因而至今难以改革，反映了中国古代哲学中“和”这个范畴对民族思想的影响。饮食毕竟是民族心理的一种折射，在这个因素的主导下，卫生也就退居其次了。例如，中国古代朝堂祭祀的宴飨，农村百姓的“乡饮酒礼”，中国民间的喜庆节日，无不是在推行饮食和欢的活动，以大宴宾朋来表示，其食物又讲究

① 《墨子·节用》。
② 《内经·素问》。

花样繁多及和谐。可见，饮食已成为协调、沟通人与人之间关系的重要手段，而目的却还是在于一个“和”字。

“和”的思想还在一定程度上促进了中国饮食文化兼容并蓄的生成机制，在“和而不同”的思想指导下，中国饮食文化广泛地和有选择性地借鉴和摄取了域外饮食文化的精华，这给自身注入了新的营养物质，使中国饮食文化给人们一种既古朴而又清新的感觉。

中国饮食文化受中国古典哲学的影响是深刻的。阴阳五行学说，“中和”观念使得中国饮食文化充满了辩证意识，呈现千变万化，多姿多彩。中国古典哲学对中国饮食文化的影响不仅有积极一面，而且也有消极的一面。中国古代的美食家同时又是哲学家，从孔子到孙中山皆如此。他们多以哲学思想来阐述饮食文化，或以饮食现象来说明哲学深奥的道理。这样，饮食文化在深层心态中往往与哲学等同了起来，扼制了中国饮食文化本身理论的发展，出现了中国饮食文化发达而理论水平萎缩的不平衡现象。还有，一些道德观念和哲学规范在美食中得到潜在的反映，如尊卑、长幼的封建道德观和中庸、和谐的传统哲学观，无不贯注于人们的饮食活动之中，致使饮食活动中的因袭重负把餐桌扭曲为一个社会。在餐桌上装进了如此多与“吃”无关的东西，如果说这不算是对“吃”的亵渎，至少也是一种“吃”的异化。

另外，中国饮食最有魅力也最富哲学色彩的就是“调和”。但是“调和”的中心是“五味之和”，根本目的是要调出“嘉味”，而绝不是各种营养成分的合理搭配、调和，也即是说，中国饮食忽视了其根本目的——为人体提供所需的一切养分，没有很好地较科学地将饮食的各种营养成分与人体的物质需求有机地结合起来。因此，中国饮食文化展现的哲学性既是深刻的，又是片面的。

到了秦汉时代，阴阳五行学说充满了神秘主义宗教色彩，受其影响，中国饮食文化也秉有一种非理性的神秘主义精神。五行配五味，五味调和，便可成美味；但怎样的味道才算美味，却没有“标准答案”，似乎是只可意会不可言传。尽管中国古代有关饮食文化的论述不少，但多出自哲学家、美学家及医学家之手，可供烹饪爱好者们“依葫芦画瓢”的食谱几乎阙如，致使许多古代名菜现在不知如何做。这无疑给中国饮食文化的继承和发展带来了极大障碍。

三、“和”之美学范畴的形成

中国古典哲学之美学肇端于饮食之嘉味，而嘉味的获得正在于“和”。在中国古代的烹饪中，处处都在讲究谐调以达到“和”的境界。各种美味的诞生正在于这颇具艺术意味的谐调。“和”是在多样和差异中，经过谐调以达到适中和平衡，而不是单调的千篇一律。这也正是我国古典哲学的审美境界及审美观的根基。后来的美学理论家们在论及作为美学范畴的“和”时，大都是结合饮食之调和来讲的。

《国语·郑语》说：“以他平他谓之和，故能丰长而物归之。若以同裨同，尽乃弃矣；故先王以土与金木水火杂，以成百物。是以和五味以调口……声一无听，物一无文，味一无果，物一不讲。”这是郑桓公询问史伯周朝的社会弊病时，史伯所作的回答。史伯在这里所要讨论的并不是美的问题，但涉及了美的问题，对美与“和”的关系发表了重要见解。史伯把阴阳五行学说与“五味”联系起来，五行说认为水、火、木、金、土在口味上的属性分别是咸、苦、酸、辛、甘，合称五味，五味受五行统辖。五行相合，“以成百物”。食物的味道如果只有一种，那就不能满足人们的口腹之欲，所以要“和五味以调口”，把酸、甜、苦、辣、咸等各种不同的味道配合起来才能适口。史伯将饮食之“和”扩充到听觉和视觉，不仅认为“味一无果”，而且认为“声一无听，物一无文。”这就是说：声音如果只有一种，就不会有动听的音乐，所以要“和六律以聪耳”，把高低、快慢、长短、清浊不同的各种声音统一起来才能悦耳。事物的式样颜色如果只有一种，那就不会有美丽的文采，美丽的文采是由各种不同形式颜色的配合造成的，也就是后世《易传》所谓“物相杂故曰文”的意思。这都是一些非常素朴的看法，但其中已经包含了这样的意思：美只能存在于事物的多样性的统一之中，这种多样性的统一就叫“和”。所以美同“和”是分不开的。

在时代上晚于史伯的晏婴进一步发挥了同史伯相近的思想。《左传·昭公二十年》说：“声亦如味，一气，二体，三类，四物，五声，六律，七音，八风，九歌，以相成也。清浊，小大，短长，疾徐，哀乐，刚柔，迟速，高下，出入，周疏，以相济也。君子听之，以平其心，心平德和……若以水济水，谁能食之？若琴瑟之专一，谁能听之？同之不可也如是。”晏婴和史伯一样，是反对“去和而取同”的。他所谓“若以水济水，谁能食之?”就是史伯所反对的“以同裨同”。他所谓“若琴瑟之专一，谁能听之”，也就是史伯所谓的“声一无听”。晏婴和史伯一样，认为美在于“和”，即在于多样性的统一，但讲得比史伯要更为深入具体。《左传·襄公二十九年》记载季札观周乐，在听到《颂》的演奏之后，予以了高度赞美，赞美中出现了“勤而不怨”“忧而不困”“乐而不淫”“怨而不言”“哀而不愁”“乐而不荒”等词语，这些词语鲜明地体现了中国古典哲学所追求的“和”的理想。

孔子继承了春秋时期的这种“和”的哲学思想。孔子说，“乐而不淫，哀而不伤”①，“礼之用，和为贵”②，孔子的整个哲学就是强调“和”。不过，他的着重点不在于音调本身的和谐，而在于音乐表现的情感要受到“礼”的节制，要适度，这与他的“肉虽多，不使胜食气，唯酒无量，不及礼”③ 等饮食礼仪是相吻合的。

古代饮食文化的“调味”在中国古典哲学中产生了重大影响，从人们所熟知的最早的《尚书·尧典》讲的“八音克谐”“入神以和”到“声一无听，物一无闻”，直到孔子的“乐而不淫，哀而不伤”，以及

---

① 《论语·八佾》。

② 《国语·周语》。

③ 《论语·乡党》。

“温柔敦厚”，显然都涵含着饮食文化中“调和五味”的印痕。正是在饮食文化的基础上，中国古典美学演化生成了在理的控制下，平衡适中，以礼节乐，以理节情的哲学特质。

由此，我国古典哲学史上就形成了一种以“和”为核心的审美观念。后世文人在阐释这一审美观念时，仍然以饮食文化之“和”为参照，从而折射出两种不同性质的“和”的影响与被影响的关系。例如，东汉王充曾说：“师旷调香，曲无不悲，狄牙和膳，肴无澹味；然则通人造书，文无瑕秽。”① 他用狄牙“和膳”使“肴无澹味”来比喻师旷“调音”使“曲无不悲”——音乐获得强烈的感染力量。王充正是从多样统一的美学原则，用五味的调和来比喻文艺作品的审美效应的。葛洪也说：“五味舛而并甘，众色乖而皆丽。”② 他也是用五味的调和能产生美味来比喻五色的错置配合能产生美感的。宋代苏轼认为诗要好，须得“咸酸杂众好，中有至味永”③，元人戴表元论诗曰：“酸咸甘苦于食，各不胜其味也，而善庖者调之，能使之无味。”④。这些论述，不仅表现了文学家们“和”的审美趣味和审美理想，也透露了这一审美趣味及审美理想的滥觞。

（原载《中国烹饪研究》1993 年第 3 期）

---

① 《论衡·自纪》。

② 《抱朴子·辞义》。

③ （宋）苏轼：《送参寥师》。

④ （元）戴表元：《许长卿诗序》。

中国饮食活动中的美学基因

我国饮食是一门严肃的科学，也是一种精妙的艺术，本身就呈现出丰富多彩的美学特征。一般认为中国饮食讲究“色、香、味、形、器”五个方面，衡量这五个方面的共同标准即为“美”。

需要强调的是，中国饮食的艺术魅力及境界，还表现在对饮食本身的精神超越。人们享受饮食艺术，但决不沉溺于其中，而是将饮食与情感、人格等生活艺术相结合，寻求更高的艺术境界。在强调“民以食为天”的同时，对“一饭千金”“日食万钱”“饱食终日”的“酒囊饭袋”给予无情的鄙视，认为他们与“行尸走肉”无异。“吃”言“志”是中国饮食文化艺术魅力的另一方面，将饮食美味与饮食的内在精神追求结合起来，才能真正理解和享用中国饮食的艺术魅力。

一、自然美与艺术美的巧妙结合

许多食物在加工烹饪之前，已经给人以美感，无论是内在的质味还是外在的形象，其自然形态都是美的。但这种自然美还需上升为艺术美，才能弥补自然美中的某些不足：经过烹饪加工以后，原来就美的食物会变得更美；原来某些方面还不够美的也变成了美的食品，这种食品除了具有自然美之外，还具备新的美的因素——艺术美。

以菜肴的味道而言，烹饪菜肴首先应当考虑原料的本味。人们常讲，笋有笋味、肉有肉味、鱼有鱼味，这就是说每一种原料都有自己特殊的滋味。南京菜肴就非常注重本味（即原汁原味）。一般菜肴他们大多是采取炖、焖等烹调方法，从而也造就了南京菜擅长炖焖的特色。过去，在一般的菜馆中，厨房内部设有焖笼、焖橱，一次就可以炖上二十个砂锅，出菜时可以同时出。在餐桌上揭开盖，香气弥漫堂口（餐厅），顾客不由食欲大振。我们称这种香为热香，它是菜肴的原汁原味散发出来的。为了保持原汁原味，在加工方面也很讲究。如切羊肉之砧，不可切鸡；煮鱼之锅，不可以煨肉等，目的就是使原料本味更纯。当然，南京菜也注重烹饪原料之间合理的搭配，从很多角度去考虑，如从营养角度，从一定的造型和色彩的角度等。其实这些和突出菜肴本味并没有什么根本的矛盾，关键是在于运用，搭配要合理，要能够使原料之间相互取长补短。例如，有一样很普通的“干菜炖樱桃肉”，这两种原料在一起搭配，正好起到了取长补短之效果。干菜缺乏脂肪，正好猪肉（猪肉的五花三层）脂肪丰富；猪肉缺乏一种清香，干菜正好补充香味。干菜由于吸收了猪肉中的脂肪而油润，猪肉又因脂肪被干菜吸收而不腻口，正好起了相辅相成的作用，而更加突出它们各自的本味。这也就是味道的自然美和艺术美获得了高度统一。自然美促进了艺术美的形成，而艺术美并没有损害自然美，反而使自然美得到更为完美的呈现。

现代人的审美活动，正出现一种“回归自然”的趋向。例如，绘画中的原始主义，音乐中的流行倾向，现代派建筑艺术认为的“装饰即罪恶”，文学中的寻根意识、“黑色幽默”，服饰上以显示人体美为主旨的健美裤、牛仔服，全球旅游热门“回归大自然”……无不反映了一种返朴、返祖的审美心理。这种心理同样波及了味觉审美活动。食不厌精、脍不厌细的美食原则开始受到了挑战，人们对过分美味可口的食物产生了厌倦。在西方一些国家，人们的饮食走向出现了明显的反传统、反常规的态势，人们不再注重菜肴食品的色香味形，而追求饮食的简陋和粗放。如在英国，人们的饮食习惯已大大改变：一是无蔬不生，甚至出现肉类食物也尽量生食的时尚；二是掺杂糠麸的粗粮制品，如黑面包等，备受欢迎；三是出现用粮糁、麦皮、奶粉、可可、葡萄糖拼凑而成的“混合饲料”。这些食物与讲究美味的传统食物相比，几乎是一种明显的“倒退”。类似的食风不仅在西欧，而且在美国、东欧、苏联等地也相继出现。而在中国，由于在素来追求艺术美的同时，又执著地强调“本味”，烹饪的一切技术和艺术手段都要在不损害原料之本来佳味的前提下进行，也即是说中国饮食的味觉审美一直以朴真为其基本原则。因此，中国美食回归自然的要求远没有西方那么迫切、强烈。

以菜肴色调而言，原料的黑色、白色是冷色；红色、紫色是热色；黄色、绿色是中和色。例如，乱拼在一起，色彩杂乱而不调和，反把色彩的自然美损害了，如果加以合理安排调配，则可以变成五彩缤纷的色彩形象。色泽须清爽悦目，可以引发食欲；色泽恶败，则使人见而生厌，破坏食欲。有的食物天生就很美丽，而给人带来美感。如白斩鸡体现了自然本色。因烹鸡时不加调味白煮而成，食用时随吃随斩，故称“白斩鸡”。又因其用料是上海浦东三黄鸡（脚黄、皮黄、嘴黄），故又称三黄油鸡。后来上海各饭店和熟食店都经营“白斩鸡”，不仅用料精细，而且还用熬熟的“虾子酱油”同鸡一起上桌蘸食。此菜色泽金黄，皮脆肉嫩，滋味异常鲜美，久吃不厌。清人袁枚《随园食单》称之为白片鸡。许多蔬菜，甚至许多肉类，都具有一种使人悦目的色泽，愈是新鲜幼嫩的，愈是令人喜爱。因此遇到这种场合，就务必设法使菜在烹熟后，还保持它原来鲜美的颜色。例如，煮青菜，切忌盖锅盖。盖上锅盖煮，菜就变黄萎了。反之，不盖锅盖就可以保持原来的色泽，有时还能使其更觉青翠欲滴、鲜嫩可爱。

但有些菜物，其本身原色不佳，烹煮时，就需要加佐料或色素，使菜肴具有更好看的颜色。例如，做红烧肉，不仅一定要放酱油，有时还要放入少许的糖，使其具有红润的咖啡色。又如做腐乳肉，加红糟，使其具有鲜红美丽的色泽。更为常见的情况是，同一菜品中具有好几种菜物，利用其不同的色泽，彼此衬托，而形成美丽的色调。这种色泽的搭配一般有三种样式：一是清一色搭配，即数种菜肴呈同一颜色，如芙蓉鸡片、扒三白等。这类菜肴的选料以白、黄、绿三色为多，菜肴给人以清爽不腻之感。二是对比色搭配，即两种不同颜色的菜物的搭配。例如，把绿色的大辣椒（柿子椒）和洋葱两种菜，都切成丝放在一起炒，白绿相配，真如翡翠与白玉，具有醒目之感。三是多种颜色的组合，如什锦拼盘、彩色拼盘等，具有华贵热烈之感。不论是哪一种色泽搭配，都是自然美与艺术美的巧妙结合。任何具有艺术美的菜色，都是建立在色泽的自然美之上的，离开了色泽的自然美，也就谈不上色泽的艺术美。

以菜肴的形态而言，有的以自然原型取胜，有的以艺术造型夺人，而更多的是自然型与艺术型的结合，创造出和谐统一的崭新形象，如蛋美鸡、烤乳猪、蒸鲥鱼，还有造型冷盘等。有的是平面图案，有的是立体雕塑，有的是完形整一，有的是散碎零件，有的整齐一律，有的参差无度，有方有圆，有长有短，有巨有细，有直线条丝，有曲线弯曲，各得其所，各配其器，各尽其宜。在中国菜肴中，要保持原状的菜品是少数，即使是整鸡、整鸭、整鱼的摆放，也要千方百计打破其“失重”之感。一条烧鱼摆在长条形盘中，鱼头一端往往显得大而重，这是一种不平衡的造型。若在鱼尾端旁配置一枚萝卜花，可以构成平衡的造型，从而给人以安定的感觉。更多的菜物要经过割切加工方可达到美的形态，同一菜物在同一菜品中，一定要切制成一个样子，甚至要能一样大小。假如是片，就全是片；假如是丝，就全是丝，这样才能造成“一致美”“谐调美”。不同原料在一个菜中相配，形状上讲究“丁配丁，丝配丝”，如以肉丁为主料时，笋子也要切成丁，而不能切成丝，“鱼香肉丝”中的肉丝，要求配料黄瓜、笋子也切成丝，而不能切成片。

菜做好了，往盘碗里盛放时，也要尽量讲求整齐美观。在可能范围内，还应摆成一定的图案。镶拼的菜，常常分部陈列，使人有明显对照之感；有时还摆出完整一式的图面。例如，“蘑菇烩珍珠豆”就把许多小颗的珍珠豆，排成一圆圈，然后把草菇堆在中间，图案非常美丽。美味的获得在于调和，其实，菜肴的形态美也在于调和，把各种具备形态自然美的菜物按照一定的美学法则组合在一起，便升华为菜肴形态的艺术美。

二、食用与审美的和谐统一

中国饮食既要讲究“吃”，又要讲究美，实用和审美必须统一。在实际操作中，烹饪在注重“味”的同时，还十分注意塑造形象。食物的造型主要表现在三个层面：一是刀工切样，如块、丁、条、片、方、圆、角、菱等，应据其所宜，变换花样；二是排叠拼装，形象生动；三是特种塑形，如山、花、果、鸟等。

当然，烹饪艺术塑造的基本艺术形象并不一定都是模拟现实生活中的具体物象，而主要是菜肴本身的形象。这种形象渗透着厨师自己的思想感情和生活感受，从而形成审美对象，给人以某种美感享受。厨师们在对食品原料的质地形状的选择和利用中，对菜肴的组合与配伍、色彩的谐调与互补，餐具的配合与使用等方面都遵循形式美的规律，发挥自己的创造才能，使其达到材料美，显示出技艺美、整体形态美以及情感趣味之美。烹饪不仅和其他艺术一样，给人以审美享受，而且给人以食用，通过色彩美、形态美、意趣美，也就是通过菜肴色、香、味、形、器的和谐统一，增加人们的食欲。

烹饪艺术绝不是普通的艺术，它虽然具备了艺术的全部要素，可这些并不占主导地位，占主导地位的是食用，这一点却为一般艺术所无，而为烹饪艺术所特有。烹饪艺术的创造是为了供人享受（消费），而这种消费是一种独特的消费——食用享受。长期以来，正是由于这种食用的特点，常常会使有些人对于烹饪的审美性产生怀疑。这是没有必要的。食用决不会损害审美性；相反，它却能把烹饪艺术提高到“崇高”的境界。雨果说得好：“实用不仅不会限制崇高，而且会加强它。崇高运用于人类的事物便会产生意想不到的杰作。”这同样适用于烹饪。烹饪艺术的产品（即菜肴）由于其食用性，顷刻间“化为乌有”，只有通过“即时欣赏”和“追思回味”而引起人们的兴趣和食欲，再通过品尝以进行物质的和审美的享受，使味美可口的菜肴给人们留下美好的印象。

烹饪艺术的食用性，决定了它在创作上和欣赏上的特殊性。就创作而言，厨师应具备全面的艺术修养，具有精湛的技艺和高深的造诣，能够合理而巧妙地掌握和运用各种艺术表现手段，通过烹饪艺术的形象来体现对生活的观感和认识。同时必须把食用、经济、美观的因素紧紧融合在一起，使菜肴的食用价值最大限度地符合人们的摄食水平、消费条件和营养需要。但是，不能把烹饪艺术等同于造型艺术而过于粉饰雕琢；事实上，烹饪艺术想步造型艺术或色彩艺术的后尘则是大可不必且毫无价值。当然，这并不否认烹饪艺术形式上的完整、和谐和优美，烹饪艺术的审美过程，同样也是先接触形式，如果形式美，就能吸引人，唤起人们的美感。

由于烹饪艺术具有食用性特点，就要讲究食用性与审美性的辩证统一。一般来说，具有审美性的肴馔应该是营养丰富的食物，也应该是滋味和口感都好的食物；色恶、味恶既是食物的外感不佳的反映，也是其内部质量低劣或不中食的反映。对烹饪来说，过去单单提出色、香、味，这个要求对今天来说，已经不全面了，还有营养与经济的要求。以前，人们认为中国烹饪其营养是天然合理的，这难免有“自我安慰”之嫌，我们要在现代营养学的指导下，加以改进。另外，中国烹饪发扬至今，随着时代的审美风尚的变化，对它的艺术要求也越来越高，单纯讲味美，而对形、色的美不加考虑，也是不行的。但值得注意的是，现代人要求艺术的美，不是华而不实，不是要装饰菜物的堆砌，也不是要在细部上烦琐的造型，更不是要用人工色素去染色，而是要一种恰到好处的美，实在的美。

三、实体美与意境美的有机交融

品尝中国菜肴，不仅可以一饱口福，也可以一饱眼福，还可以从感情上得到一种美的艺术享受。美妙的中国菜肴可以引起人的丰富想象，诱发人的强烈的兴趣，产生深刻的印象，留下难忘的记忆，使人的美感在酒席上得到升华。

我国饮食之美有虚实之分，有可以直接观察感受的实体美，也有可以意会领略的意境美。二者水乳交融，构成中国饮食的高级艺术境界。

美食与美名。美食给人的美感是多方面的，如果再有一个美名，便可把人的美感引向新的境界。我国菜肴命名十分注重意境之美。有实有虚，也有虚实并举，也有全虚，借题发挥的，总有高度的概括性，能确切地表现出一道菜的主料、主法和特点、特色，言简而意赅，顾名而见其形神。写实的菜名有的是主料加制法，如醋熘鳜鱼、干烧白菜等；有的是地名加菜料名，如道口烧鸡、北京烤鸭等；有的是人名加原料名，如文思豆腐、东坡肉、宋嫂鱼羹、宫保肉丁等；有的是主料加配料，如洋葱排骨、番茄里脊、芝麻山药、蚕豆春笋等；有的是主料加盛器，如西瓜鸡、小笼包、鱼丸火锅，砂钵狗肉、砂锅豆腐等；主料加油脂，如蚝油牛肉、奶油菖粉包、鸡油菜心、红油豆腐、辣油鸡丁等；主料加药材，如人参鸡、黄花鸡、陈皮牛肉、枸杞银耳、鸡头拌羊脊等；有的以菜肴形状命名，如灯影牛肉、扇面冷盘等。

艺术化了的菜名古已有之，有的用藻丽的词句，使菜名富有诗情画意。例如，孔府菜中有一道“乌云托月”的汤菜，做法是把紫菜撕成一片一片，置鸽蛋于紫菜之上，兑入鲜美可口的清汤，使紫菜鸽蛋飘浮其上，犹如乌云托月之状。又如《山家清供》里载有“傍林鲜”这道菜，即在初夏林中竹笋盛长的时候，把残枝败叶扫到竹子旁边，点火把笋烤熟，据说味道特别鲜美，这就叫“傍林鲜”。这种奇妙的富有文采的联想，多数出于文人雅士。这类菜名有的是直接借助隽永的诗文名句，点缀画意诗情，如佛跳墙、舍命脉、推纱望月、掌上明珠、百鸟归窠等。有的菜名含有典故，蕴含丰富的历史知识。历史悠久的宫廷菜“白云黄龙”，又名“蟠龙黄鱼”。相传，它起源于三国时期。刚刚丧妻的刘备，为了对付周瑜设下的美人计动身去东吴。诸葛亮为他饯行，席上一道菜是鲤鱼煮豆腐，名之曰“白云护黄龙”。那“白云”，喻赵云；鲤、黄都是“皇”的谐音，指真龙天子刘备。此菜寓意：由常胜将军赵云护送，必可解除刘备被赚为人质的忧虑。而到了东吴之后，孙权之妹孙尚香竟也为刘备做了一道同样的菜，但菜名却叫“白云藏黄龙”。这是新婚的孙夫人自比白云，表示一定为夫君保驾。如此双重美好含义的“白云黄龙”，也就在蜀、吴所在的长江一带传为佳话，成为地方名菜。有些寓意吉祥富贵的菜名是极力歌颂皇族之功的，像历代宫廷菜里的“三阳开泰”“四海上寿”“五岳朝天”“百鸟朝凤”，甚至把整个筵席称为“江山万代席”“福禄寿喜宴”“万寿无疆宴”等。每逢年节和重大庆典，这些向皇帝祝颂之词是必不可少的。有的是把食品加以夸张和想象，安上一个华贵的名称，从而提高筵席的级别。例如，明代宫廷遇到大典礼，有烹龙炮凤之宴，其实是以雄鸡代凤，牡羊代龙。所谓“龙凤呈祥”，也是“挂羊头，卖狗肉”，以雄鸡、牡羊代替。清代“御膳”中，有“凤凰卧雪”“宫门献鱼”“龙凤赏月”等菜名，都属于这一类。又据说，孔府菜中有“当朝一品锅”，无非也是全鸡全鸭之类，但为了显示孔府是世袭的“当朝一品官”，所以菜肴也要与官阶相称，具有“公侯府第”

的气派。有的是顺应民间祈福纳祥的心理，给菜肴起了皆大欢喜的名字，如糖醋丸子曰左右逢源，红烧圆蹄曰一团和气，糖醋鲤鱼叫鹏程万里，烤鲥鱼曰时来运到，炸鹌鹑曰春回大地，百合煨莲子曰百年好合等，均为顺应人情义理，颇为筵席增趣生色。

美食与美境。小体之食与大千世界相映成趣，是我国烹饪美学所重视的又一方面。在商周时期，我国就开始注意饮食之美境。古代帝王进食时一般都要用音乐来调和气氛，吃完后，也要奏乐，如同《周礼·天官冢宰第一》所言："王日一举，鼎十有二物，皆有俎，以乐侑食……卒食，以乐撤于造。""侑"是辅佐相助的意思，"以乐侑食"，就是饮宴时用乐舞助兴佐食。它始于商周，世代相传。特别是天子、诸侯，每逢饮宴，必有乐舞相佐。到了唐代，士大夫阶层都讲究"以乐侑食"，连贬官江州司马的白居易送客在船上饮酒也觉得"举酒欲饮无管弦"是不快的，所以将琵琶女叫来为他助兴。唐代由于中外文化交流的发展和乐工们的辛勤创作，以中国原有的乐舞为基础，吸收融合了少数民族和国外乐舞中的新鲜因素，创造了具有中国民族形式的唐代乐舞。特别是唐明皇李隆基不只酷爱乐舞，而且稍通音律，"以乐侑食"更加盛况空前。直到现在，以乐助兴依然是创造饮食美境的重要手段。过去，除了用轻松悦耳悦目的歌舞创造美境外，有的还通过赋诗、撰文、征联、看戏、酒令等方法来美化饮食环境。今天，时代不同了，前人的风雅、情趣、启发人的智慧，置饮食于文化氛围之中的传统得到较好的继承和发扬。

总的来说，我国的美食意境包括进食的时、地、人、事因素在内，即讲究所谓良辰、美景、可人、乐事。良辰吉日，触景生情，可增进食情趣；敞厅雅座，水榭草堂，花前月下，山间水边，得自然清静之趣，皆是进食佳处；或天伦至亲，同声同气，畅饮小酌，无所不可，席间便谈，海阔天空，或吟诗，或娱乐，皆可尽兴，如此等等，皆为美食之美境也；食之色香形器味美俱佳，是饮食之小意境美；时、地、人、事皆宜，入此境中，心意畅舒，此乃饮食之大意境美。大小结合，斯食美不可言矣。

美食与美器。器皿也是构成饮食意境美的重要因素之一。烹饪艺术离不开盛器，菜点的美必须与盛器的美协调一致。烹饪艺术之美不是菜肴美加上盛器美那种简单的加法关系。这正如同舞剧之美不等于演剧之美简单地加上布景绘画之美一样。舞台效果是剧情与场景的有机组合；烹饪艺术也应当是菜点之美与器皿之美的协调一体。

第一，菜肴与器皿在色彩纹饰上要和谐。美术家将红、黄、蓝称为原色，红与绿、黄与紫、橙与蓝称为对比色，红、橙、黄、赭是暖色，蓝、绿、青是冷色。因此，一般说来，冷菜和夏令菜宜用冷色食器，热菜、冬令菜和喜庆菜宜用暖色食器。但是要切忌“靠色”，如将绿色的炒青蔬盛在绿色盘中，既显不出青蔬的鲜绿，又淹没了花盘上的纹饰美，如果改盛在白花盘中，便会产生清爽悦目的艺术效果。在纹饰上，菜的料形与器的图案要相得益彰。如果将炒肉丝放在纹理细密的花盘中，既给人以散乱之感，又显不出肉丝的线条美；反之，将肉丝盛在绿叶盘中，立即会使人感到清心悦目。

第二，菜肴与器皿在形态上要和谐。中国菜品种繁多，形态各异，食器的形制也是百态千姿。可以说，在中国，有什么样的肴馔，就有什么样的食器相配。例如，平底盘多盛爆炒菜，汤盘多盛熘汁菜，椭圆盘专盛整鱼菜，深斗池专盛整只鸡鸭菜，莲花瓣海碗是用来盛汤菜等，如果用盛汤菜的盘装爆炒菜，便收不到美食与美器搭配和谐的效果。关于色彩对比与形制的和谐，大诗人杜甫《丽人行》中有精妙的描述：“紫驼之峰出翠釜，水清之盘行素鳞。犀箸厌饫久未下，鸾刀缕切空纷纶。”这诗句是说，红褐色的驼峰羹盛在葱翠花碗中，乳白色的全鱼装在莹彻的水晶盘上，进膳完毕仍不忍放下精致的犀角筷，饰着小铃的食刀不时发出清脆的响声。在这里，红与翠、白与莹，色彩上形成了强烈的对比；驼羹与翠碗，全鱼与晶盘，形态上的和谐可谓妙手织春，天衣无缝。

第三，菜肴与器皿在空间上要和谐。菜肴的数量要和器皿的大小相称，才能有美的感官效果。汤汁漫至器缘的肴馔，不可能使人感到“秀色可餐”，只能给人以粗糙之感；肴馔量小，又会使人感到食缩于器心，干瘪乏色。一般说来，平底盘、汤盘（包括鱼盘）中的凸凹线是食与器结合的最佳线。用盘盛菜时，以菜不漫过此线为宜。用碗盛汤，则以八成满为佳。另外，物贵者器宜大，不然则失去名贵的气派；物贱者器宜小，不然则嫌笨俗。

第四，一席菜食器上的搭配要和谐。一席菜的食器如果不是一色的青花瓷，便是一色白的白花瓷，其本身就失去了中国菜丰富多彩的特色。一席菜肴的形态有整、丰、腴美者，亦有丁、丝、块、条、片、泥及异形者，菜的色泽有红、黄、棕、绿、白、黑等色，一经与恰如其分的餐具相配，大小相间，高低错落，色彩缤纷，形质协调，组合得当，美食与美器融合一处，构成一幅蔚为壮观的艺术图案，其意境之美妙难以名状。

以上几点只是宏观地概括了中国烹饪的美学原则，具体到某一道菜的鉴赏，又有许多具体的美学法则。仅就形态方面，就有对称、平衡、对比、调和、节奏、韵律、均齐以及多样统一等。艺术作品应有个性，在文学作品上称为风格，在烹饪艺术上称为风味，不同风味菜肴的美学法则的侧重点有所不同，“多样统一”的形态美法则是各地方菜系共同的精髓。而就菜肴的香、味、口感及营养等质地方面而言，其美学法则更多是只可意会不可言传，正如陶渊明的诗句：“此中有真意，欲辩已忘言。”

[原载《广西民族学院学报》（哲学社会科学版）2002 年第 5 期]

筵席与民间口头文学

在当下社会，尤其是都市里，民间口头文学在口头最为流行的场合莫过于筵席。民间化的筵席适宜民间文学的交流和传播，讲述民间文学与咀嚼食物都是口腔运动。两种运动并存不悖，同时满足了人们味觉、嗅觉和听觉等多重快感的需求。

一、筵席的狂欢属性

尽管狂欢节可能较少受到官方逻辑的渗透，但节日期间的狂欢仍被操控，尤其城市狂欢活动更是如此。民间集体仪式原本大多在露天举行，显示出官方集会所无的开放性特征。即便如此，民间仪式的时间和空间的维度正在发生转换，甚至在急剧萎缩，萎缩的原因有时是统治阶层的有意改造，如禁止燃放鞭炮、一些祭祀活动被扣上迷信的罪名等。“有着强烈狂欢精神的庙会和娱神活动，具有一种潜在的颠覆性和破坏性，在社会状况相对稳定的时候，它们只不过是人们宣泄自己情感的方式，对传统规范的蔑视和嘲弄被限制在一个法律允许的范围内。”① 这是明清之际，法律规定相对放宽的情况。经受文化革命的冲击和所谓现代文明的洗礼之后，原先盛行于民间的带有潜在颠覆性和破坏性的集体民俗活动本身，被权力话语系统无情地颠覆和破坏。与此同时，民间娱神的狂欢名正言顺地转换为国家政治狂欢。庙会原本由民间自发组织，如今，城市里的庙会一概纳入到政府管理体制之中。城市各社区的庙会仪式变成了千篇一律的展演，“狂欢节的灵魂已变成一个不完整的实体，其存在完全依赖于国家主义的秩序前提”②。庙会之类的民间仪式向展演的转化服务于政府体制的视觉主义规则，这些规则又因电视的转播而获得市民的接受和强化。仪式一旦被改造成符合政府规范的展演，仪式的狂欢精神便被扼杀了。

正是由于传统狂欢仪式由国家政府所掌控，已渐渐失去了其原本的特征，一些学者随之也就失去对其的兴趣。譬如，美国当代人类学家汉特曼以研究当代社会仪式而闻名，但他并不十分关心所谓“传统”社会中的这类仪式，而是注意考察现代国家政府似乎愿意容忍甚至鼓励的类似活动。③ 应该来说，节日与集会是最具狂欢色彩的，但是，在这些时机和场合，“狂欢节的灵魂已变成一个不完整的实体，其存在完全依赖于国家主义的秩序前提。尽管狂欢节精彩纷呈，充满魅力，但与专制政权下的展演之间的差别已大大缩小”④。筵席活动却相对地游离于国家政权

---

① 赵世瑜：《狂欢与日常——明清以来的庙会与民间社会》，134页，北京，生活·读书·新知三联书店，2002。

② ［美］麦克尔·赫兹菲尔德：《什么是人类常识：社会和文化领域中的人类学理论实践》，刘珩等译，301页，北京，华夏出版社，2005。

③ Don Handelman, *Models and Mirrors: Towards an Anthropology of public events*, Cambridge University Press, 1990.

④ ［美］麦克尔·赫兹菲尔德：《什么是人类常识：社会和文化领域中的人类学理论实践》，刘珩等译，301页，北京，华夏出版社，2005。

具体掌控之外，尽管是散杂的、缺少严格仪式程序的，但却是普遍的、大众的、流行的。事实上，筵席是中国传统的节日仪式不可缺少的内容，除夕、春节、元宵要吃“团圆”饭，端午节吃粽子，中秋节吃月饼，冬节吃汤圆，其他繁多小节，如观音节、灶王节、鬼节等，也要蒸糕、改膳，用吃来纪念先人，用吃来感谢神灵，用吃来调和人际关系，用吃来敦睦亲友、邻里，并且进而推行教化。

筵席场合却相对自由，随着人们生活水平的提高，公共场所的饮食越来越普及。饮食的狂欢往往不只是在饮食行为本身，所伴随的其他行为都有强烈的狂欢属性。在当下社会，“权力政治通过历史的文本化使主流意识形态成为‘经典’，进而排除了非主流的、民间的、边缘的历史与声音，那些被文字等现代传播媒介书写、刻录的历史也就充当了强化权力统治的意识形态工具。即使是民间口头文学的历史书写，也被整合到主流意识形态范围内，因为民间文学的抵抗性质、狂欢特征，众多民间口耳相传的口头文学作品，便再一次尘封在历史的背后”①。在这种境况下，以宣扬主流话语为主旨的官方的严肃场合，民间口头文学不可能得到展示。然而，在任何一个时代，总会有一些可供民间口头文学演说的空间。

在中国，吃饭喝酒形式是团团围坐，成为最民间化的活动，任何神圣都会被浸泡在酒水里，筵席形象是民间狂欢形象体系中最重要的形象之一。依据俄罗斯著名文艺理论家巴赫金的狂欢化诗学理论，这些民间文学集中演说的时节、场合，就是民间的狂欢节。依据巴兰德尔的观点，“权力只存在于‘舞台’之上”。筵席也是一种舞台，但洵非施展权力的场合。在此种场合，社会的等级、差别、不平等被消解殆尽，荣誉、名望、地位等被视如粪土，社会规范和道德法则变得无足轻重。人们暂时取消了一切等级关系、特权、规范和禁令，完全沉浸在自由的欢乐之中。

① 刘晓春：《当下民谣的意识形态》，载《新东方》，2002（4）。

民众需要这种狂欢和诙谐，在狂欢中获得各种满足和精神的愉悦。在民间文学得到集中演说的场合，在一定程度上，上层与民间、统治者和民众的边界被消解。譬如在节日期间，统治者只有“转化”为平民，才能真正与民同乐，享受节日特有的欢快。“公共空间取代了私人空间，身体的开放取代了保守和压抑，平等取代了等级……”① 这是时间上的“阈限”阶段，许多方面处于反结构的状态，在民间口头文学演唱活动中，人们的身份会发生明显改变，一方面，领导者在努力去掉自己的权威，包括说话的口吻、语气、内容等；另一方面，当地民众是主角，他们的演技得到充分展示，所有的人为他们喝彩。在餐桌上，那些处于社会底层的擅长民间说唱的人们被赋予了值得自豪的地位。显然，这是对世俗的道德等级和社会等级观的倒置。

二、津液交流口头文学

古语说“饮食男女，人之大欲存焉”，饮食和性既是人类两大本性，两者之间又表现为同构的密切关系。在食色文化长期发展过程中，饮食逐渐讲述性的内容，饮食行为常常作为关于“性”的表述而成为富有象征性的符号。性交行为往往通过饮食行为表达出来，新婚时，新郎和新娘喝“交杯酒”就是一个最为典型的事例。法国结构主义大师列维-斯特劳斯在文化学方面的一个重要贡献，就是揭示了食色的同一性。他说：“在相多的语言中，二者甚至以同样的词语表示。在约卢巴人中，‘吃’和‘结婚’用同一个动词来表示，其一般意义是‘赢得、获得’；法文中相应的动词‘消费’（consommer）用于婚姻又用于饮食。在约克角半岛的可可亚奥人的语言中，库塔库塔（kuta kuta）既指乱伦又指同类相食，这是性交与饮食消费的最极端形式。”紧接着，他又说：“两者之间的关系不是因果性的，而是譬喻性的。甚至在今日，性关系与饮食关系

---

① Da Matta Roberto, *Carnivals rogues*, and *heroes*: *An Interpretation of the Brazilian Dilemma*, University of Noter Dame press, 1991, pp. 61 - 115.

也是相似的。”[①] 既然如此，在筵席上，人们在饱享口福的同时，还尽情讲述着“荤”话语也就不足为怪。

美味佳肴总是尽量满足全桌人的口味，点菜者或烹调主人不厌其烦地征询在座人的意见，希望大家都吃得津津有味。“味觉造成社会界限，并不是因为某些气味本身难闻，而是文化将其规定为难闻的气味。（只要想想东南亚人对榴莲果的喜爱和欧洲人的厌恶之间的巨大反差，问题立刻就一目了然，味觉和美学标准一样具有文化相对性）。”[②] 同样，味觉的一致，也是在强调全桌人在文化层面的同一性。共同的味觉欲望暂时消解了社会界限和等级差异。尽管还存在排座次的习惯，尽管有些菜肴的摆放可能有意照顾了“上座”的人，但餐桌中央的食物毕竟是大家共同吞没和消灭的对象，同样的感官刺激和满足使交流变得容易和轻松起来，随着吃喝的进程，大家的关系瞬时变得更加融洽，因为在座的已获得了一种文化层面的认同。

餐桌不同于办公桌，摆放的只有筷子，而不是笔。在场人的交流是口头的而非书面的。笔和文字与地位、权力有着直接的关系，故而在中山装流行的年代，干部们大都在上衣口袋里插一支或多支笔。如果有人在餐桌上放一支笔，就与这种场合格格不入了。食客们也很少带笔在身上，万一要用，一般都要求助于服务员或其他的旁人。因此，在餐桌上，口头交流是唯一的形式，也是口头文学涌现的恰当时机。尽管西方学者一再强调将文学划分为书面和口头是一种偏见，因为这很容易制定出美学等级制，口头文学被当成次要的或“陈旧”的形式而受到作家们的蔑视，但是，口头文学与作家文学的确不同，它并不能产生或流传于笔和纸成堆的办公室，也与各种会议无缘，而更适宜餐桌生活。

---

① ［法］列维-斯特劳斯：《野性的思维》，李幼蒸译，120～121页，北京，商务印书馆，1987。

② ［美］麦克尔·赫兹菲尔德：《什么是人类常识：社会和文化领域中的人类学理论实践》，刘珩等译，268页，北京，华夏出版社，2005。

民间口头文学属于本能的表演，是情绪、情感以及本性的宣泄。比起其他感觉，味觉和嗅觉散发出本能的民间意味，更能激发口头表演的欲望和冲动。“在西方，传统上一直把女人和触觉、味觉和嗅觉这类‘低级的’‘感觉’领域联系起来，如卧室、托儿所和厨房等。另一方面，男人与视觉和听觉这两种‘高级的’‘智力’领域——也即代表学问、探索和统治的感官领域相联系。”① 且不论这种高低之分的依据何在，的确，餐桌实际上构筑了一个食色混杂的空间，从嚼着食物的口里喷发出来的民间文学主题，并不是食物本身，更多的是与女人有关的。从厨房进进出出的女人成为餐桌必不可少的调料。

改革开放以后，餐饮业得到飞速发展，人们一改传统的“自给自足”的家庭用餐方式，发掘各种理由纷纷走进餐馆。在所有的菜系中，四川菜餐馆最为风行，遍布全国各地。因为川菜馆大多装饰简单，具有平民化风格；川菜也是平民化的，诸如麻婆豆腐、宫保鸡丁等平民创制的家常菜成为名点。餐馆和口语一样，是最不容易为官方所操控的，在所有公共言谈的场合，大概餐馆是最自由的空间。所以在一些非常时期，餐馆店主便要在墙上贴上“莫谈国事”字样。

在民间，在现实生活中，所有的民间口头文学活动都是在自然、自由的状态下进行的，狂欢中的诙谐，诙谐中的狂欢，这是活动的主要基调，与官方活动所谓的严肃性形成鲜明的对照。在民众广泛参与的各种活动中，必然会涌现民间口头文学；民间口头文学成为民众在一些特别的场合抒发情感和表达思想的不可缺少的形式。于是，大量的当代民间文学作品汩汩地从餐桌上喷涌而出。

三、讲述获得快感

饮食的狂欢往往不只是在饮食行为本身，所伴随的其他行为都有强

① ［美］麦克尔·赫兹菲尔德：《什么是人类常识：社会和文化领域中的人类学理论实践》，刘珩等译，280～281页，北京，华夏出版社，2005。

烈的狂欢属性。在任何一个时代，总会有一些可供民间口头文学演说的空间。在现阶段，“黄”色“段子”，带有政治讽喻性的笑话、歌谣，刺痛某些官方的“谣言”等，不能“白纸黑字”地公开诉诸文字或各种大众传媒，最通常出现的场合是在宾馆、餐馆或茶馆的饭桌上，朋友间的宴饮是口头语言能够充分发挥的最佳时机。由于饮食伴随民间口头文学活动，饭桌便满足了人们对多种快感的需求。

依据巴赫金意思，充分利用民间口头文学形式和形象体系的权利和自由，对现实社会实行狂欢式的惩治，不失为一种机智的自我保护手段。而且，我们不应把民间口头文学形式和形象体系的运用，仅仅理解为对付书刊检查的外部的、机械的手段，迫不得已而为之的“伊索寓言”。须知，数千年来广大民众一直享有运用民间口头文学的权利和自由，并在这些形象身上体现自己最深刻的、对独白式的官方真理的批判态度，显现自己最熟悉的宣泄方式和对美好愿望的追求。巴赫金“认为拉伯雷的粗话、脏话是与狂欢化广场联系在一起的，它冲破了官方和教会的严肃的正统的言语禁忌，或者起着对严肃的官方系统和所谓‘神圣’事物的贬低、降格作用，或者表达着广场上人民大众的语言自由和狂欢的快乐”①。这是根植于广大民间和广大民众身上的一种狂欢意识。

巴赫金也非常关注筵席与口头语言的关系。在他看来，这是文化面对自然的最初表达。他在饮食与对话之间建立起了联系：“甚至对于古代筵席交谈的作者们，对于柏拉图、色诺芬、普鲁塔克、阿特纳奥斯、马克罗比乌斯等人来说，吃与说的联系也没有成为过去的残迹，而是有着活生生的意义。”② 对话性的筵席语言，亲昵、坦率、不拘形迹、亦庄亦谐、风趣幽默，有着一种民间特有的自由。酒肉的力量激活了语言。

---

① 沈华柱：《对话的妙悟——巴赫金语言哲学思想研究》，90页，上海，上海三联书店，2005。

② ［苏联］巴赫金：《弗朗索瓦·拉伯雷的创作与中世纪和文艺复兴时期的民间文化》，296页，莫斯科，文艺出版社，1990。

“在当下中国的文化情境下，如果要问何种民间文化尚保留着其自身所具有的本质性狂欢特质的话，我们大概只有在民谣当中寻找了，即便是民间的庙会文化也已经丧失了其狂欢特质，而沦为权力政治、资本与地方性文化共谋的产物。我们说只有民谣依然保持着民间文化的狂欢色彩。是从民间文化与主流意识形态之间关系的角度进行理解的。民谣的颠覆性、不妥协性、讽刺性决定了它与主流意识形态之间永远保持着相当的距离，发挥其独特的舆论功能。”[1] 民谣是对话化了的杂语。而“沿着语言生活里集中倾向的轨迹发展而诞生与形成的语言哲学、语言学和修辞学，忽视体现着语言生活离心力的这一对话化了的杂语。因此他们也就不可能理解语言的这样一种对话性……不妨直接地说，语言的对话因素及与之相关的一切现象，直到现在仍然处于语言学的视野之外”。[2] 巴赫金强调，在这些俚俗体裁中组织起来的杂语，不仅仅只是不同于公认的规范语（连同其所有的体裁）以及承载主流思想的语言，更有甚者，它是有意识地与之相对立。它讽刺性地模拟当代各种正统的言语，并与之针锋相对。当然，筵席洵非一种简单的“发泄机制”，在豪饮和吞噬之中，“人们可以不去理会日常生活中的陈规冗节，社会规范被搁置一边，人们可以将自己的个性张扬到极致，但是有一条大家仍必须遵守，那就是每一个个体仍是社会实体中的组成部分”[3]。关键一点是，在筵席上，人们可以借助流行的杂语段子，尽情宣泄和享乐，却与私怨格格不入。人们在筵席上口头交流文学的动机，并非来自尖刻反讽的取笑，而在于民间口头文学自身的时代魅力。

筵席上的民谣、段子、笑话、“流言蜚语”等，都是社会上正以各种方式传来传去的。它们就像美食一样，不是属于私有的，而是供全桌

① 刘晓春：《当下民谣的意识形态》，载《新东方》，2002（4）。

② ［苏联］巴赫金：《小说话语》，见《文学与美学问题》，86～87页，莫斯科，文艺出版社，1975。

③ ［美］麦克尔·赫兹菲尔德：《什么是人类常识：社会和文化领域中的人类学理论实践》，刘珩等译，239页，北京，华夏出版社，2005。

人共享的。讲述者总是希望自己的讲述能够博得在场人的共鸣和欢笑。因此，讲述实际带有炫耀和竞争性质。作品本身和讲述者的表演技艺决定了讲述的效果。讲述宛如筵席上的佳肴，都是为人们品评的对象。佳肴和口头文学皆不是满足人们的创造欲，而是消费欲。就像人人都有自己的口味一样，每个人都曾听到过或储存有许许多多的段子和故事，筵席为大家提供了交流和互相品尝的机会。这种场合出现的民间口头文学文本，文本与文本之间构成了真正意义上的互文性特征。

（原载《民族文学研究》2007 年第 3 期）

北京饮食文化发展脉络与时代特征

书写北京饮食文化史有相当大的难度，主要是记载饮食文化的资料相对匮乏。尽管关于北京饮食的文献史料并不丰富和完备，引述时可能多有遗漏，但同样可以书写出一部内容丰富的北京饮食文化史，书写出北京饮食文化的厚重与深邃。因为北京饮食文化本身就是一个辉煌灿烂的演进和发展的历程，其独特的个性和魅力值得我们细细品味，值得我们认真去理解和书写。

一、北京饮食文化的发生

“北京人”遗址处于北京房山周口店镇龙骨山北部，是世界上材料最丰富、最系统、最有价值的旧石器时代早期的人类遗址，距今70万—30万年，是最早生活在北京地区的原始人类。在北京猿人洞穴遗址从上到下还发现有四层深达6米，而且还埋有经火烧过的石块和骨头。

灰烬的底层，多为黑色物质，经化验是草木炭灰。遗物遗迹确凿地证明了北京猿人已经能控制和利用火了。

就饮食文化而言，北京猿人、“新洞人”和山顶洞人应该就是最早的燧人氏。火的发现与运用，使人类进化发生了划时代的变化，从此结束了茹毛饮血的蒙昧时代，进入了人类文明的新时期。在中国饮食文化史上，北京猿人乃至后来的“新洞人”和山顶洞人用火熟食具有划时代的意义：中国饮食文化的真正开端始于北京猿人、“新洞人”和山顶洞人。

1996年12月，在王府井大街南口，发现了古人类文化遗址，被称为“王府井人”，为距今约2.5万—2.4万年旧石器时代晚期的人类遗存。遗址表明，当时北京山区的古人类已经逐渐走出山洞，进入了平原生活。东胡林人处在距今1万年前的新石器时代早期。① 北京地区的人类活动离开山洞，移居到平原台地上生活，这在人类进化史上是一个重大的转折，东胡林人就生活在这个转变时期。东胡林遗址的发现填补了自山顶洞人以来华北地区人类发展的一段空白，对人类尤其是北京人从山顶洞居住向平原居住演进提供了重大科研依据。因为在东胡林遗址发现了大量植物的种子，但是其中是否包含谷物，仍存在争议。农业的起源问题是国际考古界一直关注的重大课题，所以一旦发现谷物，东胡林遗址的饮食文化史意义将更加凸显：北京地区古人类群体逐渐脱离原始形态，从专营采集、狩猎发展至渔牧、养殖业，极大地丰富了饮食生活。

上宅文化遗址，是北京地区迄今发现最早的原始农业萌芽状态的新石器时代文化，距今六七千年，主要分布于北京地区东部泃河流域。上宅遗址由于透露出鲜明的农业生产的萌芽，使之在北京乃至中国饮食文化史上都具有划时代的意义。“农业也可视为一项重大的革命，中国境内

---

① 北京大学考古文博学院、北京大学考古学研究中心、北京市文物研究所：《北京市门头沟区东胡林史前遗址》，载《考古》，2006（7）。

产生农业以后才可以说有中国史。”[1]

在北京地区新石器晚期遗址中，以昌平区雪山村一期和二期文化最为丰富。较之上宅文化遗址，雪山文化层中陶器种类明显增加，这些器物的形态与组合关系，是与当时的食品构成、烹饪方式及饮食习俗密切相关的。

从“北京人”“新洞人”“山顶洞人”到“东胡林人”，再到上宅，最后是雪山人，我们可以大致勾勒出北京地区原始社会时期人类由山区（山洞）向山前丘陵地带和山前平原台地，并进一步向平原地带移动的轨迹。北京地区原始人类居住环境的变化，完全是基于饮食的需求。他们从最初的“食肉寝皮”到炮火为熟，再到烹煮和蒸制，烹饪法的进步促使食物来源更加多样和稳定，于是养殖和种植开始兴起。显然，平原地区更适宜养殖和种植。北京地区烹调技术的起源，已有几千年的历史。在距今五千多年的新石器时代晚期，由于发明了陶器，因而出现了烹煮法和汽蒸法。加上北京地区人们的定居，家畜家禽的普遍饲养，垦殖事业的发展，烹调原料和工具多种多样，各种烹调的方法也就逐渐发展起来。

二、先秦：饮食文化格局确立

西周时期的燕国，都城遗址现已可确定，在今北京市房山区琉璃河镇董家林村。这里就是周武王灭纣之后，“封召公于北燕”[2] 的建都之所。这就是北京历史上最早的城，我们常说北京建城已有3000多年，就是从这里起始的。1982年，顺义牛栏山乡金牛村农民因挖房基地，在距地表1米深处，发现西周初期铜器墓葬1座，出土青铜礼器8件，陶器4件。我们从青铜器的用途来讲，可以分为食器与礼器两大类。礼器除用作明器外，再就是用在各种祭祀和礼仪活动之中，而这时的器具也主要

① 张光直：《中国饮食史上的几次突破》，载《民俗研究》，2000（2）。

② 《史记·燕召公世家》。

是用来盛放祭品。所以，我们从青铜器的用途讲，青铜文化在某种意义上就是饮食文化。

北京“昌平县曾出土一件3000多年前的青铜四羊尊酒器。作为畜牧业代表的羊与农业产品的酒能结合在一起，绝不是偶然的。可以说这是两种经济交流结合的产物，也说明远在3000年前，北京人的饮食即兼有中原与北方游牧民族的特点”①。北京饮食文化最为显著的特点应该就是游牧和农耕两种不同经济生产方式的融合，这是一条北京饮食文化发展的主线，从3000多年前一直延续了下来。

据《周礼·职方氏》所记，幽州“其谷宜三种”，郑玄注解“三种”是黍、稷、稻，唐贾公彦疏：“幽州与冀相接，冀皆黍、稷，幽则宜稻。”黍，即为黍子，脱皮即为黏黄米；稷，即为粟（谷子），脱皮为小米。黍、稷是中国古代北方的主要农作物，亦为北方居民主要的粮食品种。稻是喜水农作物，燕国有稻，种植于水利条件较好的地区。除枣栗果树外，桑蚕的种植和生产也是燕国农业的重要部门，《史记·货殖列传》说“燕、代田畜而事蚕”。所谓燕地“田畜而事蚕”，是将畜牧业的生产与桑蚕的种植生产并称，反映出桑蚕的种植生产非常普遍。《晏子春秋·内篇杂上》云：“丝蚕于燕，牧马于鲁。”蚕丝在燕地也颇出名。燕地还盛产蓟，为多年生草本植物。蓟有不同的品种，可以入药，传说食之能延年益寿，当时人称为“仙药”“山精”。蓟城一名的来源，可能与蓟草相关。以所食植物作为都城名称，足见饮食影响之深远。

战国时期，北京地区盐的生产已具相当规模，主要是海盐。《管子·地数》：“齐有渠展之盐，燕有辽东之煮。”可见燕国的海盐煮制业发达，堪与齐国并称。“调”起源于盐的利用。北京饮食烹调的真正肇始是战国时期。从这个时候起，盐广泛运用于烹饪之中。有了盐，食品的储藏加工更为方便；有了盐，促进胃液分泌，增强消化能力。盐用于烹饪时

---

① 鲁克才主编：《中华民族饮食风俗大观·北京卷》，1页，北京，世界知识出版社，1992。

的调味，在烹饪中是继火的使用后的第二次重大突破。

春秋战国时期，北京饮食的基本格局已经确立，即以谷物为主，以肉类为辅。而在谷物中，又以粟最为重要。以粟为主食，除了粟适应黄河流域包括北京地区冬春干旱、夏季多雨的气候特点外，还有一些人文因素的原因：第一，粟的产量比黍高。在北方诸谷中，以粟的亩产量为最高，比麦、黍几乎多一倍。第二，考古发现不少粟在几千年后依然子粒完整。在灾情频繁的北方，耐贮藏是人们选择的一个重要条件。第三，品种多，能适应多方面的需求。粟可分为稷（狭义，指“疏食”，即粗米）和粱二大类，分别适应社会下、上层主食的需要。由于自然选择和人文选择的合力，使粟即稷成为我国北方栽培最早、分布最广、出土最多的主食作物，被尊为“五谷之长”，“稷”与“社”一起组成国家的象征，古农官也以“稷”命名之。

三、秦汉：饮食文化区域特征突显

北京地区汉代墓葬出土器物以陶器为主。饮食类明器有壶、扁壶、杯、盘、盆、三足炉与釜等。位于潮白河西的临河汉墓群，出土了汉代的陶仓、陶臼、陶舂等稻米加工工具。书写这一时期北京饮食文化仍然是借助于考古资料。

北京地区的汉代考古发现主要包括城址与墓葬两方面。在顺义区大孙各庄镇田各庄村，发现大型汉墓群，它们均为汉代砖室墓，内随葬有陶罐、壶、耳杯，以及楼、仓、灶、猪圈、厕所和猪、狗、马、鸡等陶制明器。专为随葬而作的明器，可分模型和偶像两大类。秦和汉初首先出现的是模型类的仓和灶。从西汉中期以降，迄于东汉后期，除仓、灶以外，井、磨盘、猪圈、楼阁、碓房、农田、陂塘等模型及猪、羊、狗、鸡、鸭等动物偶像相继出现，时代愈晚，种类和数量愈多。这些明器反映了当时北京地区农业经济和饮食生活状况。

仓的出现，一方面说明粮食贮存和加工技术的提升；另一方面证实了当时粮食充足。这些都为饮食文化的发展奠定了必要的基础。再以灶为例，明器的灶与现代农村的柴灶很相似，前有灶门后有烟囱，灶面有大灶眼一个，或者小灶眼 1 ～ 2 个。灶有挡火墙，前方后圆式，灶面富于装饰性。灶的完善，大大推动了烹调技艺的发展，也使火候的把握成为可能。在烹调技法上，新的烹调方法脱颖而出，铁制炊具的出现使原有的羹、脯、炙等烹饪方法制作菜肴的花式品种有了大的增加，新的烹调方法如烩、炒等也广泛运用于汉代的烹调中。在火候上，已经注意调节火力强弱，如以“微火”“缓火”“逼火”“急火”用于烹制不同烹饪要求的原料，还开始针对不同的原料采用相应的烹饪时间。

新的饮食器具必然催生新的烹饪方式。2003 年，在蓟县东大井墓地出土了一件汉代陶质烧烤型火锅。它不仅具有火锅的功能，还可以用来烧烤，是一件实用性极强的家庭餐饮用具。其底部长 33.5 厘米，宽 19.5 厘米，深 5 厘米，整体为长方形四足槽形器，底部及四个倾斜壁均有圆形透气小孔。在长方形底部一侧有一个圆形支架，其直径 14.5 厘米，上面置一陶钵，是一件集烤、涮为一身的实用性极强的单人炊具。《礼记·礼运》载“以烹以炙”，正是对其形象而真实的记载。

北京地区的冶铁技术一直处于全国领先地位，这为农具的生产在技术上提供了可能性。北京清河朱房村西汉古城遗址中发现了铁农具锄、铲、斧、耧犁、镢、耧足等，均为铸件。① 当时用于农业耕作新发明的铁足耧车播种技术的推广，使得汉代幽州地区的农业得到了突飞猛进的发展，特别是上述考古发掘的诸城址及其周围宜于农业耕作的地区，粮食的大量生产成为一种可能，这就为当时人口的增长提供了足够的生存条件。这些考古发掘的农业技术信息和文献记载的情况与考古发现城址

---

① 苏天均：《十年来北京所发现的重要古代墓葬和遗址》，载《考古》，1959(3)。

的地理分布特征是相符的。[1]

在秦汉时期，北京饮食文化的区域特质已经大致突显，第一，灶的出现，衍生出中国饮食文化中一些最常见的烹饪方法。而且烹饪擅长火候。《东周列国志》中记载了燕太子丹为让荆轲刺杀秦王而不惜一切代价时写道："太子丹有马日行千里，轲偶言马肝味美，须庖人进肝，即所杀千里马也。"此菜，或煮或炒均须严格地掌握火候，而当时即能制作此菜，可见北京菜烹饪技术在当时就已具有一定的水平。第二，主、副食区分分明，形成了谷物为主，辅以蔬菜，加上肉料的饮食结构，奠定了农耕民族以素食为主导的饮食发展趋势。第三，北京与北方游牧民族相连，为农业和牧业共存的地域，饮食文化中掺入了游牧民族的风味，以羊为美味和"以烹以炙"就是明证。第四，北京与周边地区贸易往来频繁，《史记·货殖列传》载："夫燕亦勃（海）、碣（石）之间一都会也。南通齐、赵，东北边胡……有鱼盐枣栗之饶。北邻乌桓、夫余，东绾秽貉、朝鲜、真番之利。"商品交换必然使大量外地食物涌入北京。从此，北京饮食便有了集全国各地于一身的显著特点。

四、魏晋：多民族饮食风味形成

魏晋时期，北京地区呈多民族杂居的状态，北方乌桓、鲜卑、突厥等族纷纷迁入。在少数民族不断进入北京的同时，中原居民也迁徙北京。中原民众的迁入，更加强化了北京人口的多民族和多地域的特性。

魏晋南北朝时期，尽管世道动乱，人流不断，难以安居乐业，尤其是永嘉四年（310），幽州地区遭蝗灾，"食草木牛马毛，皆尽"[2]；建兴元年（313）幽州"大水，人不粒食"[3]；但从总体而言，北京的饮食文

① 马保春：《北京及附近地区考古所见战国秦汉古城遗址的历史地理考察》，北京市哲学社会科学"十一五"规划项目《燕国历史政治地理研究》的阶段成果。

② 《晋书·孝怀帝纪》。

③ 《晋书·石勒载记上》。

化却有了长足发展，“魏晋南北朝时期饮食文化取得了跨越式的发展，饮食学成为了一门学科被确定下了，这与当时的社会历史状况是分不开的，特别是与当时的人口流动是分不开的”①。归纳起来，这一时期出现了如下一些影响深远的饮食文化事象。

第一，饮食方式发生了根本性的转变。先秦两汉，中国人席地而坐，分别据案进食。魏晋南北朝时期，少数民族的坐卧用具进入中原。胡床是一种坐具，类似今天的折叠椅。随着胡床、椅子、高桌、凳等坐具相继问世，合食制（围桌而食）流行开来。随着桌椅的使用，人们围坐一桌进餐也就顺理成章了。同时，这一时期也是中国古代的两餐制和分餐制，逐渐向现代的三餐制和合餐制过渡的一个重要时期。

第二，面食进入北京人的饮食领域。“最早有面食的记载是《齐民要术》这本书，记载着‘饼’‘面条’‘面’的资料，《齐民要术》是南北朝晚期的著作，因此我相信面食是东汉时期以后由东亚经西域传入中国的。面食把米、麦的使用价值大大提高了，中国古代主食的植物以黍、粟为主，因为有面食方式的输入，才开始吃‘烙饼’，也就是‘胡饼’。”② 除米外，北京人食麦较多。麦的一大吃法是用麦粉做饼，南北相同。有汤饼、煎饼、春饼、蒸饼、馄饨等品种。汤饼与今天的面片汤类似，做时要用一只手托着和好的面，另一只手往锅里撕片。由于片撕得很薄，“弱如春绵，白若秋绢”，煮开时“气勃郁以扬布，香分飞而远遍”。煎饼，北京人在人日（正月初七）作煎饼于庭中，名为熏天，以油煎或火烤而成。春饼是魏晋人在立春日吃的。蒸饼，也作笼饼，用笼蒸炊而食，开始是不发酵的，发酵的蒸饼，相当今天的馒头。

第三，在魏晋南北朝相关文献中并没有烹饪方法“炒”的记载，但据一些古史专家考证，“炒”的确是魏晋南北朝饮食创新的一件大事。

---

① 王静：《魏晋南北朝的移民与饮食文化交流》，载《南宁职业技术学院学报》，2008（4）。

② 张光直：《中国饮食史上的几次突破》，载《民俗研究》，2000（2）。

“和面食同一时期的饮食变化则是出现在烹饪方式中的炒。在中国古代没有炒菜，一直到南北朝时期的书才提到有‘炒面’、‘炒胡麻’，《齐民要术》则有提到‘炒蛋’，先将蛋打破、加入葱白放盐搅匀后放入锅中用麻油炒，和今天的炒蛋的道理完全一样。”①

第四，饮食的游牧民族风味更加突显。北方多以牛羊肉为食。中国古代有“六畜”之说：马、羊、牛、鸡、犬、豖。除马以外，余五畜加鱼，构成我国传统肉食的主要品种。北方游牧民族大量入居北京，推动了畜牧业的迅速发展。羊居六畜之首，成为时人最主要的肉食品种。北魏时，西北少数民族拓跋氏入主幽州后，将胡食及西北地区饮食的风味特色传入内地，北京地区饮食出现了胡汉交融的特点。这个时期，少数民族的食物制作方法也不断影响中原饮食习惯。羌煮貊炙，就是最典型的。羌煮就是西北诸羌的涮羊肉，貊炙则是东胡族的烤全羊。

第五，外来人口尤其是中原人在北京定居，为北京饮食输入了大量的异地风味。较之前代，这一时期的饮食风味更为多样，品类更为丰富。诸如“面筋”，据古代笔记中说，从小麦麸皮和面粉中提取面筋，就始于梁武帝。当初称麸，后来叫面筋，是寺院素食的“四大金刚”（豆腐、笋、蕈、麸）之一。北京烤鸭历史悠久，早在南北朝的《食珍录》中已记有“炙鸭”。据三国魏人张揖著的《广雅》记载，那时已有形如月牙称为“馄饨”的食品，和现在的饺子形状基本类似。到南北朝时，馄饨“形如偃月，天下通食”。据推测，那时的饺子煮熟以后，不是捞出来单独吃，而是和汤一起盛在碗里混着吃，所以当时的人们把饺子叫“馄饨”。《齐民要术》中称之为“浑屯”，《字苑》作“馄饨”。馄饨至今最少也有1500年以上的历史了。

第六，魏晋南北朝的北京是世族政治时期，和其他地方一样，名门豪族众多。豪族“累世同居”，提供了厨房经验家族传承的条件，形成

---

① 张光直：《中国饮食史上的几次突破》，载《民俗研究》，2000（2）。

了北京最初的家族菜，并成为饮食文化传统。这是日后北京烹饪发达的又一极重要原因。

五、隋唐：饮食日益胡化

这一时期幽州饮食文化并没有很特别之处，也没有出现新的饮食文化现象，处于一个过渡的阶段。战争和迁徙与美食文化是格格不入的，尽管任何一个地区都有饮食文化现象，但并非都有时代的代表性和典型性。这一时期，燕地的饮食文化完全不能代表饮食文化发展的趋势，且特点不明显。燕州地区饮食文化不发达而又没有得到应有记录的原因是多方面的。

“唐太宗时，对突厥降众安置在‘东自幽州，西至灵州’的朔方之地，突厥的原有部落几乎全部保存下来了。幽州遂成为聚合各民族内迁的一个重要的地方，幽州城成为民族杂居融合的城市。”① 突厥、奚、契丹、靺鞨、室韦、新罗等数个民族构成了蕃州，约占幽州汉蕃总数的三分之一，而加上活跃于此地的少数民族，远远超过这个比例。唐朝廷在安置内迁胡族时，虽允其聚居，但却不是举族而居，往往分割为若干个小聚落，与汉族交错杂居。唐陈鸿祖《东城老父传》说：“今北胡与京师杂处，娶妻生子，长安中少年有胡心矣。”有胡人子胤又从而萌发胡心，说明胡化程度已很深入。此一点，幽州之地较之人物荟萃的长安，应不相上下。刘昫就在《旧唐书》中评价：“彼幽州者，列九围之一，地方千里而遥，其民刚强，厥田沃壤。远则慕田光、荆卿之义，近则染禄山、思明之风。”而唐代高适也写下过“幽州多骑射，结发重横行”的诗句。“天下指河朔若夷狄然”，陈寅恪称燕赵之地是“胡化深而汉化浅”。

可以想见，当时燕地的饮食已经是相当胡化，可以说胡化程度较之

① 劳允兴、常润华：《唐贞观时期幽州城的发展》，载《北京社会科学》，1986(1)。

其他都市为甚。少数民族对幽州饮食文化的影响极为广泛而又深刻，胡食成为大家普遍接受的风味。安史之乱之后，由于幽州在社会风尚包括饮食习俗上的巨变，被视之为夷狄之地。史学家们在论及隋唐饮食文化的时代性时，无一例外都要提及胡食，胡食的流行也是唐朝社会的一个显著特点，胡食是书写隋唐饮食文化的史学家们特别强调的。

六、辽金：多民族饮食趋同存异

如果说，辽南京揭开了北京首都地位的序幕的话，那么，金中都则是北京首都地位发展的真正开端。辽南京燕国当时还只是一个封国，不能称其为全国性政权，而辽的陪都有很多，北京只是其中的一个，只有到了金，北京才开始真正成为一个政治中心。尽管金中都只存在了60余年，却成为北京建都史上的一个里程碑。

正是辽金时代确立了北京都城的崇高地位，北京的饮食文化才开始真正得到史学家们的关注和书写，在中国饮食文化史上取得了应有的位置。

趋同存异，是多民族杂居的饮食文化表征。“从民族成分看，这个地区以汉族为主，但也有不少的少数民族，其中，主要是契丹人，此外还有奚人、渤海人、室韦人、女真人等。……流动人口多。其中，很大一部分是士兵。宋人路振在《乘轺录》中记载：南京有渤海兵营，‘屯幽州者数千人，并隶元帅府’。至于契丹军队则更多。”①在金朝时成为首都后，开始不断有很多外来人口迁入，金中都的人口最盛时超过一百万，城内居住着汉、女真、契丹、奚、渤海、回鹘、突厥、室韦等众多部族。经过辽金两个朝代的民族融合，形成了独特的人口和社会结构，为这个地区的饮食文化带来了不同于中原都城的特殊性。这一多民族杂居、融合的人口格局，致使辽金乃至后来的北京饮食文化呈现出与其他大都市

① 曹子西主编：《北京通史》3卷，33页，北京，中华书局，1994。

迥然有别的地方和民族特色。

汉族饮食受少数民族的影响同样十分明显。譬如，当时汉人对于饮食瓷器的颜色的喜好，就来源于契丹民族的白色崇拜。北京地区出土的辽代瓷器主要是辽地瓷窑烧制，其中以白瓷居多，这可能与契丹人崇尚白色有关。汉族在与契丹、女真等民族的杂居交往中，受少数民族饮食文化的影响，饮食习惯也慢慢发生了变化，即改变了原来比较单一的主食粮谷的习惯，也开始了“食肉饮酪”。

汉族和少数民族的饮食习俗又有许多融合的现象出现。由辽金两朝政府所推行的风俗政策，“首先是提倡和保持‘国俗’，即契丹风俗”①。一些汉族士族的生活方式便向兄弟民族转化。汉族饮食融入契丹族最具有代表性的是韩氏家族，韩氏家族是辽代汉族人与少数民族融合的见证，也是契丹族人与汉族人文化相互包容的见证。② 表现在饮食文化方面，兄弟民族的饮食深入到一些士大夫家庭之中，同时，汉族一些传统饮食也为燕京的少数民族所接受。汉族接纳契丹、女真饮食文化，并非全盘照搬、完全“契丹化”和“女真化”，而是根据汉俗有所扬弃，使被吸纳之少数民族饮食文化发生了某些“流变”；反之，少数民族对汉民族饮食文化的输入也是如此。这是各民族饮食文化“中和”的必然结果。

可以说，没有少数民族之间、少数民族和汉民族之间的饮食文化交流、碰撞和保持各自相对的独立性，就不可能存在辽金饮食，再往后一直延伸，也不可能形成北京首都饮食文化。正是在辽代，少数民族的饮食文化被真正纳入北京饮食文化系统之中，成为北京饮食文化中的一个有机组成部分。北京饮食文化的辉煌正是建立在辽金饮食文化的基础上的，辽金饮食铸就了北京饮食文化的基本风格，两者之间一脉相承，正所谓“一代食俗起于辽金”。从此，北京饮食文化形态也越来越呈现出

---

① 宋德金、史金波：《中国风俗史·辽金西夏卷·导言》，5 页，上海，上海文艺出版社，2001。

② 参见《辽史·韩知古传》。

多元化的趋势。体现在烹饪风味上，则是一种兼收八方、多元一体、气象万千的恢宏与博大。辽金燕京饮食已展露出首都饮食无穷魅力。

七、元代：游牧饮食风味扩张

元朝是北京饮食文化飞速发展的时期，强大的蒙古王国将其游牧饮食文化带入大都，大大拓宽了北京饮食文化延展空间，将北京饮食文化推向了一个新的时代高度。

经契丹、女真等民族入主燕京，导致燕京饮食文化具有浓厚的民族风味。蒙古族将燕京定为大都以后，这里饮食文化的民族特色更加鲜明而又斑斓。有元一代，燕京民族之众多，居民结构之复杂，是历代王朝所不能比拟的。除蒙古军队南下、大批蒙古人南迁给北京地区带来草原文化外，色目人的大量涌入也极大地影响了大都文化。色目人是元朝对西域各族人的统称，也包括当时陆续来到中国的中亚人、西亚人和欧洲人。

蒙元“大一统”的形成，不仅促成了蒙古民族的发展壮大，也推进了中华民族形成的历史进程，曾经建立实现中国北部统一王朝的契丹、女真民族，除居住在故地的女真人外，基本和汉等其他民族融合了，实现局部统一的党项人在经过元朝之后也消失在历史长河中。伴随着这些民族的消失，一些民族，诸如汉族得到了壮大，同时在民族融合中也诞生了一些新的民族，维吾尔族、回族即是在宋辽金元时期的民族大融合中形成的。① 还有在中国南北方世代居住繁衍的其他少数民族以及陆续从西域、中亚等地移居燕京的色目人。“到了元代，这里居民的成分构成变化最大，既有漠北草原的大批蒙古族民众南下，又有西域地区的大批色目人东移，还有江南地区的大批‘南人’北上，皆汇集到了大都地区。与前者不同的是，在辽金时期，北京地区只是少数民族割据政权的

---

① 李大龙：《浅议元朝的“四等人”政策》，载《史学集刊》，2010（2）。

陪都和首都，而到了元代，这里开始变成全国的政治和文化中心。在这个时期，北京地区的风俗有一个共同的特点，也就是少数民族的风俗影响极大，中原汉族民众往往贬称其为‘胡俗’。如到了明代，许多元代的风俗流传下来，胡服就是一例。‘今圣旨中，时有制造只孙件数，亦起于元。时贵臣，凡奉内召宴饮，必服此以入禁中，以表隆重。今但充卫士常服，亦不知其沿胜国胡俗也’。”① 而“胡食”也是“胡俗”的重要方面。

较之契丹和女真等民族，执政的蒙古族的游牧经济特点更为明显。他们吃的是牛羊肉、奶制品，喝的是马、牛、羊乳等，所以南宋使臣彭大雅在他的《黑鞑事略笺证》中写道，蒙古人食肉而不粒。猎而得者，曰兔、曰鹿、曰野彘、曰黄鼠、曰顽羊、曰黄羊、曰野马、曰河源之鱼。② 加宾尼谈到蒙古人饮食时说：他们的食物包含一切能吃的东西。因为他们吃狗、狼、狐狸和马。③ 元代各民族饮食习俗，同样都以熟食为主，但做法大不相同。蒙古牧民食物中，火燎者十之九，鼎烹者十二三。④ 富有特色的“胡食”与燕京汉族烹调食俗大相径庭。

蒙古族作为游牧民族，他们吃肉喝奶，没有主、副食之分。在汉民族的意识中，最能代表“胡食”饮食文化的莫过于羊肉食品。元代宫廷宴飨最为隆重的是整羊宴。烤全羊是蒙古族肉食品之一。在有元一代的大都城，不论是宫廷还是民间，用羊肉制成的肴馔的数量远远大于猪肉。这从一个侧面说明，输入燕京的一些民族饮食文化已完全被汉民族所接受，有的还占据了主导地位。较之契丹和女真，蒙古族在饮食文化向南

① 李宝臣主编：《北京风俗史》，276～277页，北京，人民出版社，2008。

② 王国维：《黑鞑事略笺证》，6页，见《蒙古史料校注四种》，清华学校研究院刊本。

③ ［英］道森编：《出使蒙古记》，吕浦译，17页，北京，中国社会科学出版社，1983。

④ 王国维：《黑鞑事略笺证》，6页，见《蒙古史料校注四种》，清华学校研究院刊本。

输出方面更加主动和强势，这种强势的重要表征就是开放性和兼容性。

就经济方式而言，北方蒙古等游牧狩猎民族习俗影响了内地汉族农业经济。这些影响主要表现在北方游牧狩猎文化与内地农业文化之间的差异以及对立上。早在蒙古人建国时期，有些蒙古贵族就想将中原良田变为牧场，遭到耶律楚材及蒙古大汗的阻止。随着大量蒙古、色目人的移居，北方狩猎习俗也传至内地。从而内地不少地区出现了狩猎民，以及大规模围猎活动。① 游牧生产方式向燕京农耕地区的渗透，改变了燕京原有的饮食结构，从根本上促成了两种完全不同饮食风格的交合。这种交合不是简单的食品数量的增加，而是你中有我，我中有你。

八、明代：饮食文化趋于成熟

同其他地方一样，明代北京饮食也明显呈现从简朴到奢华的发展态势。从明代饮食发展情况看，可以明代嘉靖朝为界，划分为前后两个发展阶段。“嘉靖以前，明代社会各阶层成员的饮宴等日常生活的消费标准，均遵循封建王朝礼制的严格定规和限定，很少有违礼逾制的情况发生。明初，朝廷为阻止官庶宴会游乐，不时发布禁令。明代于慎行在他所著《谷山笔麈》卷三‘恩泽’一节中曾记曰：‘今日禁宴会，明日禁游乐，使阙廷之下，萧然愁苦，无雍容之象。而官之怠于其职，固自若也。’当时北京人的饮食活动大多在礼制规范中进行，不敢越雷池一步。加上战争刚刚结束，饮食物资相对匮乏，也促成了明初饮食崇尚朴素风尚的形成。但是到了嘉靖、隆庆以后，随着社会价值观的变化、各式商品的渐趋丰富并具诱惑力，从而启动了社会久遭禁锢的消费和享受欲望，冲破了原来使社会窒息的禁网，‘敦厚俭朴’风尚向着它的反面‘浮靡奢侈’转化；而且这股越礼违制的浪潮，来势汹涌，波及社会的各个阶层。”②

---

① 那木吉拉：《中国元代习俗史》，264 页，北京，人民出版社，1994。

② 王熹：《中国明代习俗史》，23～24 页，北京，人民出版社，1994。

明代北京饮食除了由简朴到奢豪这一演进特征之外，还延续了以往朝代共有的一个发展趋势，就是兼容并蓄，融会贯通。自辽、金、元以来，少数民族都在北京建都，北方各少数民族云集北京，使得北京人们的饮食生活渗入了浓重的北方少数民族风味。明朝时，我国食谱中的兄弟民族菜单更多。北京人喜食烧、烤、涮，显然这是接受了游牧民族的食俗。明代北京的节令食品中，正月的冷片羊肉、乳饼、奶皮、乳窝卷、炙羊肉、羊双肠、浑酒；四月的白煮猪肉、包儿饭、冰水酪；十月的酥糕、牛乳、奶窝；十二月的烩羊头、清蒸牛乳白等，均是回族、维吾尔族、女真族等兄弟民族的风味菜肴加以汉法烹制而成的。这些菜名面前，已没有标明民族属性的文字，说明已经成为各民族共同的食品。

当时，山东人纷纷到北京开餐馆，致使明代北京的餐馆中，鲁菜的势力较为雄厚，使山东风味在有明一代充斥着北京餐饮市场。另外，这些消费群体中，文化层次都比较高，他们的饮食追求秉承了宫廷境界，导致北京饮食在原本所具有的游牧饮食风格的基础上，又多了一种儒雅的风味。豪爽、粗犷与绅士、典雅两种饮食形态在大明京都得到完美结合，这种结合，使得北京饮食拥有其他城市所无的多元与包容。

饮食文化进入明代演进得非常成熟，还得益于当时的饮食环境已比较优越。明代京城是商业大都市。明成祖迁都北京，天下财货聚于京师，与饮食有关的寻常之市，如猪市、羊市、牛市、马市、果木市各有定所，其按时开市者，则有灯市、庙市和内市等。[①]

北京饮食文化另一成熟的标志是餐饮老字号的出现。从记载看，早在明代，京城即已出现了一些以风味取胜的著名饮食名店。这些店铺一直延续下来的就成为老字号。北京饮食荟萃百家、兼收并蓄、格调高雅、风格独特，形成了自成体系的老字号。在北京老字号餐厅里，形成了老北京自成一体的风味及富有京城特色的烹饪技艺。

---

① 李宝臣主编：《北京风俗史》，244页，北京，人民出版社，2008。

九、清代：集古代饮食文化之大成

作为中国历史上最后一个封建王朝，也将封建社会的饮食文化推向了巅峰，烹饪规模不断扩大，烹调技艺水平不断提高，把中国古代饮食文化，尤其是宫廷饮食文化发展到了登峰造极、叹为观止的境界。

清代定都北京后，由于满汉杂处，相互间的饮食文化无形中进行了交流。特别是满族的达官显贵，在与汉族官员的相互交往中，吸收了汉族菜肴的制作方法和宴饮程式，并加以改造，逐渐形成了“满汉全席”。清末民初，满汉全席中又汇入了蒙古族、回族、藏族风味的菜点食品，使之又获得了“五族共和宴”和“联盟宴”的称号。清朝北京饮食是北京古代饮食文化的集大成，代表了整个封建社会时期的最高水平，在中国饮食文化体系中具有不可替代的崇高地位。

第一，民族饮食文化特点和融合得到最为充分的显现。有清一代，满族入关，主政中原，发生了第四次民族文化大交融。汉族佳肴美点满族化、回族化和满族、蒙古族、回族等兄弟民族食品的汉族化，是北京境内各民族饮食交流的一个特点。奶皮元宵、奶子粽、奶子月饼、奶皮花糕，蒙古果子、蒙古肉饼、回疆烤包子、东坡羊肉等是北京汉族食品满族化、蒙古族化、维吾尔族化和回族化的生动体现，反映了满族、蒙古族、维吾尔族、回族等兄弟民族为使汉族食品适合本民族的饮食习惯所做的改进。

第二，宫廷饮食是中国饮食文化最特殊的一部分，主要指清代皇帝、皇室与宫廷的各种饮膳活动而言。有清一代，宫廷饮食演进得更加完备，达到了不可超越的巅峰境界。统治集团欲壑难填的口味追求以及社会相对安定和各地物产的富庶，为宫廷饮食的辉煌提供了根本性的条件。清宫廷饮膳重要的文化特征和主要历史成就，就是它“富丽典雅而含蓄凝重，华贵尊荣而精细真实，程仪庄严而气势恢宏，外形美和内在美高度统一的风格”①。

第三，清代官府和贵族饮食支撑起了整个清代饮食文化的大厦。如果说“满汉全席”是清代饮食文化的空中楼阁，那么官府和贵族的家宴，不仅引领着饮食的时代潮流，而且成为市井饮食重要的组成部分。官府菜与官府文化关系密切，其中寄予了官宦家族及历史事件的记忆，承载着一个家族兴衰的发展过程。

第四，民间市井饮食的发展已经定型，最能体现北京民间市井饮食风格的烹饪技艺和食品花样均已确立，特色名点得到北京人乃至外地人们的普遍认同。清时北京的巨大贫富差距，造就了北京市井中完全不同于官府菜、宫廷菜的平民美食。官僚巨商们关起门来穷奢极欲地“食不厌精”，老百姓们也自有利用现有食材“脍不厌细”的法门。

十、民国：饮食崇尚西化

民国是一个动荡的年代。然而，历史是复杂的、发展着的，战争并非历史与现实的全部。辛亥革命以来，随着中国闭关自守的大门被打开，北京作为一个有着深厚饮食文化底蕴的大都市，饮食领域也受到西方饮食观念和方式的强烈冲击。北京饮食文化史上的古代与现代之划分，是以这一时期为标志的。此后，饮食风俗的现代意味才逐渐增浓，不断得到强化。民国时期饮食风俗的现代化，主要表现为大量国外饮食时尚的直接植入，如此，出现了民族性习俗与国际化时尚并存的局面，二者的逐步融合恰恰是民国饮食风俗现代化的进程。

在北京，人们主要吃面粉制品，偶尔也吃些米饭。北京的面粉制品，花色品种繁多，寻常的就有面条、饺子、馄饨、馒头、包子等多种。除面食外，也有不少人以南瓜、山芋、小米等杂粮作为主食。欧风东渐后，面包上市了，热狗、三明治出现了，于是在传统主食之外，又有了一种

---

① 赵荣光：《满汉全席源流考述》，359页，北京，昆仑出版社，2003。

西洋式的主食。它对某些人的吸引力，已经远远超过了他们对传统主食的认同。就这样，传统主食一统天下的局面，开始被打破了。请吃西餐大菜已成为买办、商人与洋人、客商交往应酬的手段。在以“洋”为时尚中，具有西方风味的食品渐受中国人的欢迎，如啤酒、香槟酒、奶茶、汽水、冰棒、冰淇淋、面包、西点、蛋糕等皆被北京人接受。西菜、西式糖、烟、酒都大量充斥民国市场，并为很多人所嗜食。在当时还比较守旧俗的北京，“旧式饽饽铺，京钱四吊（合南钱四百文），一口蒲包，今则稻香村谷香村饼干，非洋三四角，不能得一洋铁桶矣；昔日抽烟用木杆白铜锅，抽关东大叶，今则换用纸烟，且非三炮台、政府牌不御矣；昔日喝酒，公推柳泉居之黄酒，今则非三星白兰地啤酒不用矣”①。说明西式饮食已引起了北京饮食习俗的较大变化，丰富了北京人的日常生活。

在饮食风俗西化的初始阶段，也有“过头”之处，甚至到了“崇洋”的地步。“中国菜甚好，偏爱外国大餐”。当时称西餐为“吃大餐”，吃大餐乃地位和身份的象征。对于大多数北京人而言，吃西餐只是一种显示身价的消费，或者说是一种赶时髦的行为。事实上，饮食风俗的“全盘西化”是不可能的，西方饮食不管有多么好，多么富有现代气息，也不能全面取代北京的饮食传统，何况西方饮食同样也有许多不足之处，更何况北京饮食文化的传承具有其他民族难以匹敌的强烈惯性。

（部分原载《新视野》2012年第5期）

① 胡朴安：《中华全国风俗志》，下篇卷一“京兆”，3页，上海，上海书店，1986。

狂欢：节日饮食与节日信仰

在中国，节日和饮食是联系在一起的，这是民间狂欢最基本的形式，同时，也是民间信仰活动集中和“合法”展示的场合。节日是信仰的产物，信仰是节日狂欢的基础和核心，在当下社会，狂欢被注入了时代的意义。

一、节日饮食的合理性

张起钧教授著有《烹调原理》一书，他在序言中说：“古语说‘饮食男女人之大欲存焉’，若以这个标准来论，西方文化（特别是近代美国式的文化）可说是男女文化，而中国则是一种饮食文化。”宏观而言，这一判断是有道理的。因文化传统的缘故，西方人的人生倾向明显偏于男女关系，人生大量的时间及精力投注于这一方面，这在汉民族是难以理解的。因为汉民族对于男女关系理解的褊狭，仅仅把它看成是单纯的性关系，而在传统文化中把性隐蔽化、神秘化，性被蒙上一层浓厚的羞耻和伦理色彩，对于现实的性，便只能接受生理的理解。“男女之大防”，将男女关系与性关系等同起来，所以对性的认识也是肤浅的。而且这一切都还只能“尽在不言中”，说出来便有悖礼教，认为道德沦丧了。

由于对性的回避、排斥，中国人把人生精力倾泻导向于饮食，这样，不仅导致了烹调艺术的高度发展，而且赋予饮食以丰富的文化内涵。其中最为明显的是将饮食和民间信仰捆绑在一起，诸如月饼与月亮崇拜、食物与祭品、粽子与屈原信仰、元宵与团圆意愿等。尤其是除夕之夜的年夜饭更是伴随着一系列的信仰活动，诸如守岁、放鞭炮、贺新年、压岁钱等，尽管这些属于特殊时间段的世俗行为，却渗透着浓重的信仰心理。正是这种极其普遍的信仰心理，导致了年夜饮食的终极狂欢。新旧年的交替，恰恰是宣泄信仰欲望最为浓烈的时间，人们通过饮食的狂欢，“葬礼”即将过去的一年，呼唤新的一年的到来。

食色乃人之两大本性，食色欲望为狂欢的原动力。食色本能充分的宣泄便是狂欢最基本的表现形态。满足基本欲望的狂欢才是真正的狂欢，是出自本能的狂欢。其他的诸如文学、舞蹈、歌谣、庆贺、庙会、歌会及种种的带有狂欢性的仪式都是这两种基本狂欢的延伸和发展。

既然食色活动是民间最核心的狂欢形式，为何两千多年前的儒家圣贤选择了饮食而排斥色欲？这反映了我们的祖先对食色活动可能导致的不同后果有清醒的认识。

人类最早的两性关系，相当时间内仍是沿用动物界里没有任何规范约束的杂乱群居婚。当时的两性关系，纯是一种兽性的表现。为争夺异性，常常发生大规模的拼死搏斗。为性而无休止的争斗，瓦解了群体的团结和生存力，严重的甚至会毁灭整个群体的生命。这绝不是危言耸听，人类史上曾有这样的记录。考古学家发现，10 万年前欧洲有一个种族，学界称其为尼安德特人。遗留的骨骼化石表明，该人种身材高大，体魄强健，在原始人群中颇有先天的优势，可是，后来他们神秘地消失了。

科学家们百惑不解，他们到哪里去了？他们的后裔是现在欧洲民族中的哪部分？现代欧洲民族哪一个似乎都与他们没关系。经过考古和人类学家、民俗学家的共同努力，谜终于找到了，他们消失了。消失的原因，既不是天灾，也不是病魔，而是两性生活无规则的恶果。无约束的杂婚，为争夺异性，相互拼斗残杀。成批年轻力壮的男女惨死在性的争斗中。最后，终于一蹶不振，日趋衰落，直至消亡。进入文明社会以后，“性”和战争以及其他的争斗同样是紧密联系在一起的。“爱情是排他的”这句名言也说明了这一点。基于这些由性交活动所产生的社会恶果，以维系社会秩序为己任的儒家，自然要极大限度地限制“性”的发展空间。

于是，在中国，性的欲望完全让位给了生育信仰，生育话语完全排除性话语。而且生育话语的表达也往往交付给了食物和饮食行为。新婚洞房应该是性和生育信仰的隐喻，而这两者却通过饮食行为显露出来。过去，在纳西族摩梭人的婚礼上，就有类似“合卺”仪式。新婚前夕，人们端出公羊睾丸一个、酒一杯，请新郎新娘共同饮食。另外，新中国成立前，湖南宁乡地区的婚礼中，也有类似的仪式。当摘了盖头以后，新娘便脱去青衣青裤与青裙，换上花红衣服。然后，由两名妇女各捧两杯茶，内有枣子数颗，交给新郎新娘饮用。饮时不得独自饮完，留下一半相互混合再饮，俗称为“合面茶”。婚礼上，新婚夫妇共食公羊睾丸以及枣子（早子）的行为，显然表达了对生育的信仰。

在古代，结婚的主要目的是生育，而在生育信仰的场合，往往伴有饮食活动，以饮食来激发人的生殖欲望。通过新婚夫妇共饮共食的方式，以及食物本身的隐喻功能达到抒发生殖欲望的目的。因此，“合卺”的象征寓意是多层次的。但这些寓意又是相关联的，简单说，就是新郎新娘合二为一、结为一体，以求产生新的生命。

民间信仰的对象不仅为虚无缥缈的鬼神、祖灵，也包括一些基本的世俗情结。团圆情节便是民间共有的信仰之一。这类民间信仰得以充分展示是在节日期间。任何一个宴席，不管是什么目的，都只会有一种形式，就是大家团团围坐，共享一席。筵席要用圆桌，这就从形式上造成了一种团结、礼貌、共趣的气氛。美味佳肴放在一桌人的中心，它既是一桌人欣赏、品尝的对象，又是一桌人感情交流的媒介物。人们相互敬酒、相互让菜、劝菜，在美好的事物面前，体现了人们之间相互尊重、礼让的美德。虽然从卫生的角度看，这种饮食方式有明显的不足之外，但它符合我们民族“大团圆”的信仰心态，便于集体的情感交流，因而至今难以改革。这种“聚餐”及“宴饮”的社会功效，在年节期间得到更为明显的表现。

在食色文化长期发展过程中，饮食逐渐取代了性，饮食行为常常作为关于“性”的表述而成为富有象征性的符号。这类符号又往往与某一信仰相关联。性交行为只能通过饮食行为表达出来。新婚时，新郎和新娘喝“交杯酒”就是一个最为典型的事例。所用之“卺”俗称苦葫芦。葫芦形圆多籽，类似于十月怀胎的孕妇。在上古洪水神话中，人类被洪水淹灭，只有一对兄妹因躲进葫芦中才死里逃生。后来兄妹结为夫妻，再造人类，成为人类始祖。葫芦与人类生殖有着密切关系，而“交杯酒”显然又是建立在葫芦信仰基础上的。

饮食与其他物质生活形态有着鲜明的不同，“你可以在上海穿一个傣族的服装，人们会觉得很奇怪。而你在上海开设一个有民族特色的饮食店，人人都可以去吃的。饮食与服饰、居住环境不一样，饮食是不容易发生冲突的”①。饮食具有很强的融合性和兼容性，排除对抗，而趋于适应和迎合。因此，将节日的基本活动定位于饮食，更表现节日的合欢性质。

二、口头语言信仰的狂欢

在民间，在现实生活中，所有的民间信仰活动都是在自然、自由的

---

① 徐新建等：《饮食文化与族群边界——关于饮食人类学的对话》，载《广西民族学院学报》，2005（6）。

状态下进行的，狂欢中的诙谐，诙谐中的狂欢，这是活动的主要基调，与官方活动所谓的严肃性形成鲜明的对照。在民众广泛参与的各种节日活动中，必然会构建某种信仰的基调；信仰活动成为民众在一些特别的场合抒发情感和表达思想的不可缺少的形式。依据俄罗斯著名文艺理论家巴赫金的狂欢化诗学理论，这些民间信仰集中宣泄的时节、场合，就是民间的狂欢节。由于节日信仰本身的一致性和崇高性，在此种场合，社会的等级、差别、不平等被消解殆尽，荣誉、名望、地位等被视如粪土，社会规范和道德法则变得无足轻重。人们暂时取消了一切等级关系、特权、规范和禁令，完全沉浸在自由的信仰欢乐之中。民众需要这种狂欢和诙谐，在狂欢中获得各种满足和精神的愉悦。

“说曹操曹操就到”，民间历来奉信语言信仰。民间节日也是口头语言信仰狂欢的时间，其中许多内容，诸如带有政治讽喻性的笑话、歌谣，刺痛某些官方的“谣言”等，不能进入当下社会的主流话语之中，也不能“白纸黑字”地公开诉诸文字或各种大众传媒。这类作品只能口耳交流，并在口耳相传中不断得到修改和完善。这是民间利用传统的对语言的信仰所进行的语言的狂欢。民间节日期间的语言是狂欢化的语言，与日常规范的、一切官方的价值体系，与一切呆滞的、严肃的东西相对立，表达的是节日期间人们的言语自由和欢快精神。

春节之所以成为民间最重要的节日，原因在于这是除旧迎新、新年与旧年交替的时段。除夕之夜的年夜饭是一年中最隆重的大餐。在这一交替的时间里面，自然会宣泄着人们颠覆与更新的欲求。“三十年河东，三十年河西”，人们在言语和心理的层面，对既定的、已有的权威发出了挑战，从而获得精神上的欢娱与快感。巴赫金指出：“狂欢节语言的一切形式和象征都洋溢着交替和更新的激情，充溢着对占统治地位的真理和权力的可笑的相对性的意识。独特的‘逆向’‘相反’‘颠倒’的逻辑……对狂欢节语言来说，是很有代表性的。”① 时间的自然流逝葬送了过去，春节期间的集中“讨口彩”，更包含着对再生和更新的期望。

然而，当下所有的节日集会活动均被政府操控，传统的民间社会越来越狭小。民间集体节日仪式则大多在露天举行，显示出官方集会所无的开放性特征。即便如此，民间仪式时间和空间的维度正在发生转换，甚至在急剧萎缩，萎缩的原因有时是统治阶层的有意破坏，如禁止燃放鞭炮、一些祭祀信仰活动被扣上迷信的罪名等。与此同时，民间娱神的狂欢名正言顺地转换为国家政治狂欢。民众的狂欢精神早已被国家权力所强取和利用，而且，为了挤压民间固有的狂欢时空，国家权力机构往往会对狂欢时空进行重大调整，诸如“五一”劳动节和“十一”国庆节放长假，每每遇到带有政治意味的重大胜利，就组织民众集会和上街游行等，莫不如此。

然而，在任何一个时代，总会有一些可供民间信仰宣泄的空间。节日期间的饮食场合便是宣泄的最佳时机。原先多向神灵祈求的健康、长寿、发财、平安、升官等信仰主题，在现阶段，最通常出现的场合是在节日期间的宾馆、餐馆或茶馆的饭桌上，亲人间和朋友间的宴饮是口头语言信仰能够充分发挥的最佳时机。由于饮食伴随民间口头语言信仰活动，饭桌便满足了人们对多种快感的需求。

三、节日筵席狂欢的意义

节日筵席形象是喜庆的，因为“饮食不可能是忧伤的，忧伤和饮食是不相融的。筵席总是为庆祝胜利而举行，这是它的本质属性”②。巴赫金强调了筵席形象的特殊性，它不是个别人日常的、局部生活的吃与喝，

① ［苏联］巴赫金：《弗朗索瓦·拉伯雷的创作与中世纪和文艺复兴时期的民间文化》，见《巴赫金全集》6卷，13页，石家庄，河北教育出版社，1998。

② ［苏联］巴赫金：《弗朗索瓦·拉伯雷的创作与中世纪和文艺复兴时期的民间文化》，见《巴赫金全集》，6卷，190页，石家庄，河北教育出版社，1998。

而是与民间节庆仪式紧密结合的普天同庆。所有在场的人都做着狂欢式的口腔运动。“饮食是离奇怪诞肉体生命的重要表现形式之一……人与客观世界的接触最早发生在能啃吃、磨碎、咀嚼的嘴上。人在这里体验世界、品尝世界的滋味，并把它吸引到自己的身体内，使它变成自己身体的一部分……这种人与世界在食物中的相逢，是令人高兴和欢愉的。在这里是人战胜了世界，吞食着世界，而不是被世界所吞食。”① 这种征服欲的满足，伴随着另一种富有时代魅力的颠覆快感的实现，这就是民间口头文学的喷涌而出。

“在当下中国的文化情境下，如果要问何种民间文化尚保留着其自身所具有的本质性狂欢特质的话，我们大概只有在民谣当中寻找了，即便是民间的庙会文化也已经丧失了其狂欢特质，而沦为权力政治、资本与地方性文化共谋的产物。我们说只有民谣依然保持着民间文化的狂欢色彩。是从民间文化与主流意识形态之间关系的角度进行理解的。民谣的颠覆性、不妥协性、讽刺性决定了它与主流意识形态之间永远保持着相当的距离，发挥其独特的舆论功能。”② 民谣是对话化了的杂语。而“沿着语言生活里集中倾向的轨迹发展而诞生与形成的语言哲学、语言学和修辞学，忽视体现着语言生活离心力的这一对话化了的杂语。因此他们也就不可能理解语言的这样一种对话性……不妨直接地说，语言的对话因素及与之相关的一切现象，直到现在仍然处于语言学的视野之外”③。巴赫金强调，在这些俚俗体裁中组织起来的杂语，不仅仅只是不同于公认的规范语（连同其所有的体裁）以及承载主流思想的语言，更有甚者，它是有意识地与之相对立。民间节日是民众自己的时间，也是暂时脱离了严肃工作的相对自由的时间，当然更是杂语最集中的时间。杂语

① ［苏联］巴赫金：《弗朗索瓦·拉伯雷的创作与中世纪和文艺复兴时期的民间文化》，见《巴赫金全集》，6卷，石家庄，河北教育出版社，1998。

② 刘晓春：《当下民谣的意识形态》，载《新东方》，2002（4）。

③ ［苏联］巴赫金：《小说话语》，见《文学与美学问题》，86～87页，莫斯科，文艺出版社，1975。

讽刺性地模拟当代各种官方的语言，并与之针锋相对。餐桌上的调侃、段子和冷嘲热讽，网上笑话及手机短信的相互交流就颇为典型。

拉伯雷《巨人传》中的语言充斥着大量的粗话和脏话，巴赫金肯定了这一狂欢化的语言形式，认为它们并非言语的低级下流形式，而是与拉伯雷所描绘的狂欢化世界和谐一致的。节日餐桌上的杂语同样带有粗鄙性和戏谑性，有些甚至是“龌龊下流”的。但它们冲破了官方和严肃的正统的语言禁忌，或者起着对严肃的官方系统和所谓“神圣”事物的贬低、降格作用，或者表达着餐桌特有的语言自由和狂欢的快乐。

诙谐的源泉是上古初民娱神的信仰仪式，当神圣的表层随着神灵的远去而不断脱落，剩下的便是保留了信仰精髓的诙谐式欢乐，故而，诙谐就是民间文化的基本特征之一，它存在于民间生活空间的各种灰色地带。人们并不是因受压抑才诙谐，诙谐是本能的宣泄，信仰的宣泄，因而民间既不存在压抑也不存在升华或替换，民间就是民间，它不需要外在的拯救。诙谐是民间人生中重要的精神信仰现象，决不能将之当成休息时的消遣，无足轻重的游戏。

在中国，吃饭喝酒形式是团团围坐，成为最民间化的活动，任何神圣都会被浸泡在酒水里，节日筵席形象是民间狂欢形象体系中最重要的形象之一。于是，大量的当代民间杂语汩汩地从餐桌上喷涌而出。在杂语得到集中演说的场合，在一定程度上，透过基本的民间信仰，诸如和谐、健康、长寿、发财、平安、升官，上层与民间、统治者和民众的边界被消解。譬如在节日期间，当政者只有“转化”为平民，才能真正与民同乐，享受节日特有的欢快。这是时间上的“阈限”阶段，许多方面处于反结构的状态，在民间杂语互动的过程中，人们的身份会发生明显改变，一方面，领导者在努力去掉自己的权威，包括说话的口吻、语气、内容等；另一方面，当地民众是主角，他们的演技得到充分展示，所有的人为他们喝彩。如果领导者仍为主角，演说活动就会被异化，失去其本真。领导者融入表演的气氛，甚至参与演说，也满足了当权者与民一道狂欢的需求。在这样的场合，并不会损害领导者的形象，反而有助于其形象的塑造。这是民间给予当政者话语的自由。人间基本的精神追求将当政者和民众融合为一体。

中国自古就是礼仪之邦，礼仪是对人与人等级、差异的认定和坚固。而敬酒、劝酒、酒令、敬酒时的歌唱、“酒后失性”“酒后失言”等，是让大家忘记自己的差别和区分，暂时遗忘“礼”的存在。“酒宴和筵席形象是表现绝对无畏的欢愉的真理最良好的媒体，面包和葡萄酒（用劳动和斗争而获得的世界）驱散了任何恐惧，并使话语获得了自由。”① 因此，民间杂语的狂欢是社会的需求，是上层和下层交流、融合的最好场合，可以化解对立和矛盾。同时，又是民间所定义的正义的张扬。

巴赫金也非常关注筵席与口头语言的关系。在他看来，这是文化面对自然的最初表达。他在饮食与对话之间建立起了联系：“甚至对于古代筵席交谈的作者们，对于柏拉图、色诺芬、普鲁塔克、阿特纳奥斯、马克罗比乌斯等人来说，吃与说的联系也没有成为过去的残迹，而是有着活生生的意义。”② 对话性的筵席语言，亲昵、坦率、不拘形迹、亦庄亦谐、风趣幽默，有着一种民间特有的自由。酒肉的力量激活了语言。自由戏弄正统的事物是狂欢酒宴的基本内容，滑稽模拟是最常见的形式。节日信仰通过杯盏碰撞出来，只要存在官方、神圣，这种民间杂语狂欢的场合的永远存在。

（原载《新视野》2006 年第 5 期）

---

① ［苏联］巴赫金：《弗朗索瓦·拉伯雷的创作与中世纪和文艺复兴时期的民间文化》，见《巴赫金全集》，6 卷，330 页，石家庄，河北教育出版社，1998。

② ［苏联］巴赫金：《弗朗索瓦·拉伯雷的创作与中世纪和文艺复兴时期的民间文化》，见《巴赫金全集》，6 卷，327 页，石家庄，河北教育出版社，1998。

神话叙事

江西境内三苗氏史迹考述

远古族团之一的苗蛮族团中,最重要的氏族当然是三苗氏。[1] 三苗者，亦称有苗或黎苗，《国语·楚语下》："及少皞之衰也，九黎乱德，民神杂糅，不可方物。……其后三苗复九黎之德，尧复育重黎之后不忘旧者，使复典之，以至于夏、商，故重黎氏世叙天地，而别其分主者也。""三苗复九黎之德"，表明三苗与黎氏有着亲缘关系，故《国语·周语下》有"黎苗之王"之语。

三苗原曾居住于黄河流域，但未曾融入夷夏。到尧舜禹时期，北方的西夏和东夷已大体合成为华夏整体，不入流的三苗则被视为"外化"之民，从中原逐步流落到长江中下游及其以南广大地区，成为一支广泛分布在南方的庞大的氏族部落。正如郭璞在《山海经》注中谓：

① 徐旭生：《中国古史的传说时代》，增订本，57～66页，北京，科学出版社，1960。

“昔尧以天下让舜，三苗之君非之。帝杀之。有苗之民，叛入南海，为三苗国。”“这在史学界大体是比较一致的看法，而且现在似乎在考古发掘上也逐步得到了某些印证。”① 有关三苗氏的直接考古资料尚少，我们只能通过零碎的文献记载，追寻三苗氏在江西境内的踪迹。

一、三苗古都在赣鄱

相传在夏或夏代以前，居住在今江西境内的土著居民，大致是三苗族（或荆蛮族）及其后裔。

有关三苗活动区域的记载，史料有比较明确的说明。《帝王世纪》：“帝尧陶唐氏……诸侯有苗氏处南蛮而不服。”《吕氏春秋·召类》：“尧战于丹水之浦，以服南蛮。”丹水即今湖北之丹江，是今汉江上游的一条支流，发源于陕东南部终南山，从商县经河南到湖北入汉水，此地正是在与炎黄集团接壤之处；南蛮是以三苗氏为首的南方部落联盟。《战国策·魏策一》载吴起说：“昔者三苗之居，左彭蠡之波，右有洞庭之水，文山在其南，而衡山在其北。”“彭蠡”在今之江西鄱阳湖，“洞庭”即今之湖南洞庭湖。“文山”出自《国策》姚氏本，鲍本作“汶山”，《君道》作“大山”，《外传》作“岐山”，实为同一山名。“文山”是今何地，还无法确定，大致应在鄱阳、洞庭间靠南部之地。② 据钱穆先生考证，这个“衡山”，是在长江以北，即今河南南部的伏牛山。③ 可见，以三苗氏为代表的苗族族团活动地域大致在今湖北、湖南两省及江西、河南之部分地区。④ 元黄镇成《尚书通考》也云：“三苗之国，左洞庭，右彭蠡，今江州、鄂州、岳州三苗之地也。”⑤ 三苗居住的范围，不会比华

---

① 李家和：《越文化初论》，载《江西历史文物》，1981（3）。

② 俞伟超：《先楚与三苗文化的考古学推测》，载《文物》，1980（10）。

③ 钱穆：《古三苗疆域考》，载《燕京学报》，1932（12）。

④ 徐旭生：《中国古史的传说时代》，增订本，66页，北京，科学出版社，1960。

⑤ 据江西省婺源县博物馆詹永萱新发现的明代手抄本（十卷本）。

夏地盘小，只是三苗之间，如同后来的“百越”一样，也是种别繁杂。所谓“三”者，义为多也。

至于三苗氏故都所在何处，古人说法不一。有的说在柴桑、彭蠡之间。罗泌《路史·国名记》引周景式《庐山记》云：“柴桑、彭泽之间古三苗国，左洞庭，右彭蠡，负固而亡者，今衡、岳、潭之境。”“柴桑”在今江西九江市西南。在这里，误“彭蠡”为“彭泽”，却纠正了《魏策》所言洞庭、彭蠡二湖之方向。《史记·吴起传》《说苑·君通》《说苑·贵德》和《韩诗外传三》所言皆与《魏策》相反。有的明确地说，三苗为了负险自固，曾经“三徙其都”。较早的都城在筠州，即今江西高安县，以后依次迁往兴国、武昌。《朱子集》卷七十一引詹元善语云：“苗民之国，三徙其都，初在今之筠州，次在今之武昌县。则据江山之险，可以四出为寇，而人不得而近之矣。”所择之地皆在江西境内。

1989年冬，在江西新干县大洋洲商墓中有惊人的发现，共出土各种质地的随葬品近千件。其中，青铜器即达484件，数量之多，品类之全，造型之异，文饰之美，都是为江南之冠，全国罕见。[①] 青铜器中，大小青铜钺6件。钺是当时的生产工具和政治用具，为象征权力和统治的礼器之一，说明墓主人是一个身份高贵的上层人物，也许就是这个青铜王国的最高统治者。“赣鄱区域是他控扼南方的政治统治中心。大洋洲‘王陵’位于赣江之滨，富有鲜明的土著文化特色，且和传说的三苗古都邻近，两者之间当有土生土长的历史承传关系。因此有理由说，赣鄱区域是孕育哺养三苗文化的桑梓沃土，是中华上古文化南支最主要的发祥地，也曾经是三苗王国政治都会的所在地。”[②]

---

① 江西省文物考古研究所、江西省新干县博物馆：《江西新干大洋洲商墓发掘简报》，载《文物》，1991（10）。

② 张英明：《三苗文化：赣文化古老的源头》，载《江西社会科学》，1994（增刊）。

二、三苗征战踪迹

三苗氏与北方炎黄集团很早就有频繁接触，到传说中的尧舜禹时期，双方交往更为密切，不过，文献留下的主要是战争的片段。据《尚书》《山海经》《竹书纪年》等古书记载，三苗氏先后与黄帝、尧、舜、禹争雄于世。最大的冲突有两次，第一次在尧舜之际，对此，《尧典·吕刑》《左传·昭公元年》《荀子·成相》《国策·秦策一》《吕氏春秋·召类》《孟子·万章上》《大戴礼记·五帝德》等典籍均有记录，而以《史记·五帝本纪》记载较详细："三苗在江、淮、荆州，数为乱。于是舜归而言于帝，请流共工于幽陵，以变北狄；放驩兜于崇山，以变南蛮；迁三苗于三危，以变西戎；殛鲧于羽山，以变东夷。四罪而天下咸服。""三危"在今甘肃省境内。这段文字有两处需要加以说明，一处是"迁三苗于三危"之"迁"，《尧典·吕刑》作"窜"，《庄子·在宥》作"投"，此三字意义相近，均可释为流放。而《孟子·万章上》和《大戴礼记·五帝德》作"杀"，据孔广森《大戴礼记补注》中解释："'杀'，'𥠖'字之误。《古文尚书》曰：'𥠖三苗'，'𥠖'之言'窜'也。"指明"杀"可能是"窜"的误字。那么，为何要流放三苗呢？这是另一个要说明的问题。"三苗在江、淮、荆州，数为乱"，明确了三苗是因造反被镇压的。三苗"叛乱"被定为"四罪而天下咸服"中的"四罪"之一。其实，这是受"正统史观"偏见的制约以及胜者为王、败者为寇的世俗观念的影响，才将三苗视为"叛逆"加以否定。

不仅如此，史书还对三苗氏加以丑化，据孔颖达《左传正义》云："此专所言，说《虞书》之事。彼云'四罪'，谓共工、驩兜、三苗、鲧也；此传'四凶'，乃谓之浑敦、穷奇、梼杌、饕餮。……《尚书》无三苗罪状，即甄去三凶，自然饕餮是三苗矣。""饕餮"乃一种贪残的怪物，古代钟鼎彝器多刻其头形为饰。《吕氏春秋·先识》："周鼎著饕餮，有首无身。"《路史·后纪四·蚩尤传》注描述了属于"炎帝之苗裔"的蚩尤的形象："三代彝器，多著蚩尤之像，为贪虐者之戒。其像率为兽形，傅以肉翅。"此当是饕餮。《史记·五帝本纪》说："缙云氏有不才子，贪于饮食，冒于货贿，天下谓之饕餮。"集解引贾玄说："缙云氏，姜姓也，炎帝也，炎帝之苗裔，当皇帝时在缙云之官也。"蚩尤和三苗的关系异常密切，很可能就是早期三苗酋长。

这次尧舜流放"四凶"的行为，并没有使三苗一蹶不振，故《礼记·檀弓下》"舜葬于苍梧之野"句下郑注云："舜征有苗而死，因留葬焉。《书》说舜曰：'陟方乃死'。"三苗氏仍有北上黄河流域争雄天下的实力。

第二次在舜禹之际。舜取尧后，华夏的用兵已移到长江沿岸。《说苑·君道》："当舜时，有苗氏不服者，大山在其南，殿山在其北，左洞庭之波，右彭蠡之川，用此险也。"以武力征服，似乎违背了仁政的宗旨，于是，这次舜对三苗的征服，更换了手法。《韩非子·五蠹》云："当舜之时，有苗不服，禹将伐之。舜曰：'不可，上德不厚而行武，非道也。'乃修教三年，执干戚舞，有苗乃服。"干戚本是兵器，舜用之于舞蹈，以示偃武修德。这种软硬兼施的手法，在3年后，果然达到了分化三苗氏的目的。《尚书·舜典》："三载考绩，三考黜陟幽明。庶绩咸熙，分北三苗。"《史记》正义曰："北，背也。善留恶去，使分背也。"又云："幽明有别，黜退其幽者。或夺其官爵，或徙之远方，升进其明者，或益其土地，或进其爵位也。"显然，这实际是采用考绩之名，以达到对三苗的分化、拉拢之目的。《吕氏春秋·召类》云："舜却苗民，更易其俗。"一些三苗区域不仅被占领，而且也被迫接受强制同化。舜的这次南征很可能到达了临近江西大地的江汉平原甚至更远。舜南征未归，死后就葬在长江以南的"蛮荒"之地。《山海经·海内经》："南方苍梧之丘，苍梧之渊，其中有九疑山，舜之所葬，在长沙零陵界中。"所以，舜的英灵在楚国的神灵世界里占有重要地位，而且还流传他的两个妃子娥皇和女英追其南下，到洞庭之滨得知舜的死讯后殉情于潇湘水间的动人传说。

禹时黄帝集团继续征讨三苗氏。《墨子·非攻下》："昔者，三苗大乱，天命殛之。日妖宵出，雨血三朝，龙生于庙，犬哭乎市，夏水（冰），地坼及泉，五谷变化，民乃大振。高阳乃命玄宫，禹亲把天之瑞令，以征有苗，四电（雷）诱祇，有神人面鸟身，若瑾以侍，搤矢有苗之祥（将），苗师大乱，后乃遂几。"这段文字夹杂了不少逸闻怪事，有些字句可能有讹夺，所以意义不甚清晰。但大体上还是可以理解的。最后之"后乃遂几"，是说三苗氏从此退出黄河流域的政治舞台，远戎南方，并且气数已尽。《国语·周语下》载太子晋谏周灵王时所言更为客观、实在："王无亦鉴于黎苗之王，下及夏、商之季，上不象天，而下不仪地；中不和民，而方不顺时；不共神祇，而篾弃五则。是以人夷其宗庙而火焚其彝器，子孙为隶，不夷于民，而亦未观夫前哲令德之则。"把黎苗之衰与夏桀、商纣并提，说明这次打击之后，三苗确实衰落下去了。三苗氏在历时千年的中原角逐中，不论是将士血洒战场，还是国君多次被放逐荒徼大漠，都未曾动摇入主中原的雄心壮志。然而，自从出了亡国之臣成驹以后，三苗为政不善，内部分裂，国运陵迟；旋又发生空前严重的大地震，"天雨血，夏有冰，地坼及泉……"① 大禹乘这个千载难逢之机，一举攻灭三苗王国。

三、三苗氏在江西境内的遗迹

禹征服三苗后，三苗族民一部分沦为奴隶，一部分"更易其俗"，最后部分逐渐与华夏族融合而成为华夏族的一部分，还有不少南逃或西奔山区，并入后起的楚民族及发展成后来的苗、瑶等民族，但更多的是留在江西境内，与其他的三苗支族相结合。从此，史籍上"三苗"的名称不见了，有可能在夏王朝衰落之际，南方三苗的一支后裔和当地的土著（自然包括江西新石器晚期居民的后代）逐渐融合为一体，这样，号

① 方诗铭、王修龄：《古本竹书纪年辑证》，65页，上海，上海古籍出版社，1981。

称“越”的民族开始在赣鄱大地兴盛起来。

三苗与越的关系，《史记·越王勾践世家》云：“越王勾践，其先禹之苗裔，而夏后帝少康之庶子也”，道出了三苗与越的渊源关系。史书对此未有更多记载，但因同处一地，应该甚为密切。徐松石先生曾指出：“古代三苗领域的土著，在最东的称为‘于’‘阳’‘凤’‘畎’等夷，后来形成吴越民族，其余则称为荆蛮、扬蛮。”① 苗者，蛮之音转，闽也，南夷之名，蛮亦称越，三苗旧地，在商周之世，为古越人之地，应是合乎情理的。古越族正是在古三苗及三苗领域的土著的基础上发展起来的。

正如三苗氏的形象被严重歪曲一样，三苗氏所在之地亦被史书描绘为是“荒蛮腹地”，处于不开化的野蛮愚昧之中。事实恰恰相反，尽管三苗氏最后没有取得正统地位，但其对江西历史文化的发展创下了难于磨灭的功绩。首先，三苗之“苗”不仅仅是记音，亦与原始农业有关。三苗氏或许是最早发展原始农业的氏族之一，故而当阖族厄运降临之时，便发生了“五谷变化，(苗)民乃大振(震)”这种情状。江西修水山北遗址发现在草拌泥中夹杂有稻谷壳、稻秆的痕迹，同时期的樟树市樊城堆遗址、永丰县尹家坪遗址和萍乡市郊区新泉、赤山遗址中也有稻谷、稻秆发现。这些表明，江西种植水稻的生产，在四五千年前已经逐渐普遍起来。“从新石器晚期开始栽培水稻，商代中期已在犁耕，这在目前全国其他地区还没有先例。”② 其次，当代考古学认定，中华铜资源的开发和青铜冶铸的源头，存在于以赣鄱区域为中心的地方。曾有论者推测，舜和禹对三苗的战争，“很可能是一场争夺铜锡资源之战，这场战争的主战场，也许就在赣北地区”③。此论颇有见地。1988年，在赣北瑞昌发掘出的商代铜矿遗址，是目前国内发现的最古老的铜矿遗存。另外，和新

---

① 徐松石：《东南亚民族的中国血缘》，72页，香港，平安书店，1959。

② 许怀林：《江西史稿》，15页，南昌，江西高校出版社，1993。

③ 龙庆等：《江西早商文化遗存的发现与研究》，载《东南文化》，1992(3、4)。

干县大洋洲邻近的吴城遗址，是3000多年以前的大型青铜冶铸基地。而新干大洋洲“王陵”大批青铜器重见天日，更加有力说明江西大地曾是无与伦比的“青铜王国”。[①] 它并非一日之功所能告成，必须有一个漫长的积累过程。据此而论，三苗氏应是中华铜文化的开山祖。“三苗开创的这种传统，对中国古代文化具有奠基意义。”[②]

（原载《江西社会科学》2004年第1期）

① 张英明：《三苗文化：赣文化古老的源头》，载《江西社会科学》，1994（增刊）。
② 李炳海：《论三苗文化》，载《中州学刊》，1992（5）。

客家族群制造的神话叙事

客家作为汉民族内部的一个族群，原本并不存在，经过一番学术叙述和处理以后，却似乎变得实实在在起来。这在民族文化研究史上是值得玩味的事实和一个过程，这一过程堪称族群建构的神话叙事。考察其展开的实际状况和叙述过程，应该成为客家研究的热点。

一、移民记忆的悖论

学术界认定，客家是汉民族的一个支系。既然是支系，谓之族群是可以成立的。本文将支系置换为族群，完全是为了讨论的需要。因为族群可以衍生出更为丰富的学术话语。

关于族群的概念，以马克思·韦伯所下的定义最为流行，他有一篇较短的文章，题目就是《族群》，该文说："如果那些人类的群体对他们共同的世系抱有一种主观的信念，或者是因为体质类型、文化的相似，或者是因为对殖民和移民的历史有共同的记忆，而这种信念对于非亲属社区关系的延续是至关重要的，那么，这种群体就被称为族群。”①自从挪威著名人类学家弗雷德里克·巴斯编撰《族群与边界》（*Ethnic groups and boundaries*）之后，人类学家们认识到族群的意义不是关于社会生活或人类个性的某种基本事实，而是一种社会建构物（social construction），是社会构拟于某一人群的边界制度。族群是一个共同体，内部成员坚信他们共享的历史、文化或族源，而这种共享的载体并非历史本身，则是他们拥有的共同的记忆。就客家而言，迁徙或说移民的记忆应该是构筑其“主观信念”的基础。

移民记忆是客家族群（并不一定具有血缘关系）对相似性认同的一种主观的信念（subjective belief），一种在客家聚落范围内的公共记忆。正如英国马克思主义历史学家霍布斯鲍姆所认为的，“传统的创造”（invention of tradition）是构建的、制度化的传统，传统有可能在短时间——数年间突然被创造出来，它是由显在的或潜在的规则所制约的习惯。为了灌输某种特定的价值和规范，创造的传统要通过一系列礼仪和象征来暗示自身与过去的连续性，这种连续性通常并非是历史性的。②其实，关于客家移民漫长历史的神话是编制出来的，堪称“传统的创造”的成功范例。

“客家是历史上由于战乱、饥荒等原因，中原汉民渐次南下进入赣闽粤三角区，与当地畲族瑶族等土著居民发生融合而形成的一个独特而稳定的汉族支系。”③ 学者房学嘉也认为，客家主体是当地的百越土著与少量北方移民混合而成。这是目前关于客家比较流行也似乎是比较稳妥的

---

① 转引自乔健：《族群关系与文化咨询》，见周星、王铭铭主编：《社会文化人类学讲演集》，482页，天津，天津人民出版社，1997。

② Eric Hobsbawm and Terence Ranger, *The Invention of Tradition*, Cambridge University Press, 1992, pp. 1－3.

③ 林多贤主编：《客家社会与文化研究丛书·总序》，1页，哈尔滨，黑龙江人民出版社，2006。

定义，其颠覆了以往一直占主导地位的“中原汉族说”。但这种“融合说”的论调显然与客家之“客”相左，“客”就应是外来的，还未融合的。否则，“客家”这一族群称谓便名不副实。而且，客家族群最初得到关注和确立，正是起因于“客”。清嘉靖年间，广东东莞、博罗等地土客械斗，当地乡绅开始谈论土客之间的话题。据罗香林《客家研究导论》记载，咸丰六年（1856 年），广东西路六县土客大械斗持续 12 年，双方死伤人数达五六十万。为了探寻械斗原因，自 1850 年至 1904 年，中外学者纷纷投入客家研究。但当时称谓的客家与现在客家的指称范围迥然有别。清代后期的客家属当时迁入时间不长的真正的客家。由于土客界限泾渭分明，还没有形成融合，故而双方争斗不断。而且可以断定，这些真正的客家并非来自遥远的中原，而是附近省份。清道光《新宁县志》云：“乾隆五十二年……今据广东巡抚图萨布奏称，新宁县沿海地宽，先于雍正年间及乾隆五、六等年，有惠、潮各属及闽省人民曾、廖等姓陆续就耕，积至二千户，屡请入籍，皆为土著所阻。”清乾隆二十六年（1761 年）由知县张近录修、屈大均编纂的《永安县志》亦云：“（永安）古名宽得，俗本归善。……民多贫，散佚逋赋，县中雅多秀氓，其曾高祖父多自江、闽、湘、惠诸县迁徙而至，名曰客家。”① 由于相隔仅三四代，这些客家仍保持着清晰的迁徙记忆，内部拥有强烈的客家身份的认同；而且当地土著对其客家身份也有明确的指认，故而竭力阻止客家入正式的户籍。

在一些地区，客家甚至似乎与迁徙没有关联。同济大学蔡骅博士在闽西做调查时，当地人对他说：“其实在 20 世纪 80 年代以前，外界的人称我们闽西人为客家，但我们闽西人并不认为自己是客家。究竟谁是客家呢？从外人看来，闽西人是客家。但在闽西人内部，住在平地的人认为住在周围山区的人是客家，住在离平地较近的山村的人认为住在更偏

① 转引自刘丽川：《“客家”称谓年代考》，第六届国际客家学研讨会报告（交流）论文汇稿，2000。

远的山区的人是客家，而到了偏远山区，住在山谷的人又认为住在山上的人才是客家。总之，‘客家’是‘山里人’。但是，由于平地和山地是相对的，所以在‘客家热’之前，谁也不认为自己是客家。”这段介绍说明，“客家”是互为指认的，而且越靠近山区，越有可能被认定是客家。这大概是因为山上生存条件相对恶劣，交通不便，一般以为居住在那里的人群肯定是后来者。

同时，由于客家是外来户，这段引述的话也寓意“客家”称谓带有歧视，而土著则带有优越感。明清期间，一些志书在客家的称谓上尽显轻蔑的态度。譬如，明崇祯《东莞县志》称客家人为“獠”；《新会县志》竟然在客字旁加个“犭”，以牲畜待之；1907 年，顺德人黄节所编《广东乡土地理教科书》中，指出：“广东种族有曰客家、福老族，非粤种，亦非汉种。”赣南西部营前镇的移民，宋代被称为“峒寇”，清代则叫“流民”。

另外，客家也不完全属汉族民系，譬如，有史料记载：“畲客善歌，时放声高歌，当地人称之为‘番客歌’。其男子被称为‘番客’或‘客家’，其女子被称为‘番客’或‘番婆’。”笔者的爱人姓廖，是宁都人，属于客属家族。传说是从辽宁迁入的，拥有满族血缘。

为了给客家正名，提升客家的生存地位，一批客籍贤士纷纷舞文弄墨。他们寻求客家辉煌的祖先史，证实客家与中原汉人血脉相连。史籍似乎也提供了诸多依据，诸如明代嘉靖《广东通志·舆地略》记载：“自汉末建安至于东晋永嘉之际，中国之人，避地者多入岭表，子孙往往家焉。其流风遗韵，衣冠气习，熏陶渐染，故习渐变，而新俗庶几中州。”清代屈大均则从正面指出了粤人与中州清淑之气的一脉相承：“今粤人大抵皆有中国种。自秦汉以来，日滋月盛，不失中州清淑之气。”①以此类记述为依据，人们开启了客家族群建构的现代旅程。1905 年，黄

① （清）屈大均：《广东新语》卷七《真粤人》，232 页，北京，中华书局，1985。

遵宪和丘逢甲创办了“客家研究会”，旨在发掘客家的中原之根。此后，“中原士族”“衣冠南迁”等溢美之词不绝于书。而真正掀起客家族群制造的神话叙事高潮的是罗香林。其《客家研究导论》《客家源流考》尽情地描述了客家人历史上五次南迁的美妙轨迹，成为建构客家族群的话语范本和经典依据。以往的学者只是在为客家“正名”，罗香林则雄心勃勃，将中原历代南迁的移民一网打尽，试图建立一个庞大的客家族群。罗氏之所以能够成为客家的学术英雄，原因正在此。

二、客家内涵的虚妄

塑造客家完整的形象必须对其内涵进行发掘和填充。描述客家独特的文化和生活存在，揭示客家先祖的丰功伟绩，凝练客家的精神实质，是发掘和填充工作的主要方案和举措。但这一工作的一些主要成就是一厢情愿的臆想。

为了给客家人头上戴上耀眼的光环，罗香林于1942年发表了《国父家世源流考》一文，称孙中山为客家人。他提供了孙氏先世南迁的详细路线：唐前定居于河南陈留，唐僖宗时，孙俐领兵在闽越江右之间活动，以军功封东平侯，在江西虔州宁都落户，宋时又迁至福建长汀的河田，明永乐间自闽迁粤之东江紫金，康熙年间又迁至广东香山县翠亨村。能够将一个家族的移民世系追溯到1000多年以前，着实令人叹为观止。这种单线演进的移民史能够成立的先决条件就是，孙氏家族一直过着与世隔绝的生活。大概是希望与正宗汉室同根同源，而与“南蛮”划清界限，罗氏的观点竟然得到孙中山之子孙科和当时国民党当权者的认同。国父变成客家之后，客家便不仅被认定是汉族，而且是优秀的汉族支系。

然而，罗香林制造的客家族群与前面提及的诸多客家显然风马牛不相及。再以赣州地区为例，赣州先民大多从北方迁入，其时大致在南北朝至宋末、元至明代中期、明末至清代中期、清末至民国期间四个阶段。“前一、二期及其以前的居民多自称为‘土著’，以后迁入的称为‘客家’。”“以后”指明末以后，“这一时期的移民，主要来自闽粤赣交界区”，“大批闽粤移民迁入赣南，使赣南的居民结构发生了一次大的变化”。[①] 有客家内部的学者更加明确地指出：“客家民系与汉民族的南方其他诸如广府民系、福佬民系，都是北方汉人南迁的产物。既然有一部同源的南迁史，为什么广府文化、福佬文化就不是移民文化，而只有客家文化是移民文化呢？这显然是讲不通的。”“我们主张客家文化是移民文化，也就等于主张中原（北方）地区原来就存在一个客家民系、客家文化；赣闽粤三角区的客家文化是由中原（北方）的客家文化迁移过来的。这样一个判断的不合理之处在于：忽略了客家文化的形成过程及赣闽粤三角区地理环境、社会环境以及土著文化的作用和影响，也在实际上否定了客家文化的独特性，因而是难以成立的。”[②] 其实，持客家文化为中原移民文化观点者，恰恰是为了凸显客家文化的独特性，即与同一区域的广府、福佬等文化形态区分开来；同时，也可以强化客家文化的源远流长。有学者提出了似乎更为稳妥的见解，认为客家文化是“众多区域文化在内的多向、复杂整合”[③]，属于多元文化。其实，所有地域汉民族的文化都是如此，当然也包括广府文化和福佬文化。多元文化论泯灭了客家文化与广府文化及福佬文化等的区别，颠覆了客家之为“客”的根本立足点。还有一些学者甚至提出了客家乃土著的观点。历史学家许怀林在《赣南文化的传统与客家的土著性质》一文中，经过精细的历史梳理，论证了客家是客家基地上的土著居民，逐渐淡化乃至消失了客

---

① 赣州地区志编纂委员会：《赣州地区志》，1册，366～367页，北京，新华出版社，1994。

② 罗勇、陈志平：《客家文化是移民文化吗——关于客家文化特性的探讨》，见罗勇等主编：《客家文化特质与客家精神研究》，108页，哈尔滨，黑龙江人民出版社，2006。

③ 王东：《客家学导论》，上海，上海人民出版社，1996。

家属性。[①] 果真如此的话，客家就是一个虚假的族群称谓，因为他们本身就是土著，客家只不过是罗香林之流想象的共同体。客家与客家文化圈的建构也就失去了学术与现实意义。

更有趣味的是，客家族群中的许多成员并不知晓或承认自己属于客家，这应该包括国父孙中山在内。广东惠州和河源两县的居民几乎都被认定为客家，而日本学者濑川昌久在当地做调查时，发现当地人并不以为自己是客家人。“就这样，在这个被认为是客家地区的地域社会内部，‘客家’犹如一种‘海市蜃楼’，真正的‘客家’的存在被不断向外（的山村）推移。”[②]赣南作为客家的大本营，在20世纪80年代以前，当地人几乎也不知道自己就是客家人。居住在赣西北山区的客家人被当地人称为“寮民”及“棚民”，官方则称“怀远人”。后来客家人自我认同的意识，完全是学者们鼓噪起来的。

客家族群神话的讲述，主要延续两条路径。一条是通过溯源，为客家取得合法的地位。既然在客家族源求索方面陷入困境，名不副实，难以自圆其说，随着20世纪80年代末“客家热”的兴起，学者们便开始了“客家一体文化”的建构历程。他们在竭力探寻客家文化共同特质，试图从内涵的层面塑造客家族群的整体形象。这方面的成果充斥着客家学，角度五花八门，大多以偏概全，其结论难以涵盖整个客家族群，所使用的论据几乎都存在相反的佐证。法国学者劳格文主编有《客家传统社会》一书[③]，所收入的22篇论文和调查报告都不是出自学者，而是由当地人自己撰写的。除个别地方外，书中几乎没有出现“客家”两字。尽管书的内容是客家传统社会，但“客家”无处可寻。实际上，就像罗

---

① 许怀林：《赣南文化的传统与客家的土著性质》，见罗勇等主编：《客家文化特质与客家精神研究》，68页，哈尔滨，黑龙江人民出版社，2006。

② 转引自蔡骅：《“HAK-KA”与“SAN-HAK”——客家称谓的由来及本义考》，见罗勇主编：《“赣州与客家世界”国际学术研讨会论文集》，5页，北京，人民日报出版社，2004。

③ ［法］劳格文主编：《客家传统社会》，北京，中华书局，2005。

香林笔下的客家不存在一样，客家文化与客家社会也不存在，存在的只是具有地方特点的地方文化和地方社会。一些学者苦苦寻觅的客家文化特质及基本元素，其实就是地方文化的特质与基本元素。

三、族群建构的成功范例

尽管客家族群的研究曾经陷入了诸多两难的境地，一些客家内部的学者也承认，客家族群的建立是为了与广府、潮汕等土著争夺生存资源，是从社会的边缘向中心转化的必然举措，但作为族群建构而言，则取得了举世瞩目的成功。客家居住地域广阔，内部之间文化属性的差异明显，经过学者们的共同努力，客家文化的一些基本元素逐渐清晰起来，成为客家的文化边界和标识。客家的形象已经树立起来了，原本不存在的客家现在已客观地存在，客家族群成为一个不争的事实。能够将散处于世界各地的原本并无瓜葛的数千万“移民”投入客家的怀抱，给予他们归属感和相互认同文化机遇，这不能不说是族群建构的当代神话。在现当代的中国官方话语体系之外，学术研究能够冲破学术圈，产生如此广泛的社会效应，能够产生如此强大的感召力，应该说是绝无仅有的。如今，各种客家文化研究机构蜂拥而起，相关刊物层出不穷，客家学堂而皇之走上了学术的殿堂，并且锻炼出来诸多知名学者，这些都是这一神话讲述的有机组成部分。

当前，发现和建构族群成为诸多学科共同的富有刺激性的学术目标。一些学者乐此不疲，是因为可以获得无限广阔的学术资源。不论动机如何，这一神话讲述所获得的实际效果是空前的。这是一个从外向内构建族群的成功范例，具体说就是居住在海外的所谓客家客籍学者的共谋，而共谋者完全可以不顾族群大本营成员是否具有客家身份的自觉意识。客家族群的建构存在诸多不合理的成分，但所有的行为方式都是合情的，满足了所有有过迁徙记忆的赣闽粤三角区人们的共同愿望。

法国的符号学家罗兰·巴特把对现代神话的解释及意义的征询定义

为《神话学》。这部书中的文章，是以法国时事为主题的感言。面对大众文化产品的不断涌现，罗兰·巴特试图定期就法国社会所蕴含的一些（流行）神话进行反省。他在《神话学》一书的初版序言中说："一开始，神话的概念对我而言，似乎就是要解释这些冒牌事实（fausses évidences）的几件事例。在当时，我仍然使用传统意义上的'神话'（myth）这个字眼，但我也已确信一个事实，也是我稍后试图归纳所有结果的依据，那就是：神话是一种语言（mythe est un langage）。……然而，只能在探测、研究一系列的现代社会现象以后，我才决定试以有条不紊的风格，来定义所谓现代神话（流行）。"① 神话语言自然是叙事的语言，也是流行的语言，人们共同使用的叙事语言，便构成现代神话文本。

罗兰·巴特对现代神话的解读十分广博，流行即为神话。沙滩上的旗帜、标语、广告牌、衣服，甚至日晒赤褐的皮肤，对他而言都是信息，都需要解释。《神话学》一书的第一部分"流行神话"，所叙述的对象在现代都市司空见惯，诸如"玩具""肥皂粉与清洁剂""葡萄酒与牛奶""脱衣舞"等。这些神话"至少有双重的意义，它或者是古典或人类学意义下的一篇叙事（récit），甚至也可以是一种文类或者它指的是一种程序、一种功能，这时它意味着'神话化程序'（mystification）"②。客家族群构建的神话讲述的规模及深刻性远远超越了罗兰·巴特笔下的社会事项。而且，罗兰·巴特忽视了"流行神话"讲述的主体，客家族群建构的神话讲述的主体一直处于中心的位置。讲述了什么似乎并不重要，关键在于谁在讲述，关键在于越来越多的人在讲述。每年一度的世界客属恳亲大会是这一神话集体讲述的宏大仪式活动，讲述者聚集一堂，共同演绎关于自己族群的神话。另外就是现代传媒，它本身就是神话，同

---

① ［法］罗兰·巴特：《神话学》，许蔷蔷、许绮玲译，3页，台北，桂冠图书股份有限公司，1997。

② ［法］罗兰·巴特：《神话学》，许蔷蔷、许绮玲译，5～6页，台北，桂冠图书股份有限公司，1997。

时它又在快捷而迅速地将罗香林的神话叙事加以传播和扩充，演变为成批神话。在客家族群制造的神话叙事中，神话不是一个形容词，而是一种客观的社会体裁以及行为过程。如果说，远古神话是关于祖先起源的叙事，那么，客家族群制造的神话则是关于客家自身的叙事。

客家族群从无到有，从小到大，其最初的神话叙事是与中原士族联系起来，通过炫耀自己悠久的历史与辉煌的起源，获得其合法地位。客家已不是一般的南方汉族居民，其祖先艰苦卓绝的漫长的迁徙历程和事迹，经过了精心的学术装饰以后，洋溢着其他汉族居民难以比拟的特有的历史荣耀。令现今的客家们充满敬仰之情和无限遐想。尤其是将一些历史名流纳入其中，更是为这种民系建立了非凡起源的谱系。客家不仅是一个民系或族群，也是一种现象、一个过程，是现代社会族群构建的元叙事。

客家形成的过程就是现代神话。这则神话是如何被讲述的，谁参与了这则神话的制作，是如何制作出来的，参与制作的各种因素是如何达成协议并共同进行运作的？这些问题似乎成为当前客家学的学术指向。客家建构的过程是一个历史事实，需要对这一历史事实进行清理。任何族群都有其形成的规律和机制，透视出强烈的社会动机。“每个神话都有它的历史和它的地理；每个神话事实上是另一个神话的符号：神话因为扩散而成熟。”当下，客家族群构建的神话讲述的方式是建立一个又一个庞大的讲述场景，营造讲述气氛。每次神话讲述都为下次讲述提供符号和讲述资源，延续着下次讲述并成为下次讲述系统的有机组成部分。所有客家成员都成为神话的讲述者，即便有旁观者，也还会被拽入讲述的热潮之中。讲述过程顾及到每一个据点。讲述者之间相互碰撞，不断衍生出新的讲述的增长因素；而且，讲述的时空维度极其广阔，海内外和过去、现在及将来被凝结在同一讲述语境，产生了强大的讲述冲击力。对神话还应该进行社会地理学研究。“只要我们缺乏报纸媒体的分析社会学，神话的社会地理，就仍然难以追踪。”[1] 客家内部拥有丰富的不同层次的媒体，这些媒体是如何参与并引导客家族群构建的神话讲述的，都是罗兰·巴特所定义的“神话学”应该解释的问题，当然，也是客家学值得进一步研究的问题。

（原载《客家学刊》创刊号，中国社会科学出版社2009年）

---

① ［法］罗兰·巴特：《神话学》，许蔷蔷、许绮玲译，208页，台北，桂冠图书股份有限公司，1997。

神话的现代理解与叙述

一提及神话，人们自然就会想到上古时代的神话文本。目前，似乎只有神话学学者在面对这些神话文本，神话文本的价值似乎只是神话学的研究对象。既然神话是一个民族古老的百科全书，是一个民族各类学科知识乃至精神及思想的源泉，那么，神话就不应该只是学术的或者说知识的，不应该只是远古的，更应该是现代的，是社会现实和现实生活的。也就是说，神话需要不断叙述。这里的“叙述”指的是神话在现代社会的延续和呈现。

一、神话不等于神话文本

神话学的目的是解释神话，其实，神话的意义主要不是研究的，不在于相关的文章和著述，文章和著述对神话本身没有丝毫影响，而在于获得新的生存生机。既然我们认定民间文学是“活态”的文学，民间文学记录文本是民间文学，但民间文学不等于民间文学记录文本，那么，神话就不能是例外，神话同样不等于上古的神话文本。《山海经》不等于神话，《淮南子》不等于神话，《离骚》不等于神话。神话既是远古的，也是现代的，是当下的。

然而，我们需要面对的神话事实是，神话传承中的文字化、文本化问题。一旦人们接受和宽容了这一神话事实，人们就认定神话已失去了继续发展的可能性。这是学者们固执的学术偏见。的确，袁珂先生编写的《中国古代神话传说》中的神话，早已极少在口头流传了；我们都是炎黄子孙，但很少口耳相传炎黄的故事。当今人们将远古神话视为可供阅读的文本，只是强调一些神话原型仍在释放无意识的力量以及强化神话作为“起源”的意义，这是神话的贬值。就神话形态而言，神话是一种综合的文化遗留物，它所蕴含的意义非常丰富。单就其所演述的方式来说，主要的形态就有口头的、仪式的及实物的，以信仰的尊严来组织社会与文化生产，以禁忌的教化来传播神谕和神的言行，神话因此必然是神圣的。如果我们只停留于文本化的接受和解读之中，神话的内在精神会丧失，神话的传承也会大受影响。

神话的实质是传统的、古老的，然而，其呈现的方式则应该是当下的或说是现代的。上古神话不能被复制，却可以得到延续。可以说，神话资源转化从中所延续的，正是对简单的阅读神话文本的一种修正与补充。神话的意义存在于其存在，而主要不是意义的解释。神话的意义存在于神话叙事的不断延续。在口传时代，神话叙事的形式是单一的，至少那时流传下来的神话形式是单一的。人们认定上古神话作品就是神话的全部。

由于汉民族远古神话与史诗的分离，其地位很难像古希腊神话那样成为衍生出多种叙事形态的元叙事。中国远古神话埋葬于文字，这些神话的意义在人们的反复阅读中早已固定下来，书面叙事的形式很难激发上古神话的复兴。这就需要我们以开阔的视野对上古神话资源作出研究，并以多元形式去重新阐释、重新发掘上古神话的形态与意义，在现代神话学的语境中为上古神话寻找新的时代价值。

中国的神话学者几乎都将神话存在的时间限定于上古。在整个中古时期，由于人们的思想为“不语怪力乱神”的儒家所统治，神话失去了生存的土壤，完全退出了中国文化系统。但在西方现代神话学的视野中，中国神话状况并非如此。英国学者凯伦·阿姆斯特朗在《神话简史》一书中是这样论述中国中古神话的：“中国没有正式的神殿、没有创世说，也没有神人同形同性的神祇。同时，各城乡都没有保护神，也缺少崇拜仪式。但这并不意味着中国古代社会没有神话基础。中国最重要的神话仪式是祖先崇拜，它指向一个先于人类世界而存在的先验世界。”① 接下来，凯伦·阿姆斯特朗又描述了一条贯穿整个中国古代社会的神话主题：

> 中国的“昊天上帝”跟其他神话体系的“天空之神”命运不同，它不仅没有随着时间的推移凋敝退隐，反而越发强盛起来。在商朝（约公元前1766—前1122年），皇帝即“天子”的正统性和合法性来源于他是唯一有权祭祀天帝的人，而且，根据永恒哲学，天子就是上帝在尘世中的“副本”——在1911年辛亥革命之前，这一天人对应的神话在中国长盛不衰。②

西方学者的观点为我们重述中国古代神话开启了一扇大门。中国神话并非就是上古神话，中国神话史需要在更为开阔的视野下重新书写。如此，才能将中国神话真正纳入世界神话话语体系之中。

另外，上古神话要获取新的话语地位，也需要寻求当代性的发展空

---

① ［英］凯伦·阿姆斯特朗：《神话简史》，胡亚豳译，93页，重庆，重庆出版社，2005。

② ［英］凯伦·阿姆斯特朗：《神话简史》，胡亚豳译，94页，重庆，重庆出版社，2005。

间。在《神话学》一书中，法国思想大师罗兰·巴特将“流行”视为神话，将符号学诠释为神话学，构建了现代社会神话的知识谱系，为“陈旧”的神话学注入了旺盛的生命活力。罗兰·巴特说“神话是一种言谈”①，任何打破神话既定生存状态的行为，都可能促使神话之再生“神话”。热衷于形象表现的上古神话，其生命的复活大概也在于立体、直观的展示。譬如，就最近已进入开放阶段的武汉大禹治水神话园而论，借助于大量的雕塑作品来展示大禹治水的事迹与伟大功德，作为一种神话资源转化的举措，很可能成为一个成功的范例。

神话是一种叙事的言谈，叙事是没有风险的，而评论、判断及对意蕴的探寻都可能失之偏颇。罗兰·巴特说：“神话并不否认事件，相反地，它的功能是谈论它们；它简直是纯化它们，它使它们无知，它给予它们一种清晰度，那不是解释的清晰，而是事实叙述的清晰。如果我叙述法国帝国性的事实状态而不解释它，我将发现它是自然的而且毋庸多言的：就会消除疑虑。……它建设了一种极为幸福的明晰状况：事件似乎是自动意味着什么。”② 上古神话的魅力正在于其叙事性。上古神话是纯粹的叙事，马林诺夫斯基也断言：“神话不是因为哲学的趣意而产生的野蛮人对于事物起源的冥想。它也不是对于自然界而加以思辨的结果，不是标记自然律底甚么表象。它乃是一劳永逸地证明了某种巫术底真理的几件事件之一所得到的历史陈述。……神话不过说明巫术怎样到一个族，一个地方，或一个部落底手里的叙述。然在任何时候，神话都是巫术真理的保障，是巫术团体底谱系……而主要的神话不过是叙述巫术底荒古奇迹罢了。”③ 在这里，马林诺夫斯基指明神话不是哲学上的“冥

---

① ［法］罗兰·巴特：《神话学》，许蔷蔷、许绮玲译，169 页，台北，桂冠图书股份有限公司，1997。

② ［法］罗兰·巴特：《神话学》，许蔷蔷、许绮玲译，201 ～ 202 页，台北，桂冠图书股份有限公司，1997。

③ ［英］马林诺夫斯基：《巫术科学宗教与神话》，李安宅译，71 ～ 72 页，北京，中国民间文艺出版社，1986。

想”、自然界中的“思辨结果”、自然规律的“表现”，而是一种“历史陈述”，荒古奇迹的“叙述”。

然而，上古神话叙事在早熟的知识分子手里，一旦受到“历史”和“文学”的掠夺，加上学者们自以为是的推波助澜，上古神话叙事便无情地中断了。这种中断并不在于《中国古代神话传说》中的神话没有得到继续讲述，而在于这些神话不再成为人们生活的有机部分。我们早已习惯了对神话肃然起敬和敬而远之，神话世界与生活世界之间高耸起一道难以逾越的屏障。

二、传统神话回归生活世界

回归生活世界是现代哲学的重要趋势，也应该是现代神话学努力的方向。这里的生活世界并非胡塞尔通过回归前科学和前逻辑的生活世界而重建的意义世界和价值世界，而是指我们现在正在经营和实践的文化与生活的世界。传统神话回归生活世界，就是进入我们的生活和文化领域。

神话，尤其是创世神话，属于宏大叙事，是向宇宙万物发出最神圣的追问。上古神话专注于全人类、全部落、全民族的根本问题，其功能是解释最基本的概念和事实，如宇宙、太阳、人类的起源等。在原始民族中，神话并不像我们理解的那样，只是一种古老的故事或者说是可以结束的故事。在他们看来，神话包含的不仅是古老的故事（且多看成历史故事），而且是有关事物起源的道理，不可动摇的信念及言行的规矩等。“神话思想不关心明确的开端和结束，因此，不走完整的行程：它总是留下一点未完成的东西。像仪式一样，神话也是‘不可终止的’。”①然而，本身不会中断的中国神话叙事却被神话学者无情地框定在最遥远的历史顶端。随着社会的发展，神话学逐渐演变为神话哲学，使用上古神

① ［法］克劳德·列维-斯特劳斯：《神话学：生食和熟食》，周昌忠译，13页，北京，中国人民大学出版社，2007。

话表现为超越时代生活的抽象的、思辨的理性活动，神话哲学内化为现实生活世界的上层建筑。

古往今来，似乎能够享用神话的精英们不厌其烦地过度地解释着神话，似乎只有他们理解了神话的真谛和价值。并断言，神话思维和神话叙事只能产生于人类的初始社会。于是，神话在中国一群文人和学者的操弄之下，越来越远离现实社会，成为一门纯粹的学问，神话作品早已成为遥远的故事。在中国文人和学者的这种一意孤行之下，人们忘却了对神话叙事的继续经营。学者和文人在一再感叹中国神话没有得到充分发育的同时，却无心给予神话新的滋养。上古神话资源的再利用似乎成为天方夜谭。

既然神话是原始族民共同的文化创造，是百科全书，关涉到所有的人类，就不应该变成少数神话学家的学术独白，神话的本质就决定了其本身具有回归现实生活和大众的强烈要求。

由于神话解释的是世界本原问题，而这些问题实际上没有可以接受的一元实证的终极答案，人类一直在寻求关于这些问题的新的解释。所以，神话叙事并不会终结，只是在发生不断的变化。结构主义大师克劳德·列维-斯特劳斯指出："我们知道，神话本身是变化的。这些变化——同一个神话从一种变体到另一种变体，从一个神话到另一个神话，相同的或不同的神话从一个社会到另一个社会——有时影响构架，有时影响代码，有时则与神话的寓意有关，但它本身并未消亡。因此，这些变化遵循一种神话素材的保存原则，按照这条原则，任何一个神话永远可以产生于另一个神话。"① 不同的时代有不同的神话世界。在后世的演变过程中，上古神话不断地迎合"当下"的叙事策略而调整叙述方式和内容。

神话从一种变体到另一种变体，其实就是利用原有的神话资源构建

---

① ［法］克劳德·列维-斯特劳斯：《结构人类学》，陆晓禾、黄锡光等译，259页，北京，文化艺术出版社，1989。

新的神话世界。而这种利用的依据恰恰是神话思维。西方文人和艺术家们一直在努力继续着神话叙事。远古神话的变形法则演绎成《哈利波特》《指环王》、卡夫卡的《变形记》、T. S. 艾略特的《荒原》、乔伊斯的《尤利西斯》以及毕加索画笔下的《格尔尼卡》。这些“后上古神话”产品令秉承了神话思维的当下人如醉如痴。电影《金刚》把原始叙事与现代叙事紧紧连接了起来。借助大众传媒，神话叙事突破了远古时期的单一形态，变异为千姿百态的符号系统，震撼着现代人的神经。

在中国后世一些经典性的口头叙事中，同样直接再现了神话的变形法则，体现了万物有灵、物我化一的观念。例如，中国神话中的炎帝之女——女娃，“游于东海、溺而不返”，化作精卫鸟，“常衔西山之木石，以堙于东海”；大禹在治水时，也曾化为一头熊。而这种变形手法，在民间传说中也得到运用，譬如，在梁山伯与祝英台的传说中，他们死后就化作一对飞蝶；有嫂在山中找姑姑，饿死后幻化为叫声是“找姑！找姑”的找姑鸟。这是人化为禽兽的传说。在民间传说中还有禽兽变人的实例，如在《白蛇传》中，白蛇和青蛇变成娘子和丫鬟。民间传说中的这种神、人、物互化的变形手法，是对神话的直接继承。从思维的层面考察，两者完全通达。

远古的神话叙事和神话思维其实早已深深嵌入现代人的心里，演绎为神话的思维定势。后世民间传说所叙述的事物同神话一样，都有着久远、巨大的时空特征。例如，神话中的盘古，身长九万里，夸父与日竞走，一口喝干黄河渭水两条河；普罗米修斯因盗火给人类被绑在高加索山上，宙斯派鹰每天啄食他的肚脏，吃多少长多少，这个处罚是永久的。民间传说中能看到类似的描写：牛郎织女银河分开，孟姜女万里送寒衣，白娘子永镇雷峰塔，久久无终期。可见，民间传说表现时空的夸张叙事是对神话幻想的借鉴和移植，它以空间的宏大或遥远，以时间的久长和无限来叙述不可能存在的人物和事件。16 世纪以后，人们普遍深信只有逻各斯才能将人类引向真理，科学已将神话打入了深渊。“人们试图用理性的言辞来重新诠释神话，但这是一项注定要蒙受失败的新事业，因为神话从来和永远都不是在陈述事实。”①

当代神话学家温蒂·朵妮吉说：“在宗教史中，神话所以可能出现，是因为神话首先是被相信的故事，被信以为真，是因为尽管有时大量证据表明它其实是一个谎话，人们还是照样相信它。”②精卫填海，大禹化熊治水，牛郎织女银河分开，孟姜女万里送寒衣等，显然是“谎话”，人们之所以津津乐道并坚信不疑，在于这些叙述都表现了无限、永恒、壮烈、崇高和伟大，以及对生命价值的执著追求，其间充溢着悲剧精神。而这些，提升了我们的生活境界，是我们的生活世界永远不能缺少的。

然而，在中国，传统神话回归生活世界似乎更多表现在民间口头叙事之中，文字叙事、影视叙事、图像叙事、大众传媒及建筑、服饰、绘画等则很少展示神话叙事的想象魅力。神话资源被学者们高高悬搁起来之后，要重新回到生活大地就必须重构神话思维。被现代一些学者断言为缺乏想象力的“我们”，应该像我们的祖先一样，展开想象的翅膀，让神话叙事全面进入我们的生活。否则，我们仍热衷于观赏缺乏想象力的韩剧，而且《看了又看》。

三、现代神话的另类叙事

上述神话的现代表达，是远古神话在现代的自然延续。神话还有另一种表达形式，即富有时代特色的现代神话。现代神话学家之所以很难给神话下定义，一个重要原因是存在着与上古神话形态迥异的现代神话。神话学开始转向阅读现代化进程中的都市神话。

温蒂·朵妮吉说：“我不希望把神话限定为涉及超自然生命的故事

---

① ［英］凯伦·阿姆斯特朗：《神话简史》，胡亚豳译，141页，重庆，重庆出版社，2005。

② Wendy Doniger, *The Implied Spider—Politics & Theology in Myth*, Columbia University Press, 1998, p. 1.

(虽然许多神话确实如此)，而且，尽管在神话与史诗、传说、历史、电影之间存在着重要差异，但在很多方面我认为这些文本发挥类似功能，所以应该放在一起研究。我的确不愿把神话限定于书写的文本，更不用说仅限定为古代的书写文本；神话可能是书面的，也可能是口头的，可能是古代的，也可能是当代的。"①影星、歌星和体育明星层出不穷，近些年还出现了所谓的文化之星，诸如余秋雨、易中天等，他们成为社会的热点，成为庞大人群追捧的目标。庞大社会以各种不同的方式，口传、报刊、电视等共同讲述着他们的事迹。他们的扬名及扬名的运作过程正是现代神话。他们神化的过程，与我们祖先的神话制造过程一脉相承，期间同样充满了想象、夸张、神奇和信仰。如果说远古神话是永恒的话，那么，现代神话则是有限的言谈。这些人物"变成暂时性神话言谈的牺牲品，然后就消失了，其他的则取而代之，并且获得神话地位"②。

罗兰·巴特把对现代神话的解释及意义的征询定义为《神话学》。这部书中的文章，是以法国时事为主题的感言。面对大众文化产品的不断涌现，罗兰·巴特试图定期就法国社会所蕴含的一些（流行）神话进行反省。他在《神话学》一书的初版序言中说："一开始，神话的概念对我而言，似乎就是要解释这些冒牌事实的几件事例。在当时，我仍然使用传统意义上的'神话'这个字眼，但我也已确信一个事实，也是我稍后试图归纳所有结果的依据，那就是：神话是一种语言。……然而，只能在探测、研究一系列的现代社会现象以后，我才决定试以有条不紊的风格，来定义所谓现代神话（流行）。"神话语言自然是叙事的语言，也是流行的语言，人们共同使用的叙事语言，便构成现代神话文本。

罗兰·巴特对现代神话的解读十分广博，流行即为神话。沙滩上的

---

① ［英］凯伦·阿姆斯特朗：《神话简史》，胡亚豳译，2页，重庆，重庆出版社，2005。

② ［法］罗兰·巴特：《神话学》，许蔷蔷、许绮玲译，170页，台北，桂冠图书股份有限公司，1997。

旗帜、标语、广告牌、衣服、甚至日晒赤褐的皮肤，对他而言都是信息，都需要解释。《神话学》一书的第一部分“流行神话”，所叙述的对象在现代都市司空见惯，诸如“玩具”“肥皂粉与清洁剂”“葡萄酒与牛奶”“脱衣舞”等。这些神话“至少有双重的意义，它或者是古典或人类学意义下的一篇叙事，甚至也可以是一种文类（比如‘环法自行赛’）或者它指的是一种程序、一种功能，这时它意味着‘神话化程序’”。尤其是现代传媒，它本身就是神话，同时它又在快捷而迅速地制造成批神话。在现代社会，神话不是一个形容词，而是一种客观的社会体裁。如果说，远古神话是关于祖先起源的叙事，那么，现代神话则是关于神话自身的叙事。

辽宁沈阳有一种名酒叫“道光二十五”，流行整个东北。这种酒从无到有，从无名到有名，也就数年时间。“道光二十五”，多么响亮的名称，酒的名称与清王朝联系起来了，与100多年前的宣宗联系起来了。它在炫耀自己悠久的历史与辉煌的起源。尤其是“道光二十五”的地下发掘，更是为这种酒建立了非凡起源的谱系。它已不是一般的白酒，经过了精心的装饰以后，表现出超然于物质之外的社会功用。“道光二十五”不仅是一种酒的品牌，也是一种现象、一个过程，是现代社会的元叙事。

“道光二十五”及其成名的过程就是现代神话。这则神话是如何被讲述的，谁参与了这则神话的制作，是如何制作出来的，参与制作的各种因素是如何达成协议并共同进行运作的？所有的品牌及影星、歌星都有其形成的规律和机制，透视出强烈的社会动机。“每个神话都有它的历史和它的地理；每个神话事实上是另一个神话的符号：神话因为扩散而成熟。”对神话还应该进行社会地理学研究，“只要我们缺乏报纸媒体的分析社会学，神话的社会地理，就仍然难以追踪”。① 所有这些，都是罗

① ［法］罗兰·巴特：《神话学》，许蔷蔷、许绮玲译，208页，台北，桂冠图书股份有限公司，1997。

兰·巴特所定义的“神话学”应该解释的问题。

罗兰·巴特是这样认识法国玩具的：“法国玩具完全预示成人世界功能的事实，必然使孩子准备接受这些东西，将他依次组成，甚至在他能够思考之前，个性便已消失成为军人、邮差和伟士牌机车。玩具在这里展示了成人不觉得奇怪的东西：战争、官僚体系、丑陋、火星人等等。”①罗兰·巴特就是这样运用他自己的“神话学”来解释所面对的各种信息，努力探寻所指、能指与物体本身之间的关系。正是由于他能够发现信息和产品的深层意义，才有了再生神话的冲动与信心。

当然，纳入现代神话的并不只是这些社会的宠儿。罗兰·巴特说：“每件事情都可以是神话吗？是的，我相信如此，因为宇宙的启示是无限丰沛的。世界上的每一种物体，都可以从一个封闭、寂静的存在，衍生到一个口头说明的状态，可供社会使用，无论自然与否，没有法律禁止谈论事物。”② 另外，神话作为一种言谈，并不限于口头语言系统。“它可以包含写作或者描绘：不只是写出来的论文，还有照片、电影、报告、运动、表演和宣传，这些都可以作为神话言谈的支援。”③

当代社会所传承的神话，其神圣性渐趋淡化，神话已演变为一种信息、一种精神、一种符号及一种意义构成方式。神话要复兴时代的活力，需要重新经历“神话化程序”，即重新建构可供人们想象的神话空间。也就是说，我们有必要认识神话的时代性过程，正如我们所知的上古神话的历史演变一样，每一个时代的神话都被注入了时代的因素，数个世纪以后，这种时代性转化为神话内部的一种因素。而对时代来说，神话则是其活力的来源之一。当一个时代能够为神话的再现提供充分的空间

① ［法］罗兰·巴特：《神话学》，许蔷蔷、许绮玲译，45页，台北，桂冠图书股份有限公司，1997。

② ［法］罗兰·巴特：《神话学》，许蔷蔷、许绮玲译，169～170页，台北，桂冠图书股份有限公司，1997。

③ ［法］罗兰·巴特：《神话学》，许蔷蔷、许绮玲译，170页，台北，桂冠图书股份有限公司，1997。

和时间，那么，无疑便孕育了强烈的民族意识和进取动机。一定程度上，通过神话资源的转化，人类文化的总体精神与诗性智慧得以传承和理解，人类的本质意义得到维护与强调。

神话沉迷于自身的叙事，远离了所有的论证。尽管中国上古神话的情节后世没有得到有效的延续，但神话叙事一直没有终止。“人和神话的关系并非建立在真理，而是在使用上：他们根据需要将其去政治化。”①我们的生活离不开叙事，唯有叙事能够将古代口头传统延续至今。远古神话叙事是取之不尽的叙事资源。人们正通过大众传媒进行神话叙事的同时，也会激活处于休眠状态的上古神话客体。黄帝、炎帝、伏羲、颛顼等三皇五帝的故事并没有讲完，它们不止是原型、不止是崇高、不止是精神，不是陈旧、过时了的文化符号，它们必将重新开启“神话化程序”，而步入社会生活，融入各种叙述形态而复活自身的叙事。

［原载《北京师范大学学报》（社会科学版）2009 年第 1 期］

① ［法］罗兰·巴特：《神话学》，许蔷蔷、许绮玲译，202 页，台北，桂冠图书股份有限公司，1997。

图书在版编目（CIP）数据

民间文化的多维视域／万建中著．—北京：北京师范大学出版社，2016.8
（中国民间文化探索丛书）
ISBN 978-7-303-19912-9

Ⅰ．①民…　Ⅱ．①万…　Ⅲ．①民俗学－中国－文集
Ⅳ．①K892-53

中国版本图书馆 CIP 数据核字（2015）第 294737 号

营销中心电话　010-58805072　58807651
北师大出版社学术著作与大众读物分社　http://xueda.bnup.com

MINJIANWENHUA DE DUOWEISHIYU
出版发行：北京师范大学出版社 www.bnup.com
北京市海淀区新街口外大街 19 号
邮政编码：100875
印　　刷：大厂回族自治县正兴印务有限公司
经　　销：全国新华书店
开　　本：787mm×1 092mm　1/16
印　　张：19.75
字　　数：325 千字
版　　次：2016 年 8 月第 1 版
印　　次：2016 年 8 月第 1 次印刷
定　　价：58.00 元

策划编辑：李昶伟　　　责任编辑：王　强
美术编辑：王齐云　　　装帧设计：王齐云
责任校对：陈　民　　　责任印制：马　洁